山西省普通高等学校人文社会科学重点研究基地项目成果

流域环境变迁与
科学发展研究丛书

丛书主编／王尚义

汾河流域城镇变迁
与城镇化

郭文炯 姜晓丽 张侃侃 田　毅／著

科学出版社

北京

内 容 简 介

　　本书立足于流域城镇化和城镇体系发展与空间格局的特质，从历史流域学的视角，研究了汾河流域城镇化和城镇体系发展过程、空间格局和演化机制，力图揭示流域城镇化与城镇体系的时空演化特征与规律。全书共十章，概述了流域城镇化与城镇体系的研究进展、研究视角和研究重点，研究了汾河流域城镇发展的环境基础、城镇变迁的历史过程、城镇化进程与动力机制、城镇规模分布与职能组合、空间布局与空间联系、城镇化发展的水土资源保障等，对滨河城市的空间形态与文化特色、流域城乡生态空间格局做了案例分析，最后对汾河流域城镇化协调发展路径与策略进行了探索。

　　本书适合历史学、经济地理学领域的学者、研究生阅读。

图书在版编目（CIP）数据

汾河流域城镇变迁与城镇化 / 郭文炯等著. —北京：科学出版社，2017.6
（流域环境变迁与科学发展研究）
ISBN 978-7-03-053437-8

Ⅰ.①汾… Ⅱ.①郭… Ⅲ.①汾河–流域–城市化–研究 Ⅳ.①F299.272.5

中国版本图书馆 CIP 数据核字（2017）第 133820 号

责任编辑：陈　亮　穆　俊 / 责任校对：刘亚琦
责任印制：张　伟 / 封面设计：黄华斌
编辑部电话：010-64011837
E-mail: yangjing@mail. sciencep. com

科 学 出 版 社 出版
北京东黄城根北街 16 号
邮政编码：100717
http://www.sciencep.com
北京教园印刷有限公司 印刷
科学出版社发行　各地新华书店经销
*
2017 年 6 月第　一　版　开本：720×1000　B5
2017 年 6 月第一次印刷　印张：18
字数：300 000
定价：**82.00 元**
（如有印装质量问题，我社负责调换）

丛书出版前言

　　流域作为以河流为中心的人—地—水相互作用的复合系统，是受人类活动影响最为深刻的地理单元。近年来，我国流域性资源环境问题日益突出，洪涝灾害、水资源短缺、水污染、流域生态安全、流域经济与城镇的协调发展等问题已引起高度关注，流域科学发展问题在国家和区域经济社会可持续发展中占有举足轻重的地位。我们认为，以历史流域为视角，对流域系统进行综合、交叉研究，不仅对区域历史地理学理论创新具有重要的学术意义，也对科学治水、科学解决现代流域问题具有重要的实践价值。具体包括以下几个方面：

　　第一，以流域的整体观和历史观为视角，从流域人—地—水相互作用的系统性、整体性、流域问题的因果性出发，开展多学科集成的历史流域学的综合研究，是深化历史地理研究的新领域，是历史地理理论研究和实际应用相结合最适宜的"实验地"，对历史地理理论创新、研究方法创新和应用拓展具有重要的学术意义。

　　第二，我国较早的历史地理著作《水经注》，即是以水道为纲，来描述中国地理特征的。以流域为单元进行区域地理研究，有助于探索以水资源为核心的、独特的自然与人文要素的历史演进规律，系统、综合地揭示国家、区域历史时期人地关系的变化及其作用、规律。

　　第三，人类文明往往与河流联系在一起。历史流域学研究，有助于系统揭示历史时期人类发展及地域运动的基本规律，揭示人类文明演进的特征与规律。

　　第四，通过对历史时期流域自然环境、人文环境变迁、流域人地关系演替规律的研究，可以有效揭示流域人地系统形成过程中的每一个环节及其形成机理和演化规律。科学认识当前流域性问题的特征和历史根源，以有效地协调、控制其发展过程，为流域科学治水、科学解决流域问题提供借鉴。

　　山西省普通高等学校人文社会科学重点研究基地——太原师范学院汾河流域科学发展研究中心，以流域的整体观和历史观为视角，以流域环境变迁与科学发展为主线，多年来致力于黄河中游及其支流——汾河流域历史时期的河湖变迁、水患灾害、生态环境演进、流域聚落与经济活动发展等研究工作。在长期研究基础上，我们于 2009—2010 年在《光明日报》连续发表了关于历史流域学的 5 篇文章，首次提出创建历史流域学的构想，认为应从流域人地系统整体性、因果性出发，加强历史时期流域人地系统演进特征、规律及要素之间、区域之间相互作用关系的综合性、交叉性研究，以揭示流域空间特征、空间联系与空间分异规律，流域自然、人文环境的演进过程及规律，揭示流域问题的历史背景及发展过程，流域物质循环、能量流动、空间格局演进与维持机制。这一成果发表后引起学界的高度关注，著名历史地理学家陈桥驿先生认为："把历史流域学作为一门独立的学科，这是科学发展中的一种创新，有待学术界对此进行深入的探索，使这门学科能够获得充实与发展。"2011 年 11 月，我们主办了"中国历史流域学首次学术研讨会"，来自北京大学、复旦大学、陕西师范大学、中国人民大学等院校的 20 多名历史地理学专家就流域环境变迁与历史地理学创新问题进行了深入研讨。中国地理学会 2012 年学术年会专门设立了"历史流域与流域环境演变"分会场，就这一问题做了更为广泛地研讨。汾河流域科学发展研究中心在上述研究基础上，受山西省普通高等学校人文社会科学重点研究基地项目资助，就历史流域学和汾河流域环境变迁与科学发展开展了系列研究，"流域环境变迁与科学发展研究丛书"即是这一系列研究成果的展现。

本丛书内容涵盖历史流域学基本理论、汾河流域政区历史变迁与文明演进、水资源与水安全、流域环境变化及环境质量评估、流域经济发展与空间开发、流域文化空间解构与整合再生、流域城镇变迁与城镇化、流域聚落演进与古村落保护、流域灾害问题与防灾减灾、流域水利开发与治河工程等 10 个方面。其鲜明特点是，以流域的整体观和历史观为视角，从流域人—地—水相互作用的系统性、整体性、流域问题的因果性出发，以流域整体观视角揭示汾河流域空间特征、空间联系与空间分异规律，以历史观视角揭示流域自然、人文环境的演进过程及演进机制，以流域问题的因果观视角，揭示目前流域问题的历史背景及发展过程。这些著作既有对历史流域学理论的探索，又有关于汾河流域科学发展问题的探索，我们期望丛书的出版不仅可以丰富区域历史地理学理论，推进流域环境变迁的综合研究，还能够为汾河流域科学发展决策提供参考。

王尚义

2014 年 10 月 18 日

代序：从古埃及尼罗河流域出发

侯甬坚

曾有两位名人评价过古埃及尼罗河，他们的话成为了名言。一位是古希腊历史学家希罗多德，他说："埃及是尼罗河馈赠的厚礼"，这句话享誉早就超出了史学界；另一位是无产阶级理论家马克思，他说"计算尼罗河水的涨落期的需要，产生了埃及的天文学"，盛赞了实际工作对于理论探讨的重要性。

古埃及诞生在纵贯非洲大陆东北部的尼罗河流域之上。保存在西西里岛上巴勒莫城博物馆里的巴勒莫碑，其碑文有过"上古埃及年代记"之称。从古王国开始，古埃及人在记录国王祭祀和巡游活动、王子出生、人口清查、军事出征等事项的同时，还要记录尼罗河水位的高低。水位的记录单位是肘（Cubits）、掌（Palms）、指（Fingers）、指距（Span），如第一王朝第 1 年记录的水位是"六肘"，第五年是"五肘，五掌，一指"，第二王朝第 7 年记录的水位是"三肘，四掌，二指"，等等。人所皆知，尼罗河涨水的季节，与西亚的底格里斯河和幼发拉底河一样，都是在夏季，河水溢出河床，冲淤着土地。

希罗多德在自己的游历中采取向埃及的祭司们询问打听的办法，采用有闻必录的方式，撰写出了《历史》（又名《希腊波斯战争史》）这部巨著。他记录和发表这部巨著的立意甚高，即"为了保存人类的功业，使之不致由于年深日久而被人们遗忘"。尼罗河水泛滥后，埃及人如何种地呢？希罗多德记录道：

> ……现在必须承认，他们比世界上其他任何民族，包括其他埃及人在内，都易于不费什么劳力而取得大地的果实，因为他们要取得收获，并不需要用犁犁地，不需要用锄掘地，也不需要做其他人所必须做的工作。那里的农夫只需等河水自行泛滥出来，流到田地上去灌溉，

灌溉后再退回河床,然后每个人把种子撒在自己的土地上,叫猪上去踏进这些种子,此后便只是等待收获了。他们是用猪来打谷的,然后把粮食收入谷仓。[①]

希罗多德的这段描述是显得太轻松了。与他的《历史》一书中其他部分的记录相对照,还不能说埃及人的种田方式就如此简单,里面还有许多细节需要补充,或结合起来进行叙述。但这些描述通通可以作为希罗多德所说"埃及是尼罗河馈赠的厚礼"一语的背景材料,尽管他的原话是这样的——"希腊人乘船前来的埃及,是埃及人由于河流的赠赐而获得的土地"[②]。古希腊之后,古罗马的学者又继续讲述有关尼罗河的见闻,具有理论学家和哲学家之称的辛尼加在《自然科学诸问题》里这样讲述尼罗河:

> 尼罗河在自然界一切河流中是最有益的河流;大自然所展现于人类眼前的也正是这样。在埃及,灼热的焦土深深吸收着水份,而每年的干旱,使泥土尽量吸收那么多的水量以满足它的需要。在这个时候,大自然便安排好使尼罗河的水每年及时地灌溉埃及。就因为向着埃塞俄比亚的那些埃及地区,或者完全不下雨,或者下一点儿雨,就使得不习惯于天空水气的土地没有什么用处。埃及的一切希望都寄托在尼罗河。[③]

尼罗河发源于非洲中部的布隆迪高原,自南而北蜿蜒而来,流经世界上面积最大的撒哈拉沙漠一侧,最后注入地中海。靠近河口的下游三角洲,为尼罗河最重要的冲积平原所在,从上游的上埃及到三角洲所在的下埃及,河床两岸为田地分布区,也是古埃及人的村庄和城市分布地。经过许久的适应过程和各种水资源利用活动(如修建人工引渠等),全埃及土地和民众的富庶程度以下埃及为最高,法老时代著名的都城孟斐斯就修建在这个河口三角洲的顶端之上。可是,作为一个依赖上游来水泛滥冲淤的三角洲地区,在水量的需求上,大自然并不可能做出那么颇具人情味的安排,在随后的古罗马作家大普林尼的《自然史》著作里,记录了更细致的尼罗河水位情形:

> 世人都知道,当水位上升的时候,国王与地方长官们是不许在尼罗河内航行的,人们借助于设有特种标符的井穴来判断水位上升的高

---

① 〔古希腊〕希罗多德:《历史》上册,王以铸译,北京:商务印书馆,1959年,第115页。
② 〔古希腊〕希罗多德:《历史》上册,王以铸译,北京:商务印书馆,1959年,第111页。
③ 〔苏联〕波德纳尔斯基编:《古代的地理学》,梁昭锡译,北京:商务印书馆,1986年,第149—150页。

度。它通常上涨十六个肘节，如果水小一些，它就灌溉不了全部的土地；如果水大一些，就会退落得迟一些。

当土壤为水份浸透以后，播种的良好时期便来到了，及至土壤干涸，就没有播种的条件。这两种情况都被人注意到了。水位的高度为十二个肘节，就是荒年的预兆；若仅十三个肘节，则外省仍不免受饥馑之苦；若达十四个肘节，则带来喜讯；达十五个肘节时，可保无饥馑之虞；倘为十六个肘节，则有余粮。自革老丢在位时迄今曾有过最大一次的泛滥，水位高达十八个肘节。在法萨罗斯战争时期，最低的水位为五个肘节。这令人可能想到：河流以某种奇迹躲避一个伟大人物（庞培）的杀害。①

这里终于出现了有关尼罗河水位测量方式的记录，但具体的测量数字与前述巴勒莫碑上记录的水位数字，大致有 10 个肘节之差，其原因尚待探讨。据加拿大著名水文学家比斯瓦斯撰写的《水文学史》一书介绍，尼罗河流域用于测量水位的水尺有三种：第一种只是简单地把水位标刻在河流的岸壁上，第二种是利用伸入河中的阶梯作为标示水位的标记，第三种则是通过导管把尼罗河水引入竖井或水槽中，水位标记则刻画在井壁上或水槽中央的立柱上②。后一种（第三种）即大普林尼记述的"人们借助于设有特种标符的井穴来判断水位上升的高度"的方法（这种井穴式水尺在开罗附近的罗德岛上还有保存），这一种方法在测量上最讲究，类似于后世建在河流边上的水文站。

不仅古代历史上是这样，甚至一直到近现代的埃及尼罗河流域，其水位也是经常变化的，在观察结果上呈现出不稳定性。联合国教科文组织负责组织编写的多卷本《非洲通史》，其首卷第 28 章的作者 J.韦库泰（法国古埃及及考古学专家）这样记述和分析近现代史上的尼罗河：

河水泛滥是差异很大的：往往不是太大，就是太小，很少恰到好处。例如，1871 年到 1900 年，尼罗河每年的泛滥情况是：3 次泛滥成灾，3 次中平，10 次有益，11 次水量过大，3 次险些酿成洪灾。在这30 次河水泛滥中，真正令人满意的只有 10 次。

因此不妨说，尼罗河流域文明的历史，是人类"驯服"该河的历史。在驯服河流的过程中修建了水坝、土堤或大堤——有些是同河流

① 〔苏联〕波德纳尔斯基编：《古代的地理学》，梁昭锡译，北京：商务印书馆，1986 年，第 333 页。
② 〔苏联〕Biswas A K：《水文学史》，刘国纬译，北京：科学出版社，2007 年，第 11 页。

的航道平行的，有些则拦腰截断。因而也就有可能在河两岸修建水库以拦蓄洪水并浇灌河水泛滥不到的土地。

这种灌溉制度是通过长期的经验积累发展起来的，而且只能逐步形成。为了使水库真正发挥效益，就需全国加以周密规划，至少是各大区的周密规划。这意味着事先要在一大批人中间达成协议，才有可能共同努力。这就是尼罗河下游第一批社会制度的起源：首先围绕着一个地方农业中心形成一些种族集团，然后几个中心联合起来，最后形成两个比较大的政治集团，一个在北，一个在南。①

北面的是下埃及，南面的为上埃及，这是早王朝时期（前 3100—前 2686 年）之前南北两个政权对峙的局面。到了约公元前 3100 年，上埃及的美尼斯国王统一了全埃及，自此国王改称法老。也就是说，以前碍于长长的、南北流向的尼罗河的自然走势及其呈现狭长地形的流域特点，南北双方政治集团在各种交流和争夺中，逐渐增强了经济文化上的一致性，减弱了来自局部利益的各种阻力，最终促成埃及王国政治局面上的统一。

前述那些被尼罗河水泛滥所冲淤的大片田地，并不是无主土地，等到河水退却之后，原来的地界已经看不出来了，于是，就会出现如何确定新的地界的问题。这一点是许多作家都没有注意到的。还是希罗多德从埃及祭司们那里了解到这一问题的处理方式，其实并不复杂，就是土地的持有者可以到国王那里，报告自己分得的土地被河水冲跑了，国王便派人前去调查并测量损失地段的面积，今后所缴纳的租金就按新测量的实际面积来计算。于是，希罗多德表示：我想，正是由于有了这样的做法，埃及才第一次有了量地法，而希腊人又从那里学到了它。所以，《水文学史》一书的作者比斯瓦斯认为：尼罗河每年泛滥的最大受益者之一可能是几何学，因为每次洪水过后都需要重新丈量土地，从而推动了几何学的兴起。

对于尼罗河流域发生的历史事件，英国历史学家阿诺德·汤因比晚年在《人类与大地母亲———一部叙事体世界历史》这部著作中，在论述了两河流域冲积盆地开发中创立的苏美尔文明后，提出了自己对这一地区的看法，他说：

我们可以认为，法老时代的埃及人在开发尼罗河下游河谷及三角洲

---

① 联合国教科文组织编写《非洲通史》国际科学委员会编：《非洲通史》第 1 卷《编史方法及非洲史前史》，北京：中国对外翻译出版公司，1984 年，第 527—528 页。

的丛林沼泽的过程中，创立了第二个最古老的地域文明。

这一回，埃及人也生产出了多于其基本生存需求量的剩余农产品。如同在苏美尔一样，在埃及，伴随这一经济成就而来的是阶级分化、文字的出现、不朽的建筑、城市定居点、战争以及在宗教领域出现的关键性变化。①

还有享誉国际历史学界的《泰晤士世界历史地图集》，1999 年出版修订第 5 版时，径直采用了《泰晤士世界历史》的著作名称，在公元前 3100 年至前 30 年的"古代埃及文明"部分给出了如下提示词："埃及文明之所以能延续 25 个世纪之久，得益于利用尼罗河每年一度泛滥的洪水灌溉两岸的田地。虽然埃及国家的历史是一连串的统一与分裂的时期，但埃及的语言、宗教和文化却表现为一个连续的整体，这在近东是独一无二的。"②而中国的世界史学者早已指出，连埃及人种族特征的历史性存留，也主要是得益于埃及独特的地理环境③。这一独特的地理环境就是第二至第六瀑布的河谷地区，及其以下东面为努比亚沙漠和东部沙漠，西面为撒哈拉大沙漠及其西北的利比亚沙漠所包围的尼罗河流域。

埃及人在尼罗河流域的生存和发展，开启了许多人类历史上的新篇什。天文学、量地法、几何学等知识的产生，生产关系、语言、宗教和文化等生活附着物的积累，还有对尼罗河水源、泛滥季节等问题的关注及探讨，曾令希罗多德等人士花费了许多精力和心思去调查和归纳，从而引发了更多的关于自然界初始问题、演变问题的探讨，其间所表现出的人类对未知事物的进取心，对自然界所保持的清醒意识，以及关心同类（不同于自己所属）生存样式的品质，感慨系之，不由得使人掩卷长思。

只要回溯历史，就能够感觉到提倡历史流域学研究的价值，而从事历史流域学的研究，是应当从古埃及尼罗河流域出发的。因为从这里出发，可以接触到有关古埃及独特而细致的历史材料，触及到历史演进中的一系列问题；若向前追溯的话，还有通过考古手段揭示的早王朝之前和早王朝时期的内容；若向四周和往后延伸的话，可以扩大人类文明与河流之间关系研究的时空范围，多方探求，进而推进以往的认识。因此，将人们的视线聚焦到历史的流域上，将自然科学和人文科学密切地结合到历史的流域

---

① 〔英〕阿诺德·汤因比：《人类与大地母亲：一部叙事体世界历史》，徐波等译，上海：上海人民出版社，2001 年，第 47 页。
② 〔英〕理查德·奥弗里等：《泰晤士世界历史》，毛昭晰、詹天祥、孔陈焱等译，广州：新世纪出版社，2011 年，第 56—57 页。
③ 马世之主编：《世界史纲》上册，上海：上海人民出版社，1999 年，第 36 页。

中，结合使用人类生态学、地理信息系统等研究方法，当会产生富有创新意义的科研成果。

学术研究视角的转换和长期关注，往往有着奇异的效果和特点。在学术界，最近二三十年来不断开拓出来的大气科学、海洋科学、极地科学、山地科学和流域科学研究领域，呈现着兴盛的研究态势，实质上是在同一类型的地质地理单元中开展系统综合性的研究事业。借助这种研究态势，给予历史地理学专业和学科的关注和构思，加入历史研究性质的理解力和洞察力，必会形成学术研究的新的助推力，从而促进相关学科学术研究的发展，提高这些学科与现实工作结合的切合度。

目 录

第一章
城镇化与城镇体系研究的历史流域学视角

第一节　流域特征与历史流域学研究

一、流域及其作为地理研究单元的意义

流域既是一个以河流为中心、由分水岭包围的自然地理单元，又是一个以水资源为中心、各种要素共同作用的社会经济系统，两种属性统一于一个现实的区域大系统之中，这就使流域成为一个融自然、人文、经济于一体的多维度的复杂区域，成为一个集资源富集区、交通走廊、城镇连绵带和产业密集带于一体的经济区域。

流域是自然环境中无所不在的基本单元，是地球系统的缩微。"无论你走到哪里，你都在某一流域内，世界是由许许多多不同大小的流域所构成的。"从这个意义上来讲，所有的生态与环境问题都落入某一流域，都

与流域资源破坏或不合理管理有关。[①]自古以来,人类择水而居,人类文明大多起源于流域。大江大河流域,作为一种特殊的区域,以丰富的水资源哺育着人类,灌溉着农田,以干支流航运为联系纽带沟通着全流域,以蕴藏着的巨大水能为流域经济振兴提供强大的动力,使之成为全球人口、经济与城市密集区。同时,人类长期的生息运作,使流域系统不断发生着巨大变化,成为区域人—地关系最为复杂的地理单元。在中国,流域面积在 10km² 以上的河流有 50 000 多条,其中,松花江、辽河、海河、黄河、淮河、长江和珠江七大江河径流量合约 15 025 亿 m³,占全国地表径流总量的 55%,占全国水资源总量的 53.4%,流域面积占全国国土总面积的 45%,耕地的 1/3 和人口的 1/2,其中下游地区是我国经济最发达,人口、城市最集中的地域。流域的科学发展成为国家和区域科学发展的基石,流域安全成为人类社会可持续发展的核心和基础。

人类在认识自然、改造自然的过程中,创造了原始文明、农业文明、工业文明,河流作为人类及众多生物赖以生存的基础,成为人类文明的摇篮。古代人类文明基本都以河流及流域为其发源地。两河文明发源于底格里斯河与幼发拉底河流域,尼罗河文明发源于尼罗河流域,而印度河文明发源于印度河与恒河流域,中华文明则起源于黄河和长江流域。在原始文明时期,生产力水平极为低下,人类"逐水草而居",以渔猎为生被动地依附于自然,人与河流处于一种原始的不自觉的和谐状态。进入农耕文明时期,农业上的进步提高了粮食的产量,从而促进了人口的增长和存活率,为一个文明的建立打下了夯实的基础,农业上最重要的改革是在灌溉技术方面,要想有效地灌溉农田,就得倚住大河流域,所以可以想象河流在人类历史进程上有着举足轻重的地位,当时人类改变河流的能力非常有限,在相当程度上保持了流域的生态平衡。工业文明以来,随着科学技术和社会生产力飞速发展,人类对自然的驾驭能力有了巨大飞跃,人类征服自然的欲望也越发强烈,形成了以消耗大量自然资源为基础、缺乏节制的发展模式。正是在这一时期,人类对河流开始了以自我为中心的大规模开发利用,在人类取得巨大发展的同时,河流衰退、河道断流、河床萎缩、水土流失严重、水质污染加剧、生态系统萎缩等问题变得越发突出,全球范围内的众多河流陷入了空前的生存危机。全球性生态危机逐年显现,直接威胁着人类文明的发展和延续,从而迫使人们寻求新的更合理的发展道路,也引发了国际社会"重新定

---

① 贺缠生:《流域科学与水资源管理》,《地球科学进展》2012 年第 7 期,第 705—711 页。

位人与河流关系"的反思，迫切需要开创一个新的文明形态来延续人类的生存和可持续发展，即生态文明。在新的历史时期，人类充分发挥自身的主观能动性追求人与河流和谐相处，将是世界经济社会发展和文明进步的必然要求。

20 世纪 50 年代以来，以流域为单元进行资源与环境综合研究和管理的重要性逐渐得到越来越多的学者和管理者的重视。随着流域经济快速发展和人口剧增，人类对流域资源利用和环境破坏的强度不断加大，人口、资源、环境与发展的矛盾日趋尖锐，国内外学者和政府管理者普遍认识到以流域为单元进行流域综合管理是实现流域可持续发展的有效途径，使得以流域资源可持续利用、生态环境建设和社会经济可持续发展为目标的流域综合研究在一些发达国家广泛兴起，成为区域地理学新的学科生长点。[①]

在生态文明建设的新时代，以流域为空间单元开展地理学研究具有以下价值：第一，人类文明往往与河流联系在一起，以流域为单元进行地理科学研究，更有助于系统揭示区域地理环境的变化及其规律。第二，流域具有明确的地理学边界，而且作为一个以河流为中心的人—地—水相互作用的复合系统，具有突出的系统性和整体性特征。从流域学角度，以流域为研究单元，有助于探索以水资源为核心的、独特的自然与人文要素的历史演进规律，揭示要素之间的相互影响和作用，有助于探讨河流的上中下游及干支流之间的相互影响和作用规律，形成系统、综合的研究成果。第三，从现实意义来看，近年来我国流域性资源环境问题日益突出，洪涝灾害、水资源短缺、水污染、流域生态安全、水土流失及流域协调发展问题日益引起公众和国家的高度关注。流域的科学发展成为国家和区域科学发展的基石，流域安全成为人类社会可持续发展的核心和基础。因此，需要从流域角度将流域作为一个完整的地域系统，探索其所具有的以水资源为核心的独特人—地关系运动规律，科学治水、依法治水；需要从历史流域学角度，科学认识当前流域性问题的形成过程和历史根源，以有效地协调、控制其发展过程，为国家流域水安全、生态安全以及经济的可持续发展提供基础理论和科技支撑。

---

① 宋长青、杨桂山、冷疏影：《湖泊及流域科学研究进展与展望》，《湖泊科学》2002 年第 4 期，第 289—300 页。

二、流域特征与流域研究视角

流域是整体性极强、关联度很高的区域，流域内不仅各自然要素间联系密切，而且上中下游、干支流、各地区间的相互制约、相互影响也十分显著。同时，流域又是一个相对独立的复杂系统，大流域经过不同的自然地理单元，具有多样性的自然景观、森林植被和气候特征，因此，流域居民开发利用自然的生产活动必然形式多样，所产生的生态效应和经济效益也必然复杂多变，这为流域的开发治理带来了一定难度。如何在这样一个空间载体内实现人与自然和谐发展，必须从流域因果性、系统性等视角去关注可持续发展问题。

流域经济作为一种特殊类型的区域经济，既具有区域经济的一般属性，如客观性、地域性、综合性、可度量性、系统性等，又具有水资源特点的专门属性[1]，表现为整体性和关联性、区段性和差异性、层次性和网络性、开放性和耗散性[2]。

整体性和关联性。流域经济涉及上中下游、干支流、流域内各区段之间的关系，任何局部开发都必须考虑流域整体的经济利益，以及可能给全流域带来的影响和后果。

区段性和差异性。流域，特别是大流域，往往地域跨度大，构成巨大的横向纬度带或纵向经度带。上中下游和干支流在自然条件、地理位置、经济技术基础和历史背景等方面均有较大不同，表现出基于区段自然特征的差异性。

层次性和网络性。流域经济是一个多层次的网络系统，由多级干支流组成。一个流域可以逐级划分为小流域生态经济系统，各支流生态经济系统，上游、中游、下游生态经济系统，全流域生态经济系统等。从产业来看，流域生态经济系统可分为工业、农业、交通运输、城市等子系统。

开放性和耗散性。流域是一种开放型的耗散结构系统，内部子系统间协同配合；同时系统内外进行大量的人财物的信息交换，形成一个有生命力的、越来越高级的耗散性结构经济系统。流域经济的可持续发展问题不仅关系到流域内各个区域的经济能否可持续发展，而且关系到流域所在的更大范围的区域乃至整个国民经济能否可持续发展。

---

① 覃成林：《黄河流域经济空间分异与开发》，北京：科学出版社，2011年。
② 钱乐祥、许叔明、秦奋：《流域空间经济分析与西部发展战略》，《地理科学进展》2000年第3期，第266—272页。

　　流域经济有四种功能：一般功能是指流域经济具有区域经济的一般作用与功能；增长功能是指流域经济是国民经济增长的动力、国民财富的源泉；流域经济还具有集聚功能、流域经济的经济结构优化作用；此外，流域经济还有一些特殊功能，如水为纽带的功能、行政区域经济中的主导功能、空间结构组织功能。根据流域经济的特点，在促进流域经济发挥其各方面功能时，应以自然河流水系为基础，侧重河流水系与经济关系的统一、经济关系与地域空间的统一。

　　流域生态安全也表现出整体性、综合性、动态性与自组织性等特点。流域生态安全的整体性，即局部生态环境的破坏可能引发全局的生态危机；流域生态安全的综合性，即其影响因素是多方面的，包括生态的、社会的和经济的，各种影响因素之间相互渗透、相互转化；流域生态安全具有动态性和阶段性，表现为生态安全随生态影响因素的发展变化在不同的阶段表现出不同的特征和状态；流域生态安全的自组织性，表现为生态危机具有不可恢复性，在生态阈值范围内，生态环境遭受轻度破坏后往往能够恢复，一旦超过生态阈值造成生态危机时，破坏后的生态环境往往很难恢复或不能恢复。

　　流域是人类经济活动的空间，但由于不同自然单元的地形地貌、气温、降水、土地资源、矿产资源各不相同，人们对流域开发利用的方式和历史也不同，加之各种社会经济因素的影响，因此形成了流域经济在空间上的分异特性[①]，这种流域经济在空间上的区段差异性，就是流域经济空间分异的一种主要表现。流域空间分异主要侧重于空间差异、经济分工、经济格局和经济联系四方面。流域空间差异主要表现在上中下游之间的区域经济发展差异，形成流域经济梯度的基本特征。流域经济分工主要体现在流域要素禀赋空间分异状态和经济空间分异状态的相对吻合性、流域自然系统和经济系统的关联性。流域经济格局更多表现为"点—轴"的空间结构与体现流域不同区段分异的板块结构空间组织形式。流域经济联系主要包括四个方面：第一，以水资源为基本资源的区域联系。第二，流域上中下游之间要素禀赋的差异性与互补性。第三，以交通联系为主的流域各区域之间的通达性。第四，流域分工和协作的政策的一体化。

　　流域人地系统的整体性决定了流域研究、开发、建设、治理的整体性与一体化。目前，关于流域研究内容包罗万象，几乎涉及人、地关系的方

---

① 王兵：《伊洛河流域经济空间分异与可持续发展研究》，河南大学硕士学位论文，2004 年。

方面面，但是大多研究只是将流域作为普通的空间地域范围来研究，未从流域学角度将流域作为一个完整的地域系统，探索其所具有的以水资源为核心的、独特的自然、人文地域运动规律。早在 1988 年，王守春在《论历史流域系统学》一文中，就针对历史时期河流演变原因研究之不足提出："今后的研究侧重点应当放在把河流与流域作为一个整体或一个系统进行研究。"他强调流域治理应注重流域系统性，认为对于河流这样一个复杂的对象，不仅应当把河流的水文要素和流域地貌看成是一个整体的不同方面，把河流的上、中、下游及支流、干流看成是一个整体的不同部分，还要把河流所在流域的自然要素和人文要素，即环境要素，看成是一个整体的组成部分。因此要从整体角度，即把它们作为系统进行研究，才能对河流有更深刻的认识。

流域作为人—地—水相互作用的复合系统，具有人类社会活动的突出时序性及自古以来即存在的人地系统演化的延续性。从流域历史观角度分析，现状流域问题的形成不是一朝一夕的突变过程，而是历史时期日积月累的连续过程。只有通过深入研究流域人地系统形成过程中的每一个环节及其形成机理和演化规律，才有可能系统全面地了解当今流域人口、资源、环境问题的形成过程与来源，才有可能真正认识人地系统的现代状况，科学地预测其未来发展与演化方向，以便采取有效措施协调、控制其发展过程，为流域健康发展提供可操作的决策思路。美国地理学家 R.哈特向在《地理学的性质和透视》一书中提出："地理工作者研究过去，不仅作为了解现在的锁匙，也为了它本身的地理内容。每一个过去时期都有当时的地理情况，一系列连续时期地理情况的比较研究，阐明了一个区域的地理变化，于是历史的时间量度和空间量度合并起来。"从流域人地系统整体性出发，考察流域人地关系的发展变化过程，揭示流域环境演变的影响因素和作用规律，探寻人类活动影响下流域环境演变轨迹是近年来地理学、历史学、生态学、经济学等学科交叉的新的研究领域。

三、历史流域学的研究重点

在总结流域研究已有成果基础上，王尚义等学者于 2009 年首先提出了创建历史流域学的构想，对历史流域学的形成发展、研究对象、性质与学科体系作了较为系统的探讨。①历史流域学是从流域人地系统整体性、因果性出发，研究历史时期流域人地系统演进特征、规律及要素之间、区域之间相互作用关系的学科。所解决的核心学术问题如下：流域空间特征与空间联系与空间分异规律；流域自然、人文的演进过程及演进规律、流域问题的历史背景及发展过程；流域物质循环、能量流动、空间格局演进与维持机制。

面向区域协调发展、生态文明建设和流域问题，历史流域学在基础研究方面需要重点从流域人—地—水复合系统出发，开展流域自然环境变迁、流域人文环境变迁、历史流域管理和流域环境变迁综合研究。①流域自然环境变迁研究，研究影响流域整体环境变迁的自然环境因素，包括水文及水环境、植被、气候、土地利用与覆被等主要自然因素的时空演化特征与规律，揭示各要素对流域整体环境变迁的影响，各自然要素之间的循环过程和作用机制。②流域人文环境变迁研究，基于流域人地关系的相互作用，研究流域人口、文化、聚落、经济等方面的时空演化特征与规律，重点揭示人文要素的环境承载、发展模式、空间布局，及其对流域整体环境演化的作用机制。③历史流域管理研究，整理历史时期流域开发政策及流域管理史料，评析相应政策与管理体系的效应、作用和启示。④流域环境变迁综合研究，基于流域整体观，重点研究流域人地关系复合系统各要素及各区域之间相互作用的阶段性特点，流域环境变迁历史分期的理论与方法，历史流域生态安全评价与诊断的原则、依据、指标体系和方法。

面向流域发展的实际问题需重点开展八方面的应用方向研究，为流域生态文明建设提供决策依据和科技支撑。①流域水资源合理利用与保护的科学决策，通过流域内水循环、流域水环境的历史变迁研究，提出流域水资源合理利用与保护的思路与途径。②科学解决河流泥沙问题的研究，通过流域内人地关系与泥沙淤积关系的历史问题研究，探讨河流泥沙问题的历史原因，揭示河流泥沙形成、演进的规律及成因，为科学解决河流泥沙问题提供科学依据。③流域水患及科学确定防洪标准的研究。通过水害史、历史水文环境变迁、历史流域水利工程等历史流域学方面的研究，应用历史流域史料，科学确定河流的防洪标准。④历史流域生态安全评价问题研究。通过建立历史时期、近50年、现代三个时段的流域生态安全评价指标与方法，开展流域生态安全系统诊断与预警研究。⑤流域产业布局与开发

① 王尚义、张慧芝：《关于创建历史流域学的构想》，《光明日报》2009 年 11 月 19 日，第 9 版；
　　王尚义、任世芳：《历史流域学研究视野中的水患》，《光明日报》 2010 年 11 月 04 日，第 7 版。

模式研究。重点对流域经济发展的空间运动过程、流域上中下游经济发展模式、区域经济协调模式进行研究。⑥流域文化及文化旅游产业一体化问题研究。通过流域文化的传承性、同根性等方面的研究,为流域文化产业、旅游发展提供决策的思路与依据。⑦流域城乡聚落布局调整问题的研究。通过对流域城乡聚落,特别是城镇发展的历史演进及区域联系研究,探讨流域合理的城乡聚落布局与管理模式。⑧流域主体功能区划及科学的区域管理政策研究。通过对流域管理的历史演进及经验的研究总结,提出可借鉴的流域管理思想、方法;按照流域上中下游、干支流之间不同的区域功能,提出流域主体功能区划的基本思路与相应的区域管理政策。

第二节　流域城镇化与城镇体系的研究重点

一、流域城镇化及城镇体系研究的意义

城镇作为区域人口和社会经济活动高度集中的场所,是区域政治、经济与文化中心,是由历史积淀而形成的复杂的社会有机体。城镇发展与演变的历史,反映了人类历史文明的不断进步。历史地理学历来重视对城镇的研究,城镇历史地理学已成为历史地理学研究的主要分支之一,以考查城镇在历史发展中所依据的根深蒂固的地理基础,探索城镇发展及空间演变的基本规律,为当今的城镇发展与建设提供充分的历史依据和理论依据。

河流是滋养人类文明的动脉,是城镇产生和发展的摇篮。纵观中外,人类发展史上的辉煌文明,均得益于大河流域的滋养。古代文明、初始聚落的发展都与大河流域的生存基质有着密切联系,并使人类聚居呈现以流域为基本单元的发展模式。20世纪50年代以来,许多国家对大河大江流域进行了综合治理与开发,以流域为单元,以水资源综合开发利用为核心,建立工业区、城镇群和产业带,流域城镇体系发展、调控和一体化建设日益受到重视。流域城镇体系既具有区域的一般属性,同时又具有流域的特质。与一般区域相比较,流域城镇体系及其空间结构的关联性、整体性更强,因而也更具有规律性。对流域城镇化及城镇空间结构的深入认识有利于进一步加强流域开发的科学性。

随着城镇化的加速发展，城镇发展与资源开发和环境保护、基础设施建设等一系列矛盾不断凸显，城镇间横向、纵向联系不断加深。以流域为单元进行城镇体系组织，可摆脱将区域作为抽象的社会经济空间进行研究与组织的思路，更突出了区域的自然生态属性，更加强调城镇建设行为与自然生态之间的整合，更加突出城镇之间的空间联系，处理好上下游、干支流之间城镇布局与协调发展，有利于进行合理的区域分工、更好地发挥区域优势，也是实现区域城镇可持续发展的理性选择。

二、流域城镇化与城镇体系研究的核心内容

历史流域学是从流域人地系统整体性、因果性出发，研究历史时期流域人地系统演进特征、规律及要素之间、区域之间相互作用关系的学科。结合历史流域学的学科特点与城镇化、城镇体系发展的具体问题，流域城镇化与城镇体系研究，需要基于流域人地关系的相互作用，重点研究流域城镇的时空演化特征与规律，重点揭示城镇的环境承载、发展模式、空间布局，以及其对流域整体环境演化的作用机制。具体来说，着重从以下五个方面展开。

（1）流域城镇发展的区域基础研究。地理环境是影响流域城镇形成分布的重要因素，流域自然条件、资源特征及所形成的交通联系、经济空间分异，是城镇发展与布局的主要影响因素。认识流域自然条件分异、资源特征、交通特征、经济空间分异特点，以及对城镇形成发展的影响是历史流域城镇研究的基础。

（2）流域城镇变迁的历史过程与城镇化过程研究。城镇的起源与形成是一个极其复杂而漫长的过程，是一个从量变到质变的过程。揭示流域城镇发展的历史过程与机制是历史流域城镇研究的主要任务。重点需要研究流域城镇的起源与产生、历史时期分阶段流域城镇变迁与布局演变，揭示历史时期城镇变迁的特点与环境因素。研究现代流域城镇化阶段划分、地域差异，揭示流域城镇化及地域差异的基本动力与独特因素。

（3）流域城镇体系结构研究。城镇体系是城市地理学研究的核心任务，学者们对行政区域、经济区域城镇体系规模、职能、空间结构作了大量的研究工作。实际上，由于人类生产、生活的亲水性，以及流域中不同等级河道的依次通航和公路、铁路交通廊道建设，决定了城镇体系的发生必然与流域中的河流特征相关，流域为探讨城镇体系中城镇等级差异和空间结构的起因提供了基础，也形成特殊的空间结构特征。许多

学者也已关注到流域城镇体系结构的特殊性，如施坚雅教授(G.W.Skinner)在对中国晚清城市体系的研究过程中，把长江中游大地区分为长江走廊、汉水流域、赣江流域、湘江流域等5个子地区，然后分别考察各地区的城镇化历史过程，提出每个流域内城镇明显分化为两大部分：一是以流域盆地为核心的区域性高级别城市体系；二是流域外围低级别城市体系，形成明显的"核心—边缘"结构。陆大道先生提出的"点—轴"理论，在国内各层次空间范围内的应用非常广泛，特别是在流域开发中，"点—轴"模式的应用最为突出。陆玉麒教授等通过对汉水流域、赣江流域等的研究，提出了流域城镇体系结构的"双核结构模式"。这些理论模式揭示了流域城镇化及城镇体系功能、结构的特殊性。但是，总体来看，对流域城镇规模、职能和空间结构的特点及演化机制仍缺乏广泛、深入、系统的理论探讨。因此，需借助城镇体系结构研究的理论与方法，结合流域的特殊地理特征，加强流域城镇体系结构的研究。重点研究流域城镇等级规模分布特征、职能类型与地域组合，研究流域城镇地理分布特征、城镇空间联系特征和空间结构模式，揭示流域城镇体系结构，特别是空间结构的特殊性及其形成机制。

（4）流域城镇化调控与城镇体系建构研究。以流域综合开发、综合管理为理念，将涵盖全流域上中下游、干支流各地区的综合发展对策与流域整体上的城镇化与城镇体系建设予以联系。重点研究流域开发对城镇化的推动和资源约束，在流域整体联系和内部分工中确定流域城镇化发展道路和差别化城镇化政策，重新审视被行政分区割裂的流域城镇体系在水资源保护与利用、防洪、交通组织、功能区布局、旅游等各个发展方面的内在联系，探索可持续发展目标下的流域城镇体系结构调控、区域协调和空间开发管制等。

（5）流域城镇空间形态与人居环境研究。由以上"区域中的城镇研究"转向"城镇中的区域研究"，以流域中典型城市为实证，突出水、土等资源环境容量与城镇规模、交通廊道空间、水系空间与城市形态模式、地域文化与城镇特色等关系，重点研究滨水城市的空间结构及演化特征、基于水系属性的城市形态模式、城镇人居环境的生态特征与生态格局，探明城镇化进程中城镇空间形态拓展的动力机制及其制约因素，总结生态友好型的滨水城市空间扩展模式和原理，促进滨水城镇空间与河流空间的良性互动，城镇人居环境与流域生态环境的同步优化。

第三节　国内流域城镇化与城镇体系研究进展

21 世纪是城市主导的时代，流域作为早期城市的发源地，在现在的城镇发展格局中仍占据重要地位，一方面城镇化更注重质量提升，另一方面流域的环境问题层出不穷，流域城镇的研究成为不同学科学者关注的焦点。通过对相关文献的分析，认为目前的流域城镇研究主要集中在历史过程和变迁、发展模式及结构研究、城镇化调控与城镇体系构建三部分，各类研究已形成基本共识，并产生了一些适用的模型及措施。这些研究对流域可持续发展、流域城镇质量提升具有重要的参考价值。

一、研究现状概述

从研究的对象来看，对各大江大河流域范围内的城镇均有研究，但是侧重不同。对于黄河、长江等流域的研究关注经济空间、城镇体系等问题，内陆地区流域研究则更侧重于流域治理、生态补偿等领域。例如，对黄河流域的研究，覃成林等研究了黄河流域的经济空间的分异动态和开发模式[1]；苗长虹、王海红对黄河流域的关中、中原和山东半岛三城市群的形成发展机制进行了深入探讨，研究了空间经济联系与一体化发展、城市群结构与功能升级等方面的内容[2]。对长江流域的研究，罗正齐在 20 世纪 90 年代就关注了长江流域城市群体化、网络化问题[3]；姚士谋从上、中、下游地区城市规模体系结构、城市产业结构、城乡协调发展等方面对长江流域的现状共性、个性问题进行了分析，认为积极发展大城市功能、带动中小城市发展可以全面提升流域城镇化水平。[4]对内陆河流的研究，如石培基等对石羊河流域城镇化问题的研究等。[5]

从研究的方法来看，有的学者探讨、采用不同的定量方法进行流域城镇问题研究。例如，马友平等采用 GIS（geographic information system，地

① 覃成林：《黄河流域经济空间分异与开发》，北京：科学出版社，2011 年。
② 苗长虹、王海红：《城市经济区位度与沿黄三城市群空间经济联系研究》，《黄河文明与可持续发展》第 4 辑，郑州：河南大学出版社，2012 年，第 21—31 页。
③ 罗正齐：《长江流域城市体系建设中的几个问题》，《经济科学》1992 年第 2 期，第 18—23 页。
④ 姚士谋：《长江流域城市发展的个性与共性问题》，《长江流域资源与环境》2001 年第 2 期，第 97—105 页。
⑤ 石培基、王祖静、李巍：《石羊河流域地区城镇空间扩展格局演化》，《地理科学》2012 年第 7 期，第 840—845 页。

理信息系统）技术对清江流域城镇体系的空间结构进行垂直和水平方向的量化分析，将城镇体系分为主城、次主城、卫星城、重点镇和一般集镇。[①] 近年来，对流域城镇化水平研究，进行指标体系的构建和评价的也越来越多，如邓祖涛、陆玉麒采用人口分布的结构指数、人口分布的空间自相关方法分析长江流域城市人口空间结构。[②]杨宇等构建了经济社会发展指标评价体系和资源环境系统评价指标体系，认为大量的水资源需求和能源消耗给绿洲的生态环境带来了巨大的挑战，将塔里木河流域 42 个城镇归为城市化超前型、同步协调型、逐步磨合型、城市化滞后型、低级磨合型 5 种类型。[③]李雪梅等运用熵值法对新疆塔里木河流域城镇化综合发展水平进行测度，并运用空间聚类法和空间自相关法对城镇化水平的空间演变及分异进行分析；建立了一个城镇化水平综合测度体系的评价指标，包括人口城镇化类指标、经济城镇化类指标、社会城镇化类指标和土地城镇化类指标 4 个方面[④]。石培基等运用多种模型包括间隙度指数、相关分形维数、扩展强度指数、空间关联模型、空间变差函数对石羊河流域地区土地利用情况进行了分析，研究市区与县城的空间联系。[⑤]李倩运用 CA-Markov 模型、HEC-HMS 分布式水文模型，预测秦淮河流域未来土地利用情况并构建城市化空间格局，分析了城市化进程与径流过程之间的内在联系。[⑥]马丛丛、荆延德从人口、经济、社会生活方面选取 17 个分指标，建立了四等级评价体系。[⑦]

从研究的内容来看，除了传统的区域经济、城市地理、区域规划的分析视角，还有一些学者从历史地理学的角度进行流域研究[⑧]，从流域人地系统整体性、因果性出发，研究历史时期流域人地系统演进特征、规律及要素之间、区域之间相互作用关系，重点揭示城镇的环境承载、发展模式、空间布局，及其对流域整体环境演化的作用机制。

此外，近期还有两个流域城镇问题研究的关注点。一是从民族地区城

① 马友平、刘永清、艾训儒，等：《清江流域城镇体系空间结构的 GIS 分析》，《测绘科学》2012 年第 6 期，第 85—87 页。
② 邓祖涛、陆玉麒：《长江流域城市人口分布及空间相关性研究》，《人口与经济》2007 年第 4 期，第 7—12 页。
③ 杨宇、张小雷、雷军：《塔里木河流域城镇经济社会与资源环境系统协调性研究》，《冰川冻土》2009 年第 4 期，第 771—779 页。
④ 李雪梅、张小雷、杜宏茹：《新疆塔河流域城镇化空间格局演变及驱动因素》，《地理研究》2011 年第 2 期，第 348—358 页。
⑤ 石培基、王祖静、李巍：《石羊河流域地区城镇空间扩展格局演化》，《地理科学》2012 年第 4 期，第 840—845 页。
⑥ 李倩：《秦淮河流域城市化空间格局变化》，南京大学硕士学位论文，2012 年。
⑦ 马丛丛、荆延德：《流域县域城镇化发展水平综合评价——以山东省南四湖流域为例》，《曲阜师范大学学报》2013 年第 3 期，第 94—100 页。
⑧ 张慧芝：《明清时期汾河流域经济发展与环境变迁研究》，陕西师范大学博士学位论文，2005 年；王尚义、张慧芝：《关于创建历史流域学的构想》，《光明日报》2009 年 11 月 19 日，第 9 版。

镇发展的角度研究流域城镇问题的，如刘维忠、杨俊孝对新疆塔里木河流域小城镇发展模式的研究①；王录仓等对黑河流域城市的起源与过程的研究，认为其实质是在特定的地理环境和民族分布格局下，对优势生存空间的争夺②；郭凯峰结合城镇重要度、路段重要度、水库风景区评价标准、水库移民二次评估体系等研究了澜沧江城镇发展战略③。二是流域生态环境与城镇发展关系的研究，如张定青、翟晓婷从城—河关系研究不同地貌区的小城镇数量分布，认为山地、丘陵和黄土塬地区属于城镇分散区，河谷阶地为城镇密集区④。石培基等以典型的干旱内陆河流域城市武威市凉州区为研究对象，构建了城市适度规模与实际人口的距离协调度评价模型，对水资源承载力与城市适度规模的关系进行了判断⑤。张胜武等以石羊河流域为研究对象，认为总用水规模偏大、水资源管理落后以及水资源匮乏的本底条件是制约流域城镇化的主要原因⑥。陈焕、陈涛对土地投入产出效率和空间差异进行分析，研究湘江流域城市土地利用效率，认为其呈现出中游低、下游高的空间格局⑦。

可见，目前对流域城镇的研究涵盖了城镇化、区域经济、区域规划、生态环境、历史演变等多个学科的内容，对流域城镇发展阶段、质量的评估也有了一些成果的模型和理论方法，已经成为学术热点。

二、主要研究领域

（一）城镇发展的历史过程和变迁

城镇的起源与形成是一个极其复杂而漫长的过程，揭示流域城镇发展

---

① 刘维忠、杨俊孝：《新疆塔里木河流域小城镇建设模式的探索》，《乡镇经济》2004年第3期，第29—30页。

② 王录仓、程国栋、赵雪雁：《内陆河流域城镇发展的历史过程与机制——以黑河流域为例》，《冰川冻土》2005年第4期，第598—607页。

③ 郭凯峰：《澜沧江流域城镇发展研究》，《德宏师范高等专科学校学报》2011年第1期，第35—41页。

④ 张定青、翟晓婷：《基于城—河关系的城镇生态化建设研究——以关中地区灞河流域蓝田县为例》，《城市发展研究》2009年第10期，第106—111页。

⑤ 石培基、杨雪梅、宫继萍，等：《基于水资源承载力的干旱区内陆河流域城市适度规模研究——以石羊河流域凉州区为例》，《干旱区地理》2012年第4期，第646—655页。

⑥ 张胜武、石培基、王祖静：《干旱区内陆河流域城镇化与水资源环境系统耦合分析——以石羊河流域为例》，《经济地理》2012年第8期，第142—148页。

⑦ 陈焕、陈涛：《湘江流域城市土地利用效率评价》，《阜阳师范学院学报（自然科学版）》2012年第4期，第50—53页。

的历史过程与机制是历史流域城镇研究的主要任务。

胡本达较早进行了此类研究，以潭江流域为对象，研究近现代城镇发展的阶段性特征及影响因素：第一阶段（抗日战争前），由"分散的家庭式"手工业逐步向"聚集的规模式"过渡并向圩市区位转移，因素是广大爱国华侨热心"实业救国"；第二阶段（抗日战争—新中国成立前夕），受战争影响，流域城镇几乎成为废墟；第三阶段（新中国成立—改革开放前）重点发展大城市，小城镇的发展受限，后期城镇发展基本停滞，主要受到政治社会条件的影响；第四阶段（改革开放以来），由于实行特殊政策和灵活措施，加上毗邻港澳的特殊地理位置和侨乡优势，有力地推动了城镇建设，此阶段工业化是流域城镇化的主要动力。[①]

李笔戎研究了黄河流域城市的历史发展，认为早期的城市发展多与封建王朝政治设施的建立有关，城市更多地表现为政治功能，经济功能较为薄弱；新中国此区域的发展由于经济基础薄弱，城市发展基础表现为规模小、数量少、结构不合理、集聚效益低下，应尽快打破城市发展的封闭环境[②]。

戴燕以湟水流域为研究对象，认为古代城镇发展是人类进行自我防御的表现，原始聚落会逐步进化为城镇，但是湟水流域城镇的形成最终是军事行动的结果。[③]

张衢从历史地理学的角度研究了湘西沅水流域的起源和演变过程，主要的阶段如下：隋唐时期实现了中上游与下游地区的分治；明清时期流域城市发展由临水型向山区平坝型发展；新中国成立以来，流域城市格局发生了巨大的变化，临水型城市衰落，区域性中心城市转为沿交通干线的布局特征；城市等级规模和网络体系结构，具有城市规模小，县城小镇林立，墟场集市无数和中心城市迁徙不定的特点[④]。

邓先瑞、吴宜进则把关注点集中在长江流域住区，将其演变历程划分为三个阶段：上古时代的巢居与穴居阶段、乡村聚落阶段、城市住区阶段[⑤]。

此类研究从较为宏观的尺度进行纵向比较，在划分城镇发展阶段的时候主要以城镇化的驱动力为准，且结论反映出社会经济因素是影响流域城

① 胡本达：《潭江流域城镇发展探讨》，《热带地理》1990年第3期，第256—263页。
② 李笔戎：《黄河流域城市发展的历史、现状、问题及对策意见》，《宁夏社会科学》1991年第2期，第24—30、77页。
③ 戴燕：《湟水流域城镇的形成及其对河湟文化的影响》，《青海师范大学学报》1994年第4期，第104—110页。
④ 张衢：《湘西沅水流域城市起源与发展研究》，湖南师范大学硕士学位论文，2003年。
⑤ 邓先瑞、吴宜进：《长江流域住区的形成与发展》，《中国地质大学学报（社会科学版）》2003年第6期，第50—54页。

镇发展、布局演变的主要原因。

（二）流域城镇类型及空间结构的研究

此类研究往往从微观尺度梳理城镇演变的过程，由于城市功能的变化，城市类型也产生分异。选取的研究对象为历史上呈现"转折"现象的事件时段。

邹逸麟认为历史时期黄河流域城市的分布与变迁与当时的自然环境和社会环境有密切的关系，两宋之前，受政治中心的影响，黄河流域城市分布基本上延续原始聚落的布局；两宋以后，黄河流域环境恶化，加上长期处于战争状态，城市的规模和效应远不如唐代；元明清时代，中国的政治中心和经济重心都东移至东部平原，特别是京杭大运河的开凿，重要城市都分布在大运河一线。城市的规模和经济影响，黄河流域的城市已不及长江流域。[①]

郭琳选取了北宋这个中国城市发展史上的重要转折点，研究当时淮河流域的城镇类型，通过对史料的分析总结为五类，即政治性城市、交通型城镇、工商业城镇、环城市镇、乡村墟市，是一种较为主观的判定[②]。张亮以清代皖江流域的安庆和芜湖为对象，比较研究了城市功能和早期转型，认为城市结构方面，安庆强调城市的防御性，芜湖则以经济利益为导向，向沿江区位发展；城市功能方面，安庆以政治功能为主，芜湖以经济功能为主，并叠加政治和文化功能；城市转型方面，安庆是以官方为主进行自上而下的变革，芜湖则以民间力量为主，在西方外力的策动下城市走过了一个因商而兴的发展过程，是对两个城市功能和机制的对比研究[③]。

陈晓飞以漓江流域为对象，认为秦时期漓江流域随着楚文化以及中原文化沿湘江—漓江—西江—珠江一线的传播而得到发展，初步形成了军事政治为中心的城市体系结构；到了唐代，区域中心桂林城得以发展，以桂林为中心形成了区域内部交通网络，区域内各城市之间联系加强，原本以军事政治为中心的区域城市体系转变成为以经济为中心的城市体系结构，

---

① 邹逸麟：《历史时期黄河流域的环境变迁与城市兴衰》，《江汉论坛》2006 年第 5 期，第 98—105 页。
② 郭琳：《北宋时期淮河流域的城镇类型》，《阜阳师范学院学报（社会科学版）》2006 年第 6 期，第 110—112 页。
③ 张亮：《皖江流域城市结构、功能及其早期转型研究——以清代安庆、芜湖为例》，四川大学硕士学位论文，2007 年。

此结构一直延续到现代。这一过程具有典型性和代表性，流域城镇的发展大多呈现轴线的空间结构，且随着社会文化进程的发展，更多地受控于经济因素导致的区位微调①。

（三）流域城镇生态环境演变的研究

此类研究多基于流域的环境承载力和整体性，从不同的学科视角对城镇发展问题，特别是制约性的环境条件来分析，主要是环境科学和历史地理学学者的成果。

沈满洪从环境科学的角度，以滇池为研究对象，厘清其环境变迁的历史轨迹，表现为水面面积、水体质量的持续下降，同时流域人口、经济发展带来的污染剧增这一过程，城镇化的高速增长与滇池的环境承载力之间的矛盾剧增，也成为未来城镇化发展的障碍，因此对流域环境的治理、环保意识的提升是对流域城镇发展的主要支撑。②

张慧芝从历史地理学的视角对明清时期汾河上游、中游、灵霍峡谷、下游、尾间地带 5 个经济区的环境和经济发展的关系进行了探讨，在分区研究基础上，归纳总结流域经济的整体性特征。③吴朋飞从历史地理学的研究视角对山西汾涑流域的河湖状况、河流水文特征、水灾害和环境影响进行了系统地梳理④。孟祥晓以清代魏县城为例，研究了水患与漳卫河流域城镇变迁的关系⑤。

此方向的研究近年来呈增长趋势，这源于长期关注经济增长和忽视环境效益带来的对生态环境的破坏，研究历史时期的灾害、现代的人地关系，都可以帮助当代人更好地利用流域环境，促进城市的可持续发展，因此，也是未来的热点研究方向。

（四）流域城镇发展的动力机制和发展模式

城镇往往在干支流的交汇处布局，即"顶水点"位置，也是流域中心城市的区位。陆玉麒对赣江流域的中心城市南昌的区位研究，认为南昌位

---

① 陈晓飞：《漓江流域古代城市体系研究》，广西师范大学硕士学位论文，2008 年。
② 沈满洪：《滇池流域环境变迁及环境修复的社会机制》，《中国人口·资源与环境》2003 年第 6 期，第 76—80 页。
③ 张慧芝：《明清时期汾河流域经济发展与环境变迁研究》，陕西师范大学博士学位论文，2005 年。
④ 吴朋飞：《山西汾涑流域历史水文地理研究》，陕西师范大学博士学位论文，2008 年。
⑤ 孟祥晓：《水患与漳卫河流域城镇的变迁——以清代魏县城为例》，《农业考古》2011 年第 1 期，第 309—314 页。

于赣江流域最大的支流抚河与干流的交汇处，符合流域中心城市产生的一般规律①。王义民等以中国（大陆）为例，把 12 个公认的城市群空间分布与 10 大河流流域空间分布叠加，结果表明：一是流域与城市群形成了较好的空间对应关系；二是城市群的中心城市一般在流域的干流与主要支流交汇处。可见，流域与城市群存在较强的相关关系。城市群在区域空间序列上，存在不同的演化阶段②。王兴平等认为，城市群演化过程包括一般城市—都市区—城市密集区城市群—大都市区—都市连绵区—都市带③。

流域城镇往往在空间上表现为跨江河的特点，所以跨江发展是此类城市扩展生长空间的主要方式。李俊峰等从跨江主体组织方式的视角，探讨了城市跨江发展的一般模式，包括独立跨越、组合跨越、兼并跨越和联合跨越；尺度上，小江河流域城市的跨江发展为渐进过程，多为城市自组织结果，而大江河流域城市的跨江发展主要集中在加速发展期，多为他组织结果，认为影响城市跨江的主要因素有自然、经济、社会、政治、科技；跨江过程的地理机制则包括需求力、保障力、引导力和驱动力等，其中，政策引导下的体制创新、区划调整下的空间整合、园区带动下的区域发展、交通引导下的空间组织是当前城市跨江发展最为重要的引导和驱动因素。流域城镇历史演变分析的相关文献也显示，无论是最初的聚落产生，还是此后聚落规模扩大、城镇发展的过程，均深刻地受到当地政治军事（农商政策、军事防御等）、经济（内外驱动、区位条件改变等）、民族与文化（民族融入等）因素的共同影响④。

城镇的发展应纳入流域的整体性研究中，因此多结合流域城镇的空间布局特征进行研究。万家佩、涂人猛通过对流域经济开发过程的分析，认为以城市为中心的城市区域通常可以分为中心地区圈、资源腹地圈、产品辐射圈三个层次⑤。依据城市区域的圈层状地域结构的特征，城市区域的经济发展可以通过点—轴扩散机制的不均衡发展，建立圈层式梯度扩展模式。这一过程具有一个共性规律，即经济开发总是先集中开发若干个生长点—大中城市，它们一方面通过中小城市向周围广大农村地区扩散渗透；另一

---

① 陆玉麒：《流域中心城市的区位特征——以南昌为例》，《人文地理》2011 年第 4 期，第 11—16 页。

② 王义民、李文田、尹航：《流域与中国城市群空间分布规律研究》，《信仰师范学院学报（自然科学版）》2013 年第 2 期，第 250—253、291 页。

③ 王兴平：《都市区化：中国城市化的新阶段》，《城市规划汇刊》2002 年第 4 期，第 56—59 页。

④ 李俊峰、焦华富、梁梦鸽：《滨江城市跨江发展模式、过程及驱动机制》，《地理研究》2012 年第 23 期，第 2162—2172 页。

⑤ 万家佩、涂人猛：《长江流域城市区域经济总体布局》，《湖北大学学报（自然科学版）》1993 年第 4 期，第 454—459 页。

方面,大中城市之间的经济联系和相互作用往往通过交通线而连接成轴线,再由轴线经纬交织构成经济网络。从流域经济的空间结构构成来看,是以河流干支——"轴"为纽带或网络,联结地区社会经济活动的聚集点——大多为干流沿岸及干支流交汇和河口的港口城市,带动和促进各级经济区域——"面状"腹地的经济发展,从而形成点—轴—面空间形态的地域经济综合体。天然流域作为交通和流通传输轴线的开发,具有不占或少占土地、传距长、投资省、收益快的特点。同时,外流河又是内陆联系沿海、交流外洋的纽带和桥梁,使海外资源和市场成为该区域经济的延伸,形成内外交流,双向开拓的态势。因此,长江流域城市经济发展和布局,采取以干支流为轴线的点轴开发模式仍属必然。

类似的点—轴开发模式研究还有蔡靖方等对清江流域的城镇发展模式进行了阶段划分,认为 2000 年前,将重点城市培育为流域增长极,同时加强主要交通干线的建设为主要内容;2000 年—2010 年,侧重点—轴开发模式,通过这些点、轴的辐射和扩散效应,带动整个流域的经济发展①。张鹏、贺荣伟通过对长江经济带的研究,认为以沿江中心城市为结点,以沿江水上运输及公路、铁路、管道、空中运输为轴线,建设沿江城市群②。姚士谋提出发展新兴产业、优化产品结构、发展外向型经济作为增强中心城市经济辐射能力的战略措施,通过中心城市的强大带动作用,促进地区经济的长足发展,同时要建立中小城市的增长极,完善流域内的城市规模等级体系③。蒋志凌、向兰以湘江流域为对象,其城镇体系空间结构处于极化阶段,点—轴走廊式空间结构特征明显;建议采取点—轴式空间开发模式,使水系成为区域联系开放性通道,实现湘江流域城镇体系空间结构的整体优化④。

综上,流域城镇的发源往往是河流交汇处的产物,由于获得良好的区位优势而得到发展。之后随着城市规模的逐步扩大,呈现跨江河的特点。最终城镇的发展应纳入流域的整体性发展的背景下,因此流域城镇的发展模式多遵循点—轴发展模式,通过中心城市的带动,结合带状水系,可能发展为城市群,或者整个流域城镇体系的提升。

---

① 蔡靖方、何百根、李新民,等:《清江流域城镇发展、布局与区域开发》,《华中师范大学(自然科学版)》1994 年第 4 期,第 557—562 页。
② 张鹏、贺荣伟:《长江经济带城市群建设与流域经济发展研究》,《重庆大学学报(社会科学版)》,1998 年第 4 期,第 30—34 页。
③ 姚士谋:《长江流域城市发展的个性与共性问题》,《长江流域资源与环境》2001 年第 2 期,第 97—105 页。
④ 蒋志凌、向兰:《湖南湘江流域城镇体系空间结构特征及优化》,《湖南城市学院学报(自然科学版)》2012 年第 2 期,第 41—45 页。

（五）流域城镇体系结构研究

城镇体系是城市地理研究的核心任务，学者们对行政区域、经济区域城镇体系规模、职能、空间结构作了大量的研究工作。实际上，由于人类生产、生活的亲水性，以及流域中不同等级河道的依次通航和公路、铁路交通廊道建设，决定了城镇体系的发生必然与流域中的河流特征相关，流域为探讨城镇体系中城镇等级差异和空间结构的起因奠定了基础，也形成特殊的空间结构特征。一般而言，经济空间的组织形式呈现一定的规律性，表现为原始均衡结构→核心—边缘结构→多核心—边缘结构/点—轴结构→空间一体化结构。许多学者也已关注到流域城镇体系结构的特殊性，主要的观点为点—轴理论和核心—边缘理论。

陆大道先生提出的"点—轴"理论，在国内各层次空间范围内的应用非常广泛，特别是在流域开发中，"点—轴"模式的应用最为突出。陆玉麒教授等通过对汉水流域、赣江流域等的研究，提出了流域城镇体系结构的"双核结构模式"。这些理论模式揭示了流域城镇化及城镇体系功能、结构的特殊性。但是，总体来看对流域城镇规模、职能和空间结构的特点及演化机制仍缺乏广泛、深入、系统的理论探讨。因此，需借助城镇体系结构研究的理论与方法，结合流域的特殊地理特征，加强流域城镇体系结构的研究。重点研究流域城镇等级规模分布特征、职能类型与地域组合，研究流域城镇地理分布特征、城镇空间联系特征和空间结构模式，揭示流域城镇体系结构，特别是空间结构的特殊性及其形成机制。石培基等认为石羊河流域城镇用地以显著的"点—轴"模式扩展，形成内陆地区城市独特的扩展极核和扩张轴线[①]。

施坚雅教授（G.W.Skinner）在对中国晚清城市体系研究过程中，把长江中游大地区分为长江走廊、汉水流域、赣江流域、湘江流域等 5 个子地区，然后分别考察各地区的城镇化历史过程，提出每个流域内城镇明显分化为两大部分，一是以流域盆地为核心的区域性高级别城市体系，另一是流域外围低级别城市体系，形成明显的"核心—边缘"结构。杨金龙研究了汾河流域的经济空间分异格局，以"对区域全局有重大影响的中心城市"和"满足经济发展水平高于区域平均水平、其余邻近地区在经济增长方面存在较强的关联性、其经济规模和人口规模均高于邻近地区"三个条件判

---

① 石培基、王祖静、李巍：《石羊河流域地区城镇空间扩展格局演化》，《地理科学》2012 年第 7 期，第 840—845 页。

断汾河流域的经济空间组织形式，认为呈现核心—边缘结构，未来以太原为龙头，培育汾河流域铁路沿线各级增长极，形成协调发展的空间一体化网络结构①。俞勇军认为赣江流域的空间结构表现为面状的"核心—边缘"结构、点状的城市中心性、线状的交通线通达性空间结构②。

此外还有的流域呈现出典型的双核型空间结构③。邓祖涛、陆玉麒以汉水流域为对象，研究了历史时期城市等级体系的演变，认为其从二级演变为三级，再演变为四级；在此过程中，中心城市的发展过程为南阳首位城市、南阳—襄阳双核城市、襄阳—武汉双核城市、武汉首位城市；汉水流域城镇密度呈现出由较均衡至不均衡再到较为均衡的过程，与其他流域存在一定的共性④。

（六）城镇化调控与城镇体系构建

随着城镇化的加速，城镇发展与资源开发与环境保护、基础设施建设等一系列矛盾不断凸显，城镇间横向、纵向联系不断加深。以流域为单元进行城镇体系组织，可摆脱将区域作为抽象的社会经济空间进行研究与组织的思路，更突出了区域的自然生态属性，更加强调城镇建设行为与自然生态之间的整合，更加突出城镇之间的空间联系，处理好上下游、干支流之间城镇布局与协调发展，有利于进行合理的区域分工、更好地发挥区域优势，是实现区域城镇可持续发展的理性选择。

以流域综合开发、综合管理为理念，将涵盖全流域上中下游、干支流各地区的综合发展对策与流域整体上的城镇化与城镇体系建设予以联系。重点研究流域开发对城镇化的推动和资源约束，在流域整体联系和内部分工中确定流域城镇化发展道路和差别化城镇化政策，重新审视被行政分区割裂的流域城镇体系在水资源保护与利用、防洪、交通组织、功能区布局、旅游等各个发展方面的内在联系，探索可持续发展目标下的流域城镇体系结构调控、区域协调和空间开发管制等。

较早的流域管制始于美国田纳西河的治理，其主要手段包括 1933 年通

---

① 杨金龙：《汾河流域经济空间分异与可持续发展研究》，山西大学硕士学位论文，2012 年。
② 俞勇军：《赣江流域空间结构模式研究》，南京师范大学博士学位论文，2004 页。
③ 罗晓辉：《明清时期赣江流域城市体系研究——南昌—九江双核结构的形成与发展》，四川大学硕士学位论文，2007 年。
④ 邓祖涛、陆玉麒：《汉水流域城市空间分布的分形研究及优化举措》，《长江流域资源与环境》2005 年第 6 期，第 679—683 页。

过的《田纳西流域管理局法》(《TVA 法》),通过立法对流域资源进行统一管理,以及经营上的良性运行机制。我国也在很多流域出现严重的环境问题后开始了"小流域治理"的工作。具体措施主要是协同流域城镇的各要素,包括水资源、土地、人口、产业,加以立法的约束和各级监管实施。Johnson 以约翰逊流域为例,探讨了流域城市的合作规划模式,即规划、市民参与和城市增长管理共举;将河流管理的过程分为三阶段,即开垦和退化、洪水治理、生态规划[1]。可见,流域城镇发展的最终目标是达到人地和谐,生态可持续的发展。

但是,我国流域城镇化推进还有一些特殊情况,如王毅指出实行流域综合管理是当前世界各国治理水问题的普遍趋势,也是解决我国日益严峻的流域性资源环境问题的重要途径。但是在法律法规、管理机构、政策、规划、利益相关方参与等方面均存在困难[2]。李红提出根据流域不同区段的空间地理特征、城镇发展性状,制定区域开发战略与不同区段的开发模式,并以此为基础研究不同区段、不同发展模式下的开发策略与管制要求[3]。陈雯提出在流域综合管理中充实完善土地利用分区与管制等研究内容,为流域可持续开发和保护提供指导。由于流域的整体性和流域城镇的行政阻隔,所以城市、区域间的合作是流域城镇化调控的重点[4]。廖信林、任志安、李勇刚指出政府任期和政绩考核标准、政策干预力量以及区域合作创造收益的分配比例是影响城市群合作的重要因素,认为应该规范考核机制,协调权威机构,优化分配机制以及建立约束机制[5]。

流域城镇化调控和城镇体系构建对流域内的城市不能一概而论,应分区段有针对性地制定规划和管理体系。遵循城镇体系发展模式,选取一些重点城市进行培育,形成点—轴或核心—边缘城镇体系结构,最终通过河流、交通轴带等功能的完善,构建出网络化空间均衡结构,流域城镇功能整体提升。例如,邓祖涛、陆玉麒针对汉水流域城市规模结构不合理、城市分布的轴向特征明显的问题,用差异度和关联维数进行验证,提出强化

---

[1] Johnson S:《城市可持续发展的合作规划模式——一个城市流域的规划案例研究》,郭超译:《国外城市规划》2003 年第 6 期,第 32—36 页。

[2] 王毅:《改革流域管理体制促进流域综合管理》,《中国科学院院刊》2008 年第 2 期,第 134—139 页。

[3] 李红:《长江中游沿线城镇发展与开发管制——以湖北段为例》,《中国城市规划学会年会论文集》(区域规划),2002 年,第 225—231 页。

[4] 陈雯:《流域土地利用分区空间管制研究与初步实践——以太湖流域为例》,《湖泊科学》2012 年第 1 期,第 1—8 页。

[5] 廖信林、任志安、李勇刚:《关于在淮河流域设立城市群协作发展示范区的构想》,《长沙大学学报》2010 年第 6 期,第 17—20 页。

武汉一级中心城市的龙头作用，构建襄（樊）十（堰）南（阳）成长三角，积极发展地方性中心城市，加快区域空间结构轴的建设，以使城市规模结构趋于合理。城市整体功能提升，与城市产业布局和城市群建设结合，可以促进区域内城市的整合发展①。此外，覃成林等针对黄河流域不同区域资源环境与经济发展水平差异，对黄河流域进行主体功能区划分，分为禁止开发区、限制开发区、优化开发区、重点开发区、适宜开发区五类，对不同区域采取不同的开发措施，合理发展②。

流域具有整体性，因此研究流域城镇也要突出这一特点，将上中下游统筹考虑。城镇化是区域发展的重大课题，流域城镇的研究也是流域整体功能提升、结构完善的重要方面。已有的成果包括对各大江河的现状判断、规划和评价等方面，主要包括以下三点。

（1）历史过程和变迁研究。此方向的研究重点在于研究流域城镇的起源与产生、历史时期分阶段流域城镇变迁与布局演变，总结历史时期城镇变迁的特点与影响因素，揭示流域城镇化及地域差异的基本动力与独特因素。

（2）发展模式及结构研究。此方向主要研究流域城镇发展的动力机制，表现为社会、历史、经济、文化等因素的驱动作用；研究流域城镇的发展模式和流域城镇体系结构，一般表现为点—轴模式、核心—边缘模式、双核结构等。

（3）城镇化调控与城镇体系构建研究。此方向的研究以流域综合开发、综合管理为理念，重点研究流域开发对城镇化的推动和流域资源约束对城镇化的障碍作用，以及如何重新整合资源、进行流域城镇体系结构调控、区域协调和空间开发管制等，以实现流域的可持续发展。

---

① 邓祖涛、陆玉麒：《汉水流域城市空间分布的分形研究及优化举措》，《长江流域资源与环境》2005年第 6 期，第 679—683 页。
② 覃成林：《黄河流域经济空间分异与开发》，北京：科学出版社，2011 年。

第二章
汾河流域城镇发展的区域环境基础

　　流域环境是由自然环境与人文环境构成的。自然环境是指构成流域组成部分的一切自然系统要素，如水体、湿地、土壤、植被、动物等；人文环境则是指流域范围内的人工建设环境，包括城市、村镇、道路系统等。

　　城市是区域经济、政治和文化发展的中心，常常被看作国民经济的地域支点。城市的发展会受到区域自然、经济和社会等各种因素的共同制约。在同一发展阶段或相同的社会条件下，不同地区的城市发展和分布会存在差异，即使同一地区的不同城市，其发展也会存在差异，这主要是受区域自然条件和地理位置的影响。因此，自然地理条件是城市形成发展的基础和背景。其中又包含着多种复杂的因素，这些因素在一定程度上影响着城市的发展和进步，贯穿于城市发展进程的始终。

第一节　区域自然环境基础

一、地理位置及概况

汾河流域地跨山西省中部和西南部（图 2-1），地理坐标在东经 110°30′—113°32′，北纬 35°20′—39°00′。汾河是山西天然径流量最大的河流，被誉为山西的母亲河。汾河发源于忻州市宁武县东寨镇管涔山，流经山西省境内 6 个市 28 个县，并最终于运城市万荣县庙前村附近汇入黄河。汾河干流全长 716km，流域面积 39 471km²，约占全省面积的 1/4，涉及忻州、太原、晋中、吕梁、临汾、运城、长治、晋城 8 个地级市，40 多个县（市、区），居住人口 1315 万，约占全省人口的 38.76%。流域内现有水资源总量占全省的 27.1%，粮食产量占全省的 37%，煤炭资源储量占全省的 30%左右，煤炭产量占全省的 26.2%，地区生产总值占全省的 50%左右。汾河流域以占全省 1/4 的面积，支撑着超过全省 1/3 的人口，贡献着占全省近1/2 的 GDP，同时也是山西省重要的生态功能区、人口密集区、粮棉主产区、经济发达区，在山西省的经济社会发展中占有十分重要的地位。

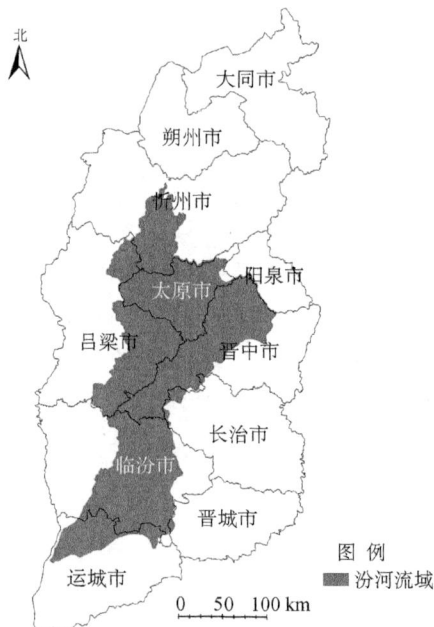

图 2-1　汾河流域地理位置

汾河流域作为山西省经济和社会发展的核心区域，由于长时间的过度开发，尤其是煤炭等矿产资源，生态环境受到极大破坏，严重制约了全省经济社会的可持续发展和人民生活质量的提高，也影响了山西省的对外形象。汾河流域地处山西省中心位置，既面临着国家实施中部崛起战略和改造老工业基地的历史机遇，又面临着国内外产业重组和生产要素加快转移的市场机遇；既面临着山西省推进新型工业化和特色城镇化的战略机遇，也面临外部竞争的巨大压力和制约经济社会发展的许多深层次矛盾和问题。如何协调汾河流域资源、环境与经济发展之间的问题，加快推进流域经济社会的可持续发展，是目前流域发展所面临的主要问题。

二、地形地貌

汾河流域三面环山，流域东隔云中山、太行山与海河水系为界，西连芦芽山、吕梁山与黄河干流东侧众多支流为界，东南有太岳山与沁河毗连，南面则以紫金山、中条山、孤山、稷王山与涑水河接壤。

汾河流域整体地形呈现西北部高，南部低；两侧高，中间低的态势。东西两侧为南部延伸的太行山与吕梁山脉，海拔较高，中部以及南部为平原地区，海拔较低。海拔高度最高达 2600m 以上，最低不到 400m，整体高差较大。

汾河干流因受地质构造运动控制，蜿蜒穿行于晋中、临汾两大断陷盆地范围之内。流域盆地持续下降，东西两侧山脉不断上升，形成了悬殊的地面高差，河谷盆地与高山之间的过渡地带，即黄土塬面，经受沟峪水流及大气降水的连年侵蚀、冲刷与切割，从而形成现今连绵不断的沟壑地貌。流域地貌形态一般依石质山、峁梁塬、缓坡地带、阶地河谷顺序过渡。

受地形地貌的影响，汾河流域城镇多分布于中部及南部平原地区（图 2-2），且人口较为集中，北部及两侧海拔较高地区多为山地丘陵区，城镇分布较少且人口相对较为分散。

北

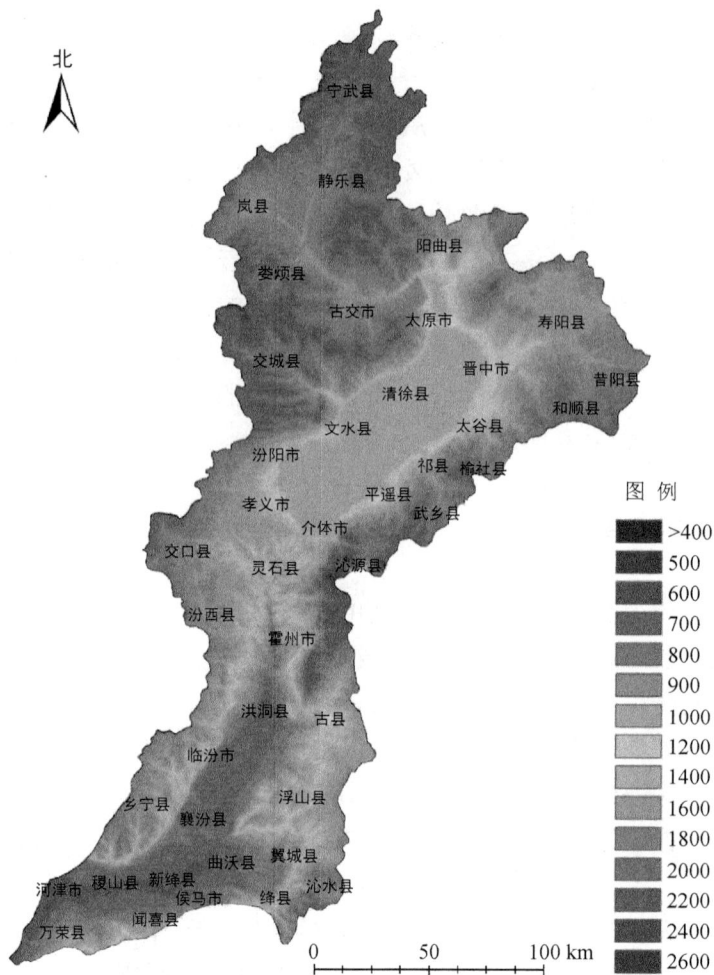

图 2-2　汾河流域地势及城镇分布

三、河流水系

流域内以汾河为干流，沿途还具有众多的支流（图 2-3）。

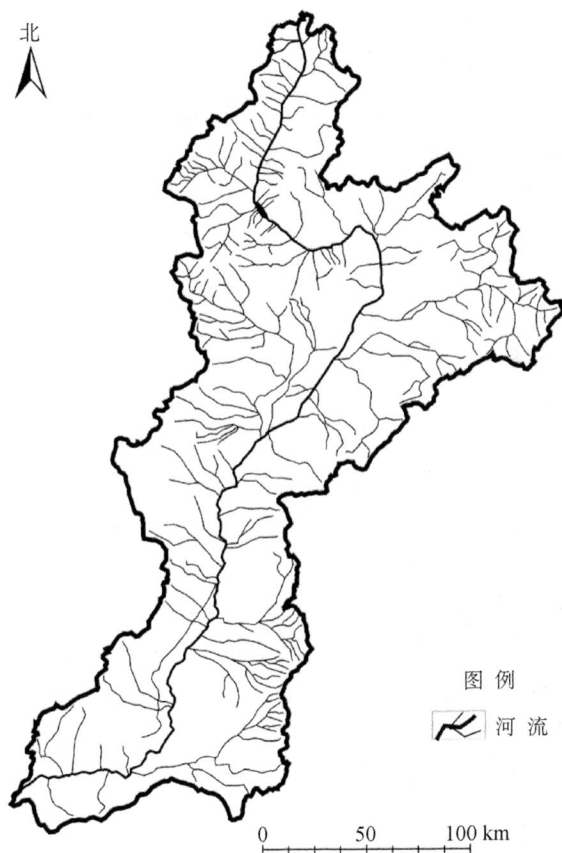

图 2-3　汾河流域水系图

资料来源：山西省地图集编纂委员会：《汾河流域地图集》，西安地图出版社，
2012 年 12 月，第 14—15 页。

（一）干流河段

按照河流的特征，汾河可分为上、中、下游三段。

1. 流域上游段

自汾河源头至兰村，河道长 217.6km，流域面积 7705km²，此河段为山区性河流。其中汾河源头至汾河水库库尾主要为土石山区和黄土丘陵区；汾河水库至汾河二库库尾流经峡谷，两岸山势陡峭，河道呈狭长带状分布，沿河两岸岩石裸露，河道大部分无设防，洪水在河床内摆动较大。河流绕行于峡谷之中，山峡深 100—200m，平均纵坡 4.4‰。自上至下汇入主要的支流有洪河、鸣水河、万辉河、西贺沟、界桥河、西碾河、东碾河、岚河。汾河水库建在上游河段的中间部位，距离河源约 123.3km 处的娄烦县下石家庄。东碾河与岚河水土流失严重，是汾河水库泥沙的主要来源。

流域上游面积较小而且海拔较高，山地丘陵分布，范围内所辖县市较少，只有古交市、娄烦县、宁武县、静乐县、岚县五个县市。

2. 流域中游段

自太原兰村至洪洞石滩为中游段，河长 266.9km，流域面积 20 509km²，穿行于太原盆地和汾霍山峡，河道宽一般 150—300m，汇入的较大支流有潇河、文峪河、象峪河、乌马河、昌源河等。本段属平原性河流，地势平坦、土质疏松，河谷中冲积层深厚，河流两岸抗冲能力低，在水流长期堆积作用下，两岸形成了较宽阔的河漫滩，河型蜿蜒曲折，中水河床与洪水河床分界明显，该段河道纵坡较缓，平均纵坡约 1.7‰，由于汇入支流多，径流量大，坡度缓，汛期排泄不畅，是全河防洪的重点河段。

流域中游段面积最为广泛，且地势较为平坦，范围内所辖县市最多，包括太原市、晋中市、吕梁市及临汾市等五个地级市的部分县市，共有 17 个县市。

3. 流域下游段

自洪洞石滩至入黄河口为下游部分，河长 210.5km，流域面积为 11 276km²。该段汇入的较大支流有曲亭河、涝河、洰河、滏河、洪安涧河、浍河等。该河段是汾河干流最为平缓的一段，平均纵坡为 1.3‰。义棠—洪洞石滩为山区型河流，河势较稳定；石滩以下为平原河段，河道弯曲，水流不稳定，河床左右摆动，岸蚀越烈。入黄口处，河道纵坡缓，流速小，常受黄河倒流之顶托，致大量泥沙淤积在下游河段中。

流域下游段面积居中，地势最为平坦，因而范围内所辖县市也较多，主要包括临汾市、运城市及长治市三个地级市所辖的部分县市，共计 14 个县市。

（二）主要支流

沿途汇入汾河的支流较多，其中流域面积大于 1000km² 的有岚河、潇河、昌源河、磁窑河、文峪河、洪安涧河、浍河 7 条；流域面积在 500—1000km² 的支流有洪河、东碾河、象峪河、乌马河、龙凤河、段纯河、团柏河 8 条；流域面积在 300—500km² 的支流有干河、吞兰河、惠济河、交口河、南涧河、滏河、豁都河、三官峪等。支流中以岚河泥沙最多，文峪河径流量最大。

文峪河为汾河第一大支流，是汾河流域内河道最长、流域面积和径流量最大、河源海拔最高的一条支流。文峪河流域 4034.57km²，涉及交城、文水、汾阳、孝义四个县市，其中上游段（文峪河水库以上）1876km²，中下游段 2158.57km²。

汾河两岸有许多泉水出露，较大的泉水有太原的兰村泉、晋祠泉，介休的洪山泉，霍县的郭庄泉，洪洞的霍泉，临汾的龙子祠泉，翼城的利民池等。

四、气象水文

汾河流域属大陆性半干旱季风气候，四季分明，年平均气温6℃—13℃，上游最高气温 39.9℃、最低-29.4℃，下游最高气温 42.5℃、最低-18℃。秋季末期流域常有霜冻，上游无霜期 150 天，下游无霜期 216 天。

流域内降雨是地表径流的主要来源，年降水量在 400—700mm，6 至 9 月降水量占全年降水量的 70%以上。地表径流量年际变化较大，丰枯年变幅在 11.78 亿—44.30 亿 m³，年入黄河输沙量 3.43×10⁷t。汾河流域水面蒸发量较大，高值区位于太原盆地。

五、土壤条件

褐土是汾河流域的主要土壤之一，分布于山西南部临汾、运城等地市的低平垣地、二级阶地、山间平原等，属于耕作土壤；石灰性褐土分布范围较广，主要位于恒山以南、吕梁山以东的各条河流的二级阶地、山间盆地、黄土台垣以及平缓的洪积扇下部，且呈片状分布，主要为耕地，是典型地带性土壤中分布最为广泛的亚类；黄土质石灰性褐土广泛分布于中部和南部各种黄土垣地、河流高阶地上，成土母质为原生风成黄土；黄土状石灰性褐土，是山西省中南部平川区主要的土壤类型；红黄土状石灰性褐土，零星分布于临汾、运城等地部分县的二级阶地、山间平原及倾斜平原等；灌溉石灰性褐土，在临汾地区的部分县有零星分布；红黄土质淋溶褐土，分布于运城、太原等城市；黑泸土质褐土性土壤，零星分布于太原、晋中、吕梁等地；洪积褐土性土壤，在整个汾河流域的褐土区均有分布；

灌溉褐土性土壤,仅在运城地区的部分县市有零星分布;堆垫褐土性土壤,零星分布于寿阳等地;黄土状褐土性土壤,仅在运城市万荣、稷山等县市的丘陵下部缓坡及垣坡地带有分布;冲洪积褐土性土壤,分布于太原市的晋源区、尖草坪区及清徐县等;砂泥质中性粗骨土,在流域中北部均有分布,且主要分布于临汾、晋中地区;硅质中性粗骨土,在流域各地均有分布,是山西省分布较为广泛的土壤类型。

第二节　区域社会环境特征

一、交通特征

交通系统是区域经济社会发展的重要支撑系统,交通运输的发展对区域经济社会发展的总体格局、产业格局、城镇的发展与分布格局都有重要的影响。流域内的城镇群可以视作一个整体,其城镇个体都是通过一系列网络相互联系,包括交通网络、信息网络、资本网络等,其中交通网络又与实际的物质运输密切联系,并发挥着关键作用,进而引导或制约着城镇群体的发展,可以说交通运输网络是沟通城镇之间生产和流通的先决条件。城镇群的发展应以城镇为中心,以小城镇为节点,通过交通运输通道使城镇之间紧密联系,成为地域经济的先导网络,并形成空间构成上具有多用样式的城镇群交通运输网络体系。

（一）交通现状

汾河流域是同蒲线、石太线、大运高速、石太高速、太长高速、国道307、国道208、国道108等的交汇地区,是山西省域中南部的重要交通节点,对外联系十分便捷。同时,本区域包含省域交通中心——太原,可充分利用省域交通中心的综合交通优势,提升区域的集散功能。流域内已初步形成包括铁路、公路及航空为一体的综合性交通网络体系。此外,随着大西高铁太原至西安段的通车,区域交通枢纽地位进一步得到加强(图2-4)。

北

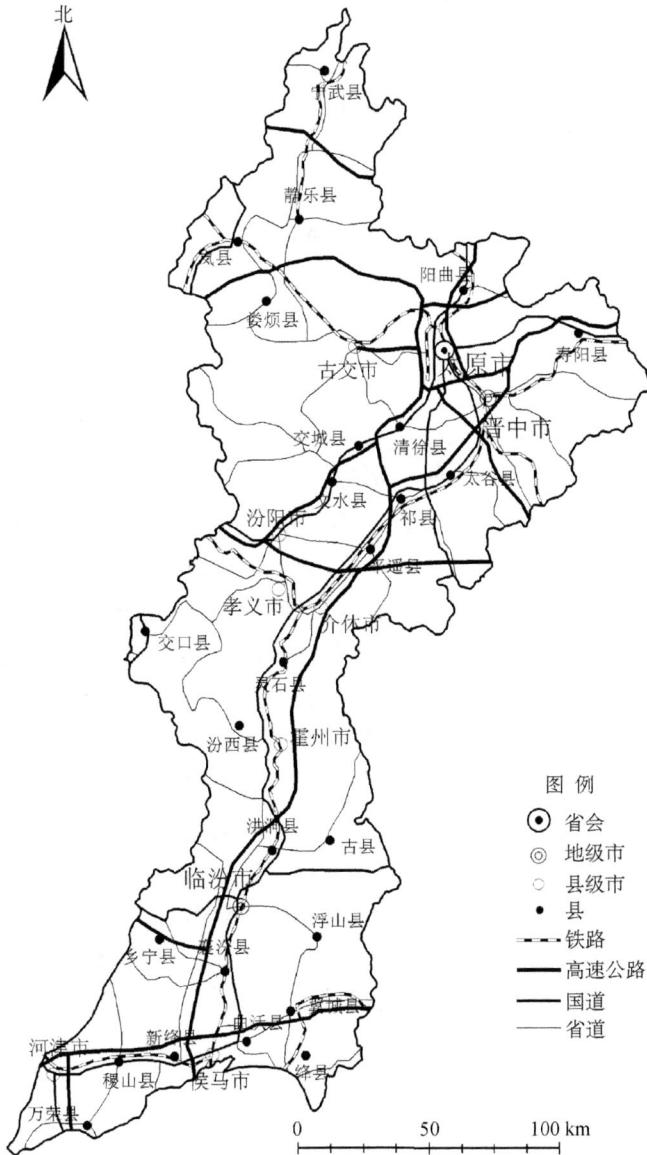

图 2-4　汾河流域交通分布图

从区域交通来看，铁路、高速公路、国道等构成的交通网络体系为流域不同方向对外联系提供了便捷的条件，使流域内城镇的发展具有较为广阔的腹地。从流域内部交通来看，省道、县道等各级公路构建的公路网络体系成为各城镇之间联系的主要通道，提高了流域内城镇群之间的交通组织的整体效率，进一步促进了流域城镇整体交通条件的改善。

1. 铁路

截止到 2012 年年底，汾河流域共有铁路通车里程 903km，主要包括同蒲线、石太线、台焦线等。南北向以同蒲线为纵向骨架，通过各铁路支线（主要包括孝柳线、侯西线、侯月线等）连接各主要城镇；受汾河流域两侧地形的影响，东西向铁路较少，主要通过石太线连接河北省，其他东西向铁路主要为各铁路支线。

2. 高速公路

流域内主要包括大运高速、太长高速（太原—太谷段）、石太高速（太原—寿阳段）等多条高速公路，形成以省域中心城市太原为核心，向流域四周发散的布局形态。其中，大运高速公路直接连通太原、晋中、临汾等流域内主要地市，成为连接流域南北的重要通路。

流域往北有太原—忻州—大同交通通道，与省域北部城镇群联系；往南有太原—晋中—临汾—运城交通通道以及太原—长治—晋城交通通道，辐射省域南部城镇群，并有多条高速公路连通河南省多个县市；往东有石太线连接太原和阳泉，并可直达河北省省会石家庄市。

高速公路的快速发展及其路网骨架的形成强化了区域中心城市的吸聚作用，太原作为流域内最大的枢纽中心，其集聚作用得到强化和提升，流域内乃至山西省内的人口、产业、资本、技术、信息与人才向太原高度集中。这种城市集聚效应使太原近年来始终处于较快的扩张过程中，综合经济实力不断提升，在山西省域的中心城市地位进一步得到强化，经济实力和城市规模与其他地市的差距逐渐拉大。此外，高速公路沿线城镇的发展也较为迅速。

3. 国道

国道，即国家公路主干线的总称，通常指全国政治、经济的主干线公路，是国家经济建设、国防安全、城镇发展的主要交通通道。

流域内国道主要是流域的南北和东西公路干道。流域内国道线主要承担着与陕西、河北、河南等地区的联系作用，也是流域内部城镇间的交通运输要道，是区域内省道、县道的基本骨架网。

流域内南北向国道主要包括 108 国道、208 国道、307 国道；东西向国道主要包括 307 国道、309 国道。

4. 省道

流域内的省道建设以高速公路、国道为骨架,已基本实现镇镇通油路、乡乡通公路、村村通机动车的目标,到 2012 年年底省道及以上公路密度已达 10.39km/百 km²,基本建成了以太原、孝义、临汾、侯马等地为中心,连接邻省主要城市以及本省各市县及各主要乡镇的公路网,其中一半多为高等级公路。

5. 机场

山西省内共有民用机场 7 个,其中汾河流域内机场 2 个,一个是太原武宿机场,武宿机场为大型枢纽机场,对外航线已达 40 余条,可直通全国 30 多个大中城市,并开通了部分国际航道;另一个是临汾乔李机场,位于临汾市区东北部,占地面积 2086 亩(1 亩≈666.7m²),于 2016 年 1 月 25 日正式恢复通航,目前共开通 7 条国内航线。

(二)交通干线对城镇发展的影响

1. 流域城镇沿交通干线相对集中分布

汾河流域交通线建设一般分布于平原河谷地区,且交通线路建设与农业、矿产资源条件相匹配,使交通沿线城镇发展条件较为优越,许多城镇都沿交通线路布局和发展,形成特有的城市空间体系结构。受地形、土地资源的影响,汾河流域主要城镇几乎均分布于综合交通走廊沿线。流域内县市驻地城镇共有 33 个,其中,有 22 个分布于铁路两侧 10km 范围之内,占流域城镇比重的 66.7%,有 26 个位于高速公路两侧 10km 范围之内,占流域比重的 78.8%,有 26 个位于国道两侧 10km 范围之内,占流域比重的 78.8%。由此可见,汾河流域城镇的空间分布具有明显的交通干线指向性。

2. 交通干线加快沿线地区工业化和城市化进程

近现代城市一般都沿主要交通干线向外围拓展,因为便利的交通条件是企业、居住活动的基础和前提,经济开发一般都集中在便利的交通沿线地带。城市对外交通是引发城市向外扩展的主要原因，便利的交通条件引导和带动了道路两侧用地的建设和发展，引导产业和人口向沿线城镇集聚，加快了沿线地区工业化和城市化进程。交通干线提高了沿线城镇的可达性，使沿线乡镇之间的自然、经济距离缩短，形成区位优势，加快沿线小城镇的发育和城镇发展速度。

此外，交通干线对小城镇的影响，还包括交通干线连接的中心城镇对小城镇的带动、辐射作用，把沿线地区城镇的交通联系转换为经济联系，从而也促进了生产要素（劳动力、资本、技术信息）、货物、服务在中心城镇与小城镇以及小城镇之间流动。汾河流域小城镇主要围绕城市、县城和沿交通干线相对集中分布，为小城镇经济建设与基础设施建设提供了便利的条件，有利于形成若干用地少、就业多、要素集聚能力强、人口分布合理的城镇群，为带动小城镇产业升级和社会经济发展奠定基础。

3. 交通干线促进区域内的分工和产业发展

交通条件是现代城市布局的首要因素，往往对城市的性质有一定的决定作用。交通干线提高了沿线各个城镇的可达性，加速其经济要素的流动，使其经济地理位置得到改善，改变了区域或地区的区位优势，使要素流动在经济发展中的各种效应得到更大发挥。交通干线的建设使具有明显增值倾向的要素空间流动加强，对区域内的分工和产业发展产生重要作用，要素的流动成为区域实现分工的基础和动力。

（三）汾河流域交通设施建设的发展形势和要求

当前是山西省构建综合交通运输体系的重要战略期，这为汾河流域的交通运输设施建设带来了重要的机遇。流域交通运输应努力实现由传统交通逐渐向现代交通转变，交通发展方式实现由单一发展向协同发展转变、要素依赖向科技创新转变、通道建设向枢纽建设转变、建设为主向建管并重转变的目标。

1. 适应经济社会发展

目前，汾河流域内各城镇经济正处于高速发展阶段。经济总量大幅度增长，人民生活水平快速提高，必将产生大量具有人性化、多样化、个性化趋势的客货运输需求，工业化进程加快、产业结构优化升级，将促使货物运输规模和结构发生较大变化，物流、人流、信息流将更加活跃，安全、经济、可靠、高效和舒适、便捷、个性化的运输需求更加明显。流域交通运输要适应经济社会日益增长的新需求，实现规模、速度与质量、效益的协调发展，实现运输能力"又通又畅"和服务能力"又好又快"全面发展。

2. 促进区域城乡协调

从全省来看，汾河流域交通运输体系建设应面对省内外区域格局变化新形势，构建开放式、外向型交通通道，形成全面互动、优势互补、相互促进、共同发展的交通运输格局。从自身来看，流域内交通基础设施的布局、结构、建设时序要适应山西省"一核一圈三群"城镇化空间发展架构的需要，以推进城镇化需求为动力和目标，按照"接轨周边、联系南北、拓展通道、延伸腹地"的要求，构筑四通八达的交通网络，进一步完善大交通体系，建立符合社会主义市场经济要求的公平、开放、有序、高效的运输市场体系。同时，要大力发展农村公路基础设施建设、农村公共交通和客货运班线建设，加快推进城乡交通一体化进程。

3. 实现全面可持续发展

交通运输是建设资源节约型、环境友好型社会的重要领域。面对未来成倍增长的交通运输需求和建设现代化大都市对发达、畅通、高效的交通运输的要求，土地供给、线位空间布局等问题将是交通发展面临的严峻挑战，传统的以规模扩张的粗放式交通发展模式将被高效组合、网络联动的集约发展模式取代。作为能源资源的集中区域，汾河流域交通发展要适应节约资源和保护环境的要求，全面实践节约型发展模式，合理配置资源，重视生态保护，集约利用土地，以最小的资源消耗和环境代价实现交通又好又快发展，走低投入、高效益、低消耗、少排放、可循环的可持续发展道路。

（四）汾河流域交通运输网络发展趋势

汾河流域是山西省内重要的经济增长板块，是带动省域崛起的核心地带。从山西省情出发，全面认识汾河流域城镇体系的区位特征，是确定区域交通运输发展总格局的基本依据。根据以上思路，结合流域城镇体系功能组织的需要和交通运输的现状，提出区域交通运输网络建设目标。

1. 推进铁路基础设施建设，构建叶脉型铁路网络

增大路网密度，完善路网结构，积极建设地方铁路、铁路专用线和战略装车点。全面推进客运专线建设，完善晋煤外运通道建设，加大既有线扩能改造力度。铁路客货运输量有较大幅度的提高，铁路集疏运、路港联运进一步有效发展，干线质量得到较大改善，支线铁路建设有较大发展。

2. 健全完善公路运输网

以增加总量、盘活存量、完善路网为切入点，继续加快高速公路建设，加强干线公路和农村公路改造，实施村通油路改造工程、危桥改造工程；实施旅游景区、农林产业区、工业园区"三区"公路连通工程。加强公路运输枢纽及站场建设，加强以安全、应急、救援为主的水运基础设施建设，大力提升交通运输基础设施服务能力。

3. 培育发展综合交通枢纽

坚持统筹规划、有效衔接、一体化发展的原则，按照"零距离换乘"和"无缝化衔接"的要求，以铁路、公路、民航、城市中心场站为重点，加强各种运输方式及其内部各环节的紧密融合，建立与主体交通设施能力相适应的旅客、货物集散和中转系统，实现多种交通方式合理接驳和换乘。

4. 推进现代城市公共交通建设和城镇群交通网络建设

按照山西省"一核一圈三群"的城镇化布局要求，着力构建"以轨道交通为骨架、公交为主、出租车为辅的城市公共交通体系"。重点建设太原创建国家"公交都市"示范城市八大工程，实施公交优先战略，逐步改善交通状况。对于城镇群内部及各城镇群之间的区域连接，以现有和在建的铁路、公路、民航为主，进一步加强运输组织协调，增强区域内及区域间沟通的灵活性，以满足人民群众多样化的出行需求。

二、人口分异特征

进入 21 世纪以来，城镇化日益成为我国经济社会建设关注的重点。伴随着经济高速增长，山西省城镇化发展呈现持续快速发展态势，区域城镇化与城镇集群化成为区域空间发育的重要特征。尤其是随着山西省资源型经济转型的逐步深入，市域城镇化作为推动山西省资源型经济转型发展、跨越发展的核心战略，其政策实施效果日趋明显。

人口城镇化是城镇化的核心，其实质是人口向城镇集中的过程，包括人口经济活动的转移以及社会活动的转移，即人口向城镇集中的同时，人们生活方式由农业转变为第二、第三产业，进而生活方式、行为习惯、社会组织关系、价值观念也随之发生改变。本节以汾河流域人口现状分布为基础，对流域人口的发展及特征进行阐述。

（一）人口空间分布特征

截止到 2013 年年底，流域涉及 36 县（市）内共有常住人口 1477 万人，占山西省常住人口比重的 40.7%。其中常住人口超百万的县（市）1 个，即太原市市辖区，常住人口 349 万人，占流域常住人口比重的 23.63%；常住人口在 50 万—100 万人的县（市）有 4 个，分别为临汾市市辖区、洪洞县、晋中市市辖区以及平遥县，常住人口共 287 万，占流域常住人口比重的 19.43%；常住人口在 20 万—50 万人的县市数量最多有 25 个，常住人口共 805 万人，占流域常住人口比重的 54.50%；常住人口 20 万以下的县市 13 个，常住人口共 185 万人，占流域常住人口比重的 12.53%。

以汾河流域涉及各县（市）行政驻地为中心，以各县（市）平均人口密度为元数据，采用反距离权重插值的方法得到汾河流域人口密度分布图（图 2-5）。

北

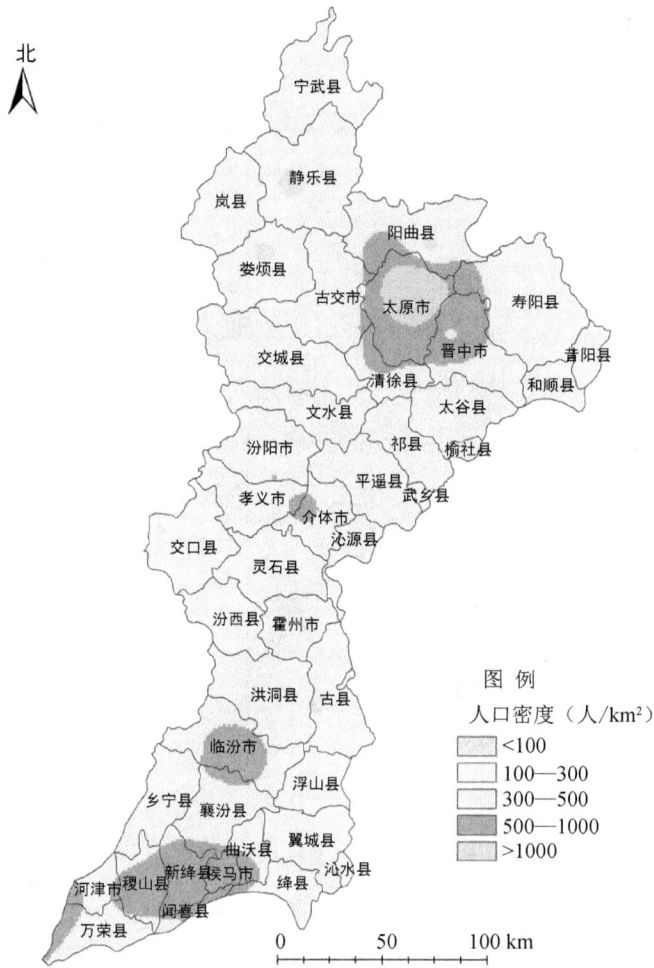

图2-5　汾河流域人口密度图

可以看出，作为流域中心城市的太原市人口密度最大，达到 2391 人/km²，也是流域内唯一一个人口密度超过 1000 人/km² 的区域；人口密度在 500—1000 人/km² 的县市主要包括太原市周边区域、晋中市、孝义市与介休市交界、临汾市、侯马市、新绛县以及稷山县等地；人口密度在 300—500 人/km² 的县市数量最多，包括汾河流域中游以及下游的大多数县市；人口密度在 100—300 人/km² 的县市数量也较多，主要分布在汾河流域北部以及两侧山区的部分县市；人口密度在 100 人/km² 以下的区域较少，只在流域内部分县市内部有少量分布。

综上所述,汾河流域人口的空间分布具有明显的沿河分布的特征,以汾河沿岸两侧主要城镇为中心形成人口密集区域,包括太原市、晋中市、介休市、临汾市、侯马市等。人口的集聚为区域经济社会的发展奠定了基础。

(二) 汾河流域人口发展特征

1. 人口增长率持续降低

汾河流域与全省的人口变化趋势保持一致,自 1980 年以来汾河流域内人口增长趋势整体上处于下降趋势(表 2-1)。汾河流域内人口年均增长率从 1980—1990 年的 1.54%下降为 1990—2000 年的 1.38%,并在进入 21 世纪之后持续下降,到 2010—2013 年,人口增长率迅速下降为 0.54%。与全省人口增长相比较,除去 1980—1990 年这一个十年期间,1990—2000 年、2000—2010 年两个十年期间以及 2010—2013 年,流域人口增长率均略高于全省整体水平。

表 2-1　1980—2013 年汾河流域分阶段人口规模及其增长

	人口规模/万人					年均增长率/%			
	1980	1990	2000	2010	2013	1980—1990	1990—2000	2000—2010	2010—2013
汾河流域	1069.75	1246.44	1430.15	1599.26	1625.47	1.54	1.38	1.12	0.54
山西省	2476.46	2898.96	3247.8	3574.11	3629.8	1.59	1.14	0.96	0.51

如表 2-2,在过去的 23 年间,汾河流域常住人口由 1990 年的 1105 万人增长至 2013 年的 1477 万人,增长了 372 万人,平均每年增加约 16.17 万人,年均增长率约 1.01%。其中,汾河流域常住人口在 2000 年之前,包括 1990—1995 年以及 1995—2000 年两个时间段内,人口增长较为迅猛,年均人口增长量分别达到 16.00 万人和 20.60 万人。进入 2000 年之后的流域的人口增长呈现急剧波动的态势,第一个五年期内,即 2000—2005 年,人口增长速度减慢,年均人口增长量只有 8.40 万人,同时占全省人口的比重出现下降趋势。到 2005—2010 年,人口增长速度又开始急剧上升,年均增长量达到 24.60 万人,为各个阶段最大值。而到 2010—2013 年,人口增

长又呈现出减缓的趋势，年均人口增长量只有 8.00 万人，为 1990 年以来的最低值。从占全省的比重来看，汾河流域总人口在全省总人口中所占的比重总体上呈现上升趋势，由 1990 年的 38.12%上升到 2013 年的 40.70%，上升幅度较大，共有 2.85 个百分点。其中，1995—2000 年以及 2005—2010 年两个时间段内增长幅度较大，分别为 1.16 和 1.00 个百分点。只有在 2000—2005 年出现一次负增长，为-0.01 个百分点。

表 2-2　1990 年以来汾河流域人口增长趋势

年份	总人口/万人	占全省总人口比重/%	时段	年均增长量/万人	占全省比重的变化/%
1990	1105	38.12			
1995	1185	38.50	1990—1995	16.00	0.38
2000	1288	39.66	1995—2000	20.60	1.16
2005	1330	39.65	2000—2005	8.40	-0.01
2010	1453	40.65	2005—2010	24.60	1.00
2013	1477	40.70	2010—2013	8.00	0.05

2. 人口年龄结构已步入老年型结构，但劳动力资源仍较为丰富

根据 2010 年第六次人口普查的结果，汾河流域地区总人口中，0—14 岁少年儿童组占总人口的比重为 16.73%，15—64 岁成年组占 75.61%，65 岁及以上老年组占 7.66%（图 2-6）。与 2000 年第五次人口普查结果相比，少年儿童组比重下降了 8.4 个百分点，成年组有较大提高，上升了 7.1 个百分点，老年组比重也略有提高，上升了 1.2 个百分点。从 2000 年、2010 年汾河流域人口年龄结构来看，流域成年组人口数量多，劳动力资源丰富。

一般以老年人占人口的比例来判断是否步入老龄化社会，即当一个国家或地区 60 岁以上老年人口占人口总数的 10%及以上，或 65 岁以上老年人口占人口总数的 7%及以上，意味着这个国家或地区的人口已进入老龄化社会。　2010 年汾河流域 65 岁以上老人占 7.66%。此外，参照国际通用标准，即以少年人口系数（15 岁以下少年儿童占总人口比例）、老年人口系数（65 岁以上人口占总人口比例）、老少比（老年人口占少年人口比例）三项指标考察（表 2-3），流域人口年龄构成属于老年型年龄构成。

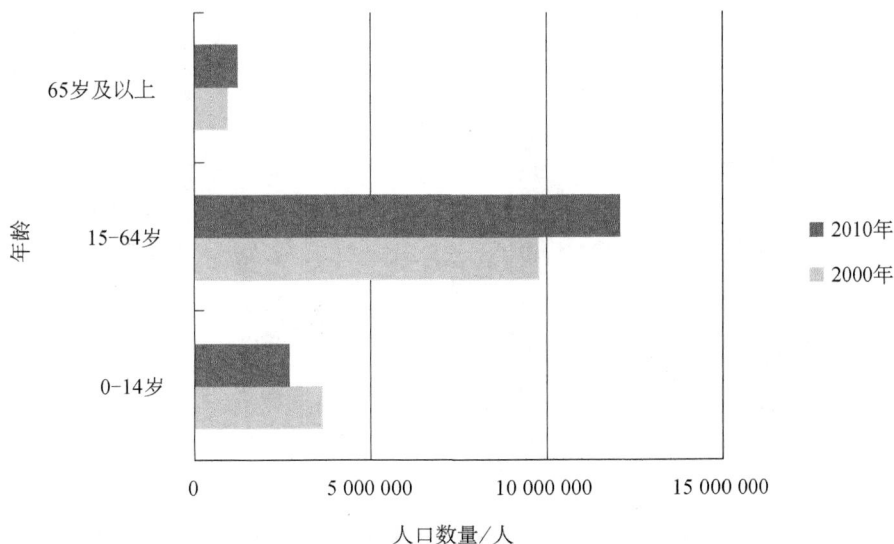

图 2-6　2000 年、2010 年汾河流域人口年龄结构图

表 2-3　汾河流域人口年龄结构类型

指标	国际通用标准			汾河流域
	年轻型	成年型	老年型	
少年人口系数	40 以上	30—40	30 以下	16.73%
老年人口系数	4 以下	4—7	7 以上	7.66%
老少比	15 以下	15—30	30 以上	45.79%

3. 整体人口素质还较低，接受高中以上教育人口比重高于全省平均，但高层次人才发展仍然不足

第六次人口普查数据表明，在 6 岁以上的总人口中，汾河流域接受大专以上教育的人口占 11.87%，接受高中教育的人口占 17.35%，接受初中教育的人口占 47.38%，接受小学教育的人口占 21.12%，未上过学的人口占 2.28%（图 2-7）。与全省平均水平相比，汾河流域接受高中教育人口所占比重，以及大专以上人口所占比重高于全省平均。但高层次人才所占比重仍较少，接受本科教育比重为 4.50%，研究生教育比重只有 0.33%，高层次人才发展不足。因此，提高流域人口素质势在必行。

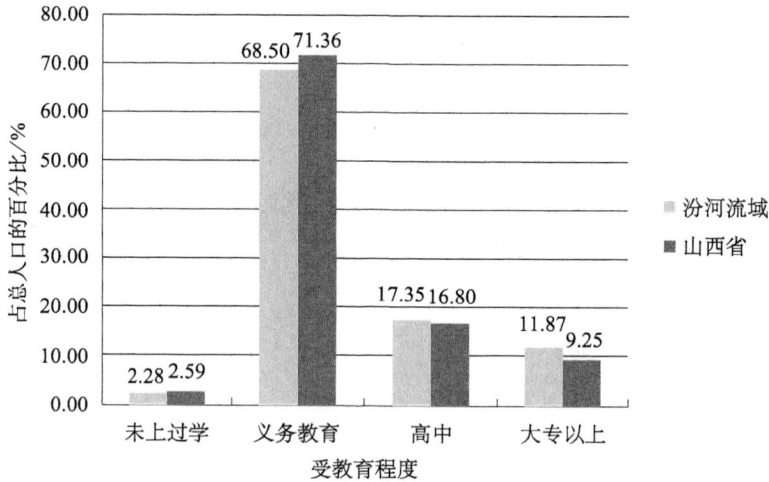

图 2-7　2010 年汾河流域人口文化程度结构

（三）主体功能区人口变化特征

按照《山西省主体功能区规划》将汾河流域划分成三大功能区，即重点开发区、限制开发区（农产品主产区）、限制开发区（重点生态功能区）。重点开发区包括太原市区、古交市、清徐县、晋中市区等 15 个县（市、区）；限制开发区（农产品主产区）包括太谷县、寿阳县、祁县、万荣县等 12 个县（市、区）；限制开发区（重点生态功能区）包括娄烦县、宁武县、静乐县等 9 个县（市、区）。

从三大功能区来看，重点开发区城镇人口总量最高，采用 2004—2013 年作为研究时段，10 年间，重点开发区城镇人口占流域城镇总人口的比重由 77.47%下降到 2013 年的 75.43%，下降了 2.04 个百分点；限制开发区（农产品主产区）城镇人口占流域城镇总人口的比重由 16.40%上升到 17.83%，增长了 1.43 个百分点；限制开发区（生态功能区）城镇人口占流域城镇总人口的比重由 6.13%上升到 6.74%，增长了 0.61 个百分点（图 2-8）。

从三大功能区的城镇化水平来看，重点开发区城镇化水平由 2004 年的 58.19%提升到 2013 年的 67.86%，提升了 9.67 个百分点；限制开发区（农产品主产区）城镇化水平由 2004 年的 25.91%提升到 2013 年的 38.18%，提高了 12.27 个百分点；限制开发区（重点生态功能区）城镇化水平由 2004 年的 26.14%提高到 2013 年的 38.54%，提高了 12.40 个百分点。虽然从城

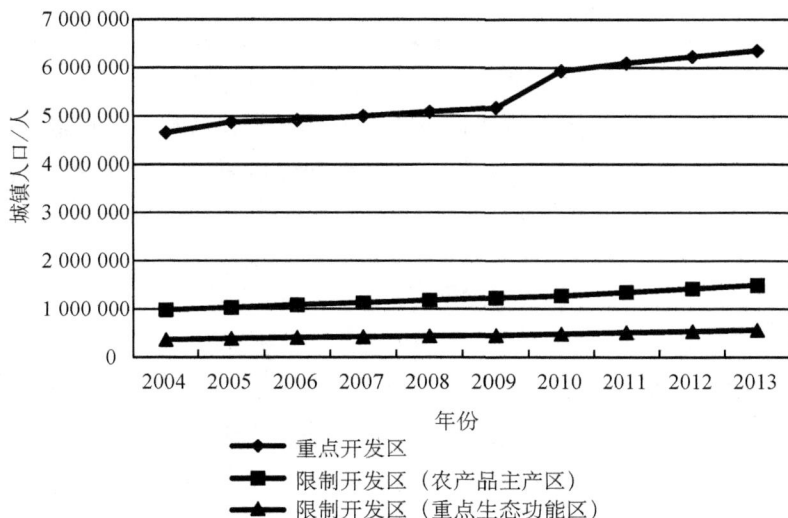

图 2-8　2004—2013 年三大功能区城镇人口变动趋势图

镇化增长速度来看，重点开发区增速较限制开发区低，但在山西省推进城镇化发展过程中仍占有举足轻重的位置。

三、经济空间分异特征

经济空间分异特征是国家或区域经济研究的一个重要领域。[①]随着人类经济活动空间向广度和深度发展，越来越多的学者认识到，经济增长过程发生于空间，因而受到空间的制约，而这一制约过程又可能反馈于经济增长，对其发生作用。从某个角度来说，国家或区域的经济增长过程可以理解为区域经济空间分异的过程，区域经济增长不仅伴随着产业结构的变化，还必然会产生经济空间的分异。[②]区域的经济发展水平不仅受区域产业结构的影响，同时也与该区域的空间结构密不可分。一方面，经济活动与地理空间上的各种资源和要素密切联系，空间结构的地区差异造成了经济活动的空间分异；另一方面，区域空间结构能产生各种特殊的经济效益，如规模经济、范围经济等，这些经济效益也是造

---

① 覃成林、周二黑：《黄河流域经济空间分异格局研究》，《河南大学学报（自然科学版）》2010 年
　第 1 期，第 40—44 页。
② 李敏纳、蔡舒、覃成林：《黄河流域经济空间分异态势分析》，《经济地理》2011 年第 3 期，第 379—
　383 页。

成经济空间分异的重要原因。①探索区域经济空间分异规律，厘清区域经济空间演化过程，可以为区域开发、区域经济空间结构调控，以及区域经济协调发展提供重要的理论依据。②因此本节以汾河流域经济空间分异特征为研究对象，采用定性以及定量的分析方法，对汾河流域经济空间演化过程进行探索分析。

（一）汾河流域经济空间绝对差异

区域经济的绝对差异，是指一个区域内不同地区之间经济发展水平的实际差异，表现为不同地区经济数值之间及与区域平均数值之间存在的差距。绝对差异反映了区域内部不同地区，尤其是富裕地区与贫穷地区之间的发展差距，以及区域的平均发展水平，是区域经济整体分异情况的最直观最显著的体现。③

1. 绝对差异的测度方法

对区域经济绝对差异的量化分析可以通过极差分析和标准差分析来实现，极差分析用于测算区域内经济发展水平最高与最低地区间的差异，是区域经济绝对差异的一种极端情况；标准差分析则用于测算区域内各个地区经济发展水平与区域平均值的离散水平。极差分析和标准差分析能够反映一个区域在一定时期内经济发展绝对差异变化的趋势，并判断未来这种地区差距是否存在急剧扩大的可能。

因此，这里采用标准差（S）、极差（R）两项指标来测算区域经济的绝对差异。标准差和极差能够精确的反映一组数据的离散程度和最大波动范围，是测算绝对差异最科学、准确的方法。

标准差（S）能表征一组数据关于平均值的平均离散水平，计算公式为

$$S = \sqrt{\frac{\sum\limits_{j}(Y_j - \overline{Y})^2}{N}} \tag{2-1}$$

① 徐月英：《中国大陆东部滨海地带区域经济分异研究》，东北师范大学博士学位论文，2006 年。
② 李欣、张平宇、刘晓琼，等：《基于 BP 神经网络的沈阳经济区县域经济空间分异分析》，《经济地理》2012 年第 12 期，第 79—84 页。
③ 黄峥、徐逸伦：《区域经济空间分异及其演变分析研究》，《长江流域资源与环境》2011 年第 21 期，第 1—8 页。

式（2-1）中，S 表示标准差；Y_j 表示 j 区域的人均 GDP；$\overline{Y}$ 表示各县域人均 GDP 的平均值；N 表示县域个数。

极差（R）用于测算经济发展水平最高与最低区域人均 GDP 的差异，反映区域经济绝对差异的一种极端情况，计算公式为

$$R = Y_{\max} - Y_{\min} \tag{2-2}$$

式（2-2）中，R 表示极差；$Y_{\max}$ 表示经济水平最高的区域的人均 GDP；$Y_{\min}$ 表示经济水平最低区域的人均 GDP。

2. 汾河流域经济绝对分异特征

流域标准差及极差计算结果如图 2-9 所示。

由图 2-9 可以看出，用标准差和极差测算的汾河流域经济绝对差异从 1994—2013 年在整体上一直呈现扩大趋势，除去 2000 年略有下降之外，其余年份均呈现增长趋势。汾河流域经济绝对差异变化过程可以大致划分为两个阶段，1994—2002 年的缓慢增长阶段，即各县域经济差异较小，经济空间分异特征不明显；2002—2013 年的快速增长阶段，即各县域经济差异逐渐拉大，经济空间分异特征越来越明显。

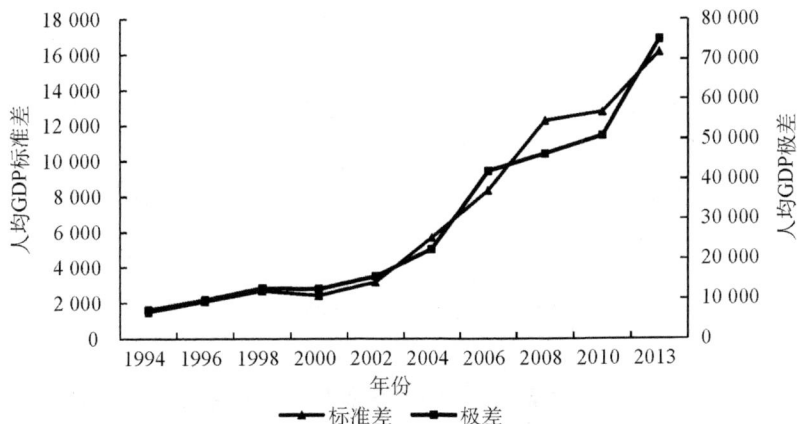

图 2-9　1994—2013 年汾河流域人均 GDP 标准差及极差变化情况

（二）汾河流域经济空间相对差异

区域经济的相对差异，是指一个区域内不同地区经济发展水平与区域平

均水平的分异程度，表现为相对区域平均水平而言不同地区经济分异程度不同。相对差异反映了区域内部各个地区的贫富差异大小的程度，以及各个地区经济发展水平在区域中所处的地位，是区域内部分异情况的体现。[①]

1. 基于变异系数的汾河流域经济空间相对差异的测度

对区域经济相对差异的量化可以通过变异系数分析来实现。变异系数分析用于测算区域内各个地区经济发展水平的分异程度，而且可以通过对经济要素的加权计算来体现不同经济要素对区域经济空间分异的影响大小。变异系数分析可以说明一个区域在一定时期内经济相对差异的变化趋势，并判断当前区域经济分异情况所处的阶段。

本节采用变异系数（C_V）、以 GDP 总量为权数的加权变异系数（C_{Vgdp}）来测算流域经济的相对差异。

变异系数（C_V）又称"标准差率"，是衡量数据中各观测值变异程度的一个统计量，能够准确反映数据在单位均值上的离散程度。变异系数包括全距系数、平均差系数和标准差系数等。这里选用标准差系数，以及标准差与均值的比率。其计算公式为

$$C_V = \frac{\sqrt{\dfrac{\sum\limits_j (Y_j - \overline{Y})^2}{N}}}{\overline{Y}} = \frac{S}{\overline{Y}} \qquad (2\text{-}3)$$

式（2-3）中 S 为标准差；$\overline{Y}$ 为各县域人均 GDP 的平均值 Y；为 j 区域的人均 GDP 的平均值，N 为县城个数。

加权变异系数用于测算在考虑区域经济总量或人口规模情况下区域经济的相对差异。其计算公式为

$$CV_x = \frac{1}{\overline{Y}} \times \sqrt{\sum\limits_j (Y_j - \overline{Y})^2 \frac{X_j}{X}} \qquad (2\text{-}4)$$

式 2-4 中，C_{Vx} 为加权变异系数，以 GDP 总量作为权重系数的加权变异系数记为 C_{Vgdp}；Y_j 为 j 区域的人均 GDP；$\overline{Y}$ 为汾河流域人均 GDP（并非各县城 GDP 的平均值）；X_j 为 j 区域的 GDP 或人口；X 为汾河流域 GDP 或人口。

汾河流域人均 GDP 变异系数及加权变异系数计算结果如图 2-10 所示。

[①] 姜晓丽、张平宇、郭文炯：《辽宁沿海经济带产业分工研究》，《地理研究》2014 年第 1 期，第 96—106 页。

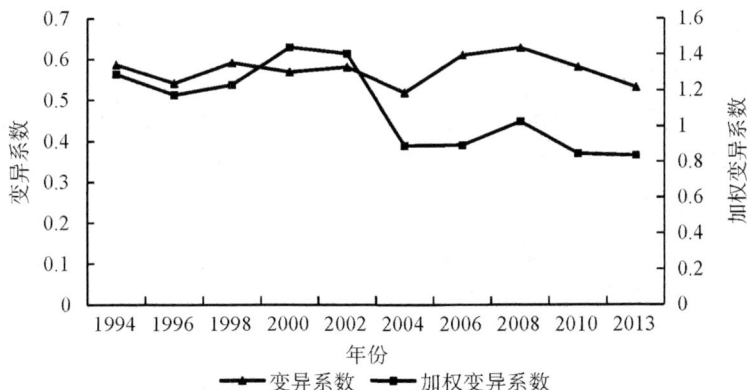

图 2-10 1994—2013 年汾河流域人均 GDP 变异系数及加权变异系数变化情况

根据图 2-10，可以发现，用变异系数测算的汾河流域经济相对差异在 1994—2013 年呈现出不规则的波动状态，变异系数最小值出现于 2004 年，流域经济相对差异较小。在 2006 与 2008 年连续出现两年的增长，并在 2008 年出现变异系数最大值，流域经济相对差异出现扩大趋势。但在之后的 2010 年与 2013 年，变异系数又连续下降，流域经济相对差异减小。

此外，以各县域 GDP 总量作为权重的加权变异系数的变化呈现出较为明显的阶段性特征，即 1994—2002 年的高差异阶段与 2004—2013 年的低差异阶段。加权变异系数在第一阶段均呈现出较高的值，而在 2004 年出现明显的下降，之后虽在 2008 年有所上升，但仍旧总体保持低值。说明在考虑各县域 GDP 总量的前提下，流域经济相对差异在 2004 年之前较大，而在 2004 年之后相对差异较小。

2. 流域洛伦茨曲线分析

洛伦茨曲线是用来衡量区域经济相对差异的另一种常用方法，它可以测试区域经济各个地区均衡或不均衡程度，通过绘制曲线图形来直观地显示各个地区经济发展水平与区域平均值离散或偏离的程度。洛伦茨曲线分析能够反映各个地区对区域经济差异变化的贡献值，展示区域经济差异的空间特性[①]，其具体方法是借助一个正方形内指标累积比率的曲线的曲拱程度或对角线间形成的面积来表示某种现象在地区间、阶层

---

① 刘孝奎、吴强：《正确运用洛伦茨曲线和基尼系数调节收入分类》，《兵团职业大学学报》1999 年第 4 期，第 5—7 页。

间的均衡或不均衡程度。其横轴和纵轴都是累积百分比比率，洛伦茨曲
线越接近于 45°对角线，表明数值间越均衡。它的作用在于：第一，直
观地显示流域内人均 GDP 分布的集中或离散程度，反映区域经济的相
对差异；第二，反映各区域在区域经济差异变化中的贡献，展示区域经
济差异的空间特性。

本节中，洛伦茨曲线表示按人均 GDP 由小到大排列的县域个数累积百分
分比，纵轴表示与县域排列对应的各县人均 GDP 的累积百分比。对各年份
洛伦茨曲线进行计算并比较，结果见表 2-4。

表 2-4 1994—2013 年汾河流域各县域人均 GDP 变异系数及洛伦茨曲线变化

对比年份	变异系数变化		洛伦茨曲线变化	
	数值	趋势	中上端	中下端
1994	—	—	—	—
1996	−0.0454	− −	靠近	—
1998	0.0499	+ +	—	偏离
2000	−0.0225	−	靠近	—
2002	0.0124	+	—	—
2004	−0.0620	− −	靠近	—
2006	0.0917	+ +	偏离	—
2008	0.0177	+	偏离	偏离
2010	−0.0467	− −	靠近	靠近
2013	−0.0491	− −	靠近	靠近

注：表中，"变异系数变化"一列，"＋"表示概念的变异系数比上一年变大，"－"则表示变小，
"＋＋"或"－－"表示变化较为明显。"洛伦茨曲线变化"一列，"一"表示变化不明显，"靠近"表示
曲线比上一年更靠近 45°对角线，亦即更趋于均衡；"偏离"表示曲线比上一年更偏离 45°对角线，
亦即更远离均衡。

由表 2-4 可以看出，在变异系数增大的年份（1998、2002、2006、
2008 年），洛伦茨曲线多表现为偏离 45°对角线，区域趋于不均衡，
其中只有 2002 年虽然变异系数增大，但曲线变化并不明显，主要是由
于曲线整体均发生变化。而变异系数减小的年份（1996、2000、2004、
2010、2013 年），洛伦茨曲线均整体或部分表现为靠近 45°对角线，
区域更趋向于均衡发展。在研究时段内，1998 年曲线中下段发生较明显
偏离，说明流域的不均衡主要是由人均 GDP 较高的县域造成的，它们
的发展速度明显快于其他地区（比重增长，造成人均 GDP 较低县域的
比重降低，进而多个人均 GDP 较低县域的累积值占总数比重降低），

而 2006 年表现出中上段发生明显偏离的现象，表明在该年份流域内的不均衡主要是由人均 GDP 较低的县域造成的，它们的发展速度明显慢于其他地区。

由于曲线较多，不能一一列出，本节选取研究时段的起始和终结年份1994 年和 2013 年，以及研究时段内变化较大的年份 2008 年作为对比，结果如图 2-11 所示。

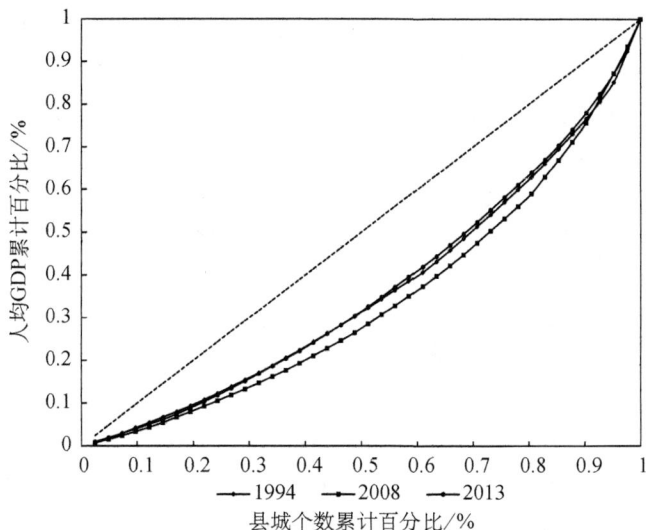

图 2-11　1994 年、2008 年、2013 年汾河流域洛伦茨曲线

由图 2-11 可以看出，汾河流域洛伦茨曲线存在较大的弯曲程度，区域发展不均衡现象较为明显。较之 1994 年，2008 年弯曲程度发生较大幅度偏离，表明在这个时间段内汾河流域经济空间分异程度不断加大，财富向更发达地区集中。而到 2013 年，曲线弯曲程度又逐渐较小，汾河流域在经济总量不断增加的同时，区域间发展更趋向于均衡发展。

（三）汾河流域经济空间结构演变

区域经济空间结构是区域经济空间差异研究的重要内容[①]，实现区域经济空间结构的优化是区域社会、经济发展到成熟阶段的要求。通过对特定

---

① 陆大道：《论区域的最佳结构与最佳发展：提出"点—轴系统"理论和"T"型结构以来的回顾和分析》，《地理学报》2001 年第 2 期，第 127—135 页。

区域经济空间结构进行时空分析,可以较为精确地反映这一地区各种人文、社会、经济要素的综合发展历程。[①]

由于区域经济空间结构演变具有明显的时间特性和空间特性,地学研究技术也可以为区域经济研究所用。利用 GIS 的地理空间分析模型来表达区域经济信息,不仅可以直接获取空间分析理论研究的大量数据,还可以用来理解和分析区域经济空间结构的演变。因此,本节在 ArcGIS 空间分析模块的支持下[②],采用 IDW 方法(反距离权重插值)进行规则网格插值,生产汾河流域经济空间分布图,然后对其进行空间统计分析,按该年份汾河流域人均 GDP 平均值的 0.5、1.0、1.5 倍,将研究区划分为经济发达地区、经济较发达地区、经济欠发达地区及经济不发达地区,从而对汾河流域经济空间演变过程进行分析研究。

从 1994—2013 年汾河流域经济空间结构的演变过程(图 2-12)可以看出如下特征。

1. 汾河流域经济发展不平衡,经济空间不稳定,变化特征明显

在 1994 年,流域经济发达区主要集中于太原市及其周边县市,经济较发达区基本上位于经济发达区外围,且主要位于流域中上游,流域中下游以经济欠发达区分布为主,只有少量经济较发达区零星分布,主要在临汾市附近;与 1994 年相比,2000 年经济发达区无太大变动,仍主要位于太原市及其周边,经济较发达区开始发生变化,表现为经济较发达区在流域中上游所占比重开始减小,而在流域中下游比重开始增加,表明在这一时间段内流域中下部经济发展速度开始加快;到 2006 年,汾河流域经济空间结构已经发生了较为明显的变化,太原市及其周边经济发达区范围开始缩减,而流域中游以孝义市为中心出现经济发达区,且范围开始不断扩大,流域上游经济较发达区范围继续缩减,而下游经济较发达区范围不断扩大,达到所有年份的最大范围;到 2013 年流域中游经济发达区范围又有所扩张,同时流域下游经济较发达区范围减小,之前一直保持在经济较发达区的临汾市,经济发展速度变慢,成为经济欠发达区。总的来说,汾河流域经济不发达区分布较少,主要包括位于流域上游的静乐县和岚县,流域经济发

① 陈小素、乔旭宁:《基于 GIS 的区域经济空间结构演化研究:以河南省为例》,《地域研究与开发》2005 年第 3 期,第 0119—0123 年。
② 曾庆泳、陈忠暖:《基于 GIS 空间分析法的广东省经济发展区域差异》,《经济地理》2007 年第 4 期,第 558—561 页。

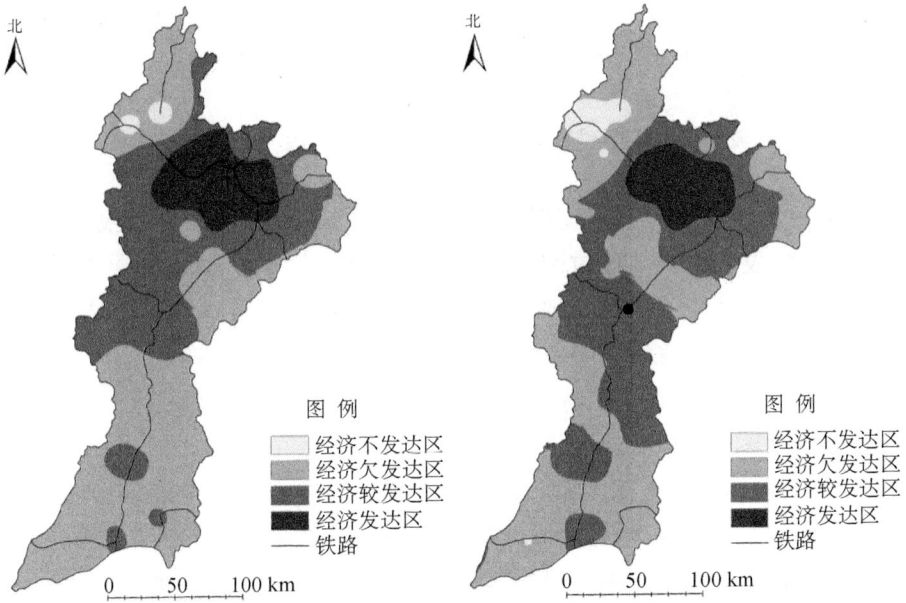

（a）1994 年汾河流域经济空间结构 （b）2000 年汾河流域经济空间结构

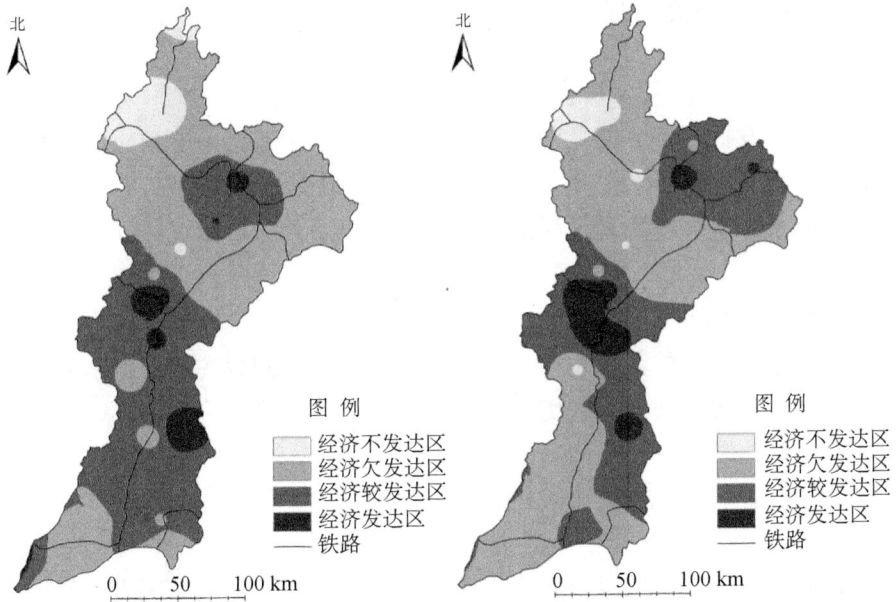

（c）2006 年汾河流域经济空间结构 （d）2013 年汾河流域经济空间结构

图 2-12 历年汾河流域经济空间演变

达区虽在过去的 20 年中有部分变动，但仍主要位于太原市以及流域中游的孝义市周边，流域经济较发达区与欠发达区变化则最为明显。

2. 汾河流域经济空间布局呈现沿交通线发展的趋势

从 1994—2013 年汾河流域的经济空间结构演变过程来看，交通运输也是影响区域发展的重要区位因素，是流域经济空间形成和演变的主要条件之一。流域经济空间布局呈现出明显的沿交通线的极核式空间布局模式，而且其发展中心均位于流域最主要交通干线同蒲线两侧。

同时，也可以清楚地看到，20 世纪 90 年代以来，汾河流域开始形成经济发展轴向清晰的城市网络格局。以太原为中心，沿同蒲铁路走向，以孝义、介休、临汾等县（市）为重要节点的中心发展轴，是目前汾河流域发展水平最高的经济轴线。整体上看，汾河流域开始形成以中心城市太原为核心，以流域中心发展轴为主体，整体经济联系呈南北方向的空间布局模式。

3. 中心城市在区域经济发展中的组织和带动作用明显

从 1994—2013 年汾河流域的经济空间结构演变过程来看，城市在区域经济发展中发挥着十分重要的作用。几乎每一个区域性中心城市及其周围一定范围内的区域，经济都相对发达。以流域各主要中心城市为中心，其经济发展水平呈现随距离递减的规律，即距离中心城市越远，其经济发展水平越低。

因此，以城市为中心进行区域开发，把城市发展与区域经济布局相结合，走城市主导型的区域发展道路，通过提高资源配置的空间效率来促进区域经济的发展，从而达到优化汾河流域经济空间结构的目标。

（四）主体功能区经济空间分异

2013 年重点开发区实现国内生产总值 3997.06 亿元，占汾河流域 GDP 的 73.33%，2004—2013 年，国内生产总值年均增长率为 13.00%，有效地带动了流域经济的快速发展。限制开发区（农产品主产区）GDP 由 2004 年的 299.72 亿元提高到 2013 年的 959.67 亿元，年均提高 13.80 个百分点；限制开发区（重点生态功能区）GDP 由 2004 年的 126.86 亿元增长到 2013 年的 493.72 万元，年均增长 16.29 个百分点，二者增速均超过重点开发区，但受其经济总量基数的影响，二者合计仅占流域经济总量的 26.67%。重点开发区在整个汾河流域经济发展中占有举足轻重的地位。

第三节　区域资源概况

一、煤炭资源

山西省是我国的产煤大省，煤炭资源储量丰富，汾河流域地处山西省中南部地区，涉及省内多个地市且包含多个产煤县市，煤炭资源储量也较为丰富，储量占全省的 30% 左右，且煤炭产量占全省的 26.2%。

汾河流域内煤田类型可以主要分为气煤、肥煤、焦煤、瘦煤、贫煤以及无烟煤等类型（图 2-13）。流域上游范围较小，煤田分布也相对较少，主要位于静乐县境内，并沿汾河干流两侧分布，娄烦县与岚县只有在与静乐县相邻的部分有少量煤田分布，属于宁武煤田。另外在古交市的西北部也有煤田分布，隶属于西山煤田。煤田类型主要包括肥煤、气煤、焦煤，并且在古交市有少量瘦煤分布。煤炭资源的开发与利用对汾河流域上游地区的城镇发展有着重要的影响，特别是位于上游最北端的静乐县，辖区内的主要城镇几乎都位于煤田覆盖范围之内。

流域中游地区范围最大，煤田分布也较为广泛，辖区内主要县市几乎均有煤田分布，主要包括西山煤田、沁水煤田和霍西煤田的部分地区。其中西山煤田主要包括太原市主要城区及交城县、文水县的西部。煤田类型主要包括肥煤、焦煤、瘦煤、贫煤及无烟煤。沁水煤田覆盖晋中市各主要县市，包括寿阳县、榆次区、太谷县、祁县、平遥县等。煤田类型主要为无烟煤，煤质较高。霍西煤田主要包括介休市、孝义市及灵石县等地，煤田类型包括瘦煤、肥煤和焦煤。

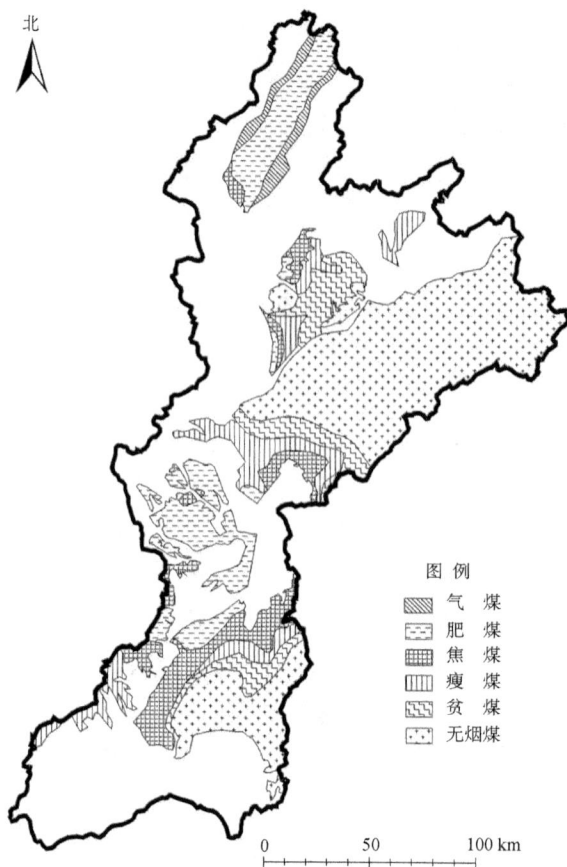

图 2-13 汾河流域煤田分布图

流域下游煤田主要分布于临汾市境内，分属于霍西煤田、河东煤田及沁水煤田。煤田类型主要包括肥煤、焦煤、瘦煤及无烟煤。其中，肥煤主要分布于汾西县、霍州市及洪洞县西北部等地区，焦煤主要沿汾河干流两侧分布，无烟煤主要分布于沁水煤田，包括浮山县、襄汾县及翼城县东部等地。

二、矿产资源

除煤炭资源以外，汾河流域其他矿产资源也有一定分布，主要包括铁矿、铝土矿、硫铁矿、锰矿等金属矿，以及石灰石、钾长石等非金属矿（图 2-14）。

北

图　例

⊕　金　矿
◎　铁　矿
○　铝土矿
▲　硫铁矿
■　水泥石灰岩
▲　电石用石灰岩
◻　溶剂用石灰岩

0　　　　　50　　　　100 km

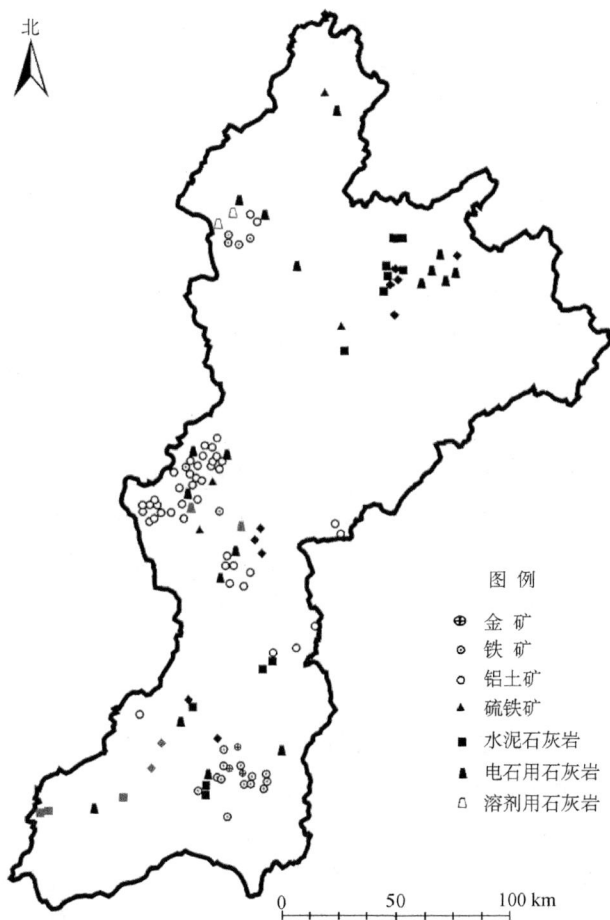

图 2-14　汾河流域矿产资源分布图

　　流域上游矿产资源分布较少，其中静乐县境内只有少量硫铁矿、耐火粘土等矿产资源分布。岚县与娄烦县境内矿产资源分布相对较多，主要包括铁矿、铝土矿等金属矿以及少量耐火粘土等非金属矿。

　　流域中游矿产资源相对较为丰富，主要分布于太原市周边以及流域中游南部各县市。其中，金属矿主要包括铝土矿和铁矿，其中又以铝土矿资源最为丰富，主要分布于孝义市及交口县境内，非金属矿包括石膏、煤层气、耐火粘土、石灰岩等，分布于太原市周边以及流域中游南部灵石、孝义等县市。

　　流域下游矿产资源主要分布于临汾市辖区内各县市，运城市只有零星非金属矿分布。金属矿以铁矿为主，主要分布于浮山县、襄汾县及翼城县等地。此外,在浮山县和襄汾县交界处有少量金矿分布。非金属矿零散分布于流域下游个县市,包括石灰岩、石膏、钾长石等矿产资源。

三、水资源

1956—2000 年汾河流域的多年平均水资源总量为 33.59 亿 m³,多年平均河川径流量为 20.67 亿 m³,地下水资源量 24.09 亿 m³,地表水与地下水重复量 11.18 亿 m³。其中,中上游分区水资源总量为 21.11 亿 m³,河川径流量为 13.27 亿 m³,地下水资源量 14.76 亿 m³,地表水与地下水重复量 6.92 亿 m³;下游分区水资源总量为 12.48 亿 m³,河川径流量为 7.40 亿 m³,地下水资源量 9.33 亿 m³,地表水与地下水重复量 4.26 亿 m³。汾河流域水资源的一个重要特点就是地表水与地下水重复量在水资源总量中所占比重较大,当一些岩溶大泉用井采方式利用以后,河流中的清水流量迅速减少,甚至出现断流,因此对流域内的地表、地下水应该统一规划,统筹利用。

汾河流域现有大型水库 3 座,中型水库 13 座,总控制流域面积 14 736km²,占全流域面积的 38%,总库容 14.42 亿 m³;还有小型水库 50 座,总控制面积 15 317km²,总库容 14.48 亿 m³。

汾河水库是山西最大的水库,位于太原市西北 83km 的娄烦县下石家庄的汾河干流上,控制流域面积 5268km²,坝址处多年平均流量 21.9m³/s,设计洪水流量 3670m³/s,大坝高 61.4m,主坝长 448m,总库容 7.21 亿 m³,设计灌溉面积 149.2 万亩。汾河流域内有雷鸣寺泉、兰村泉、晋祠泉、洪山泉、郭庄泉、霍泉(又名广胜寺泉)、龙子祠泉和古堆泉等岩溶大泉,这些岩溶大泉的天然平均流量达 28.7m³/s,合年径流量 9.02 亿 m³,是汾河清水径流的重要组成部分。这些岩溶大泉具有水质好,流量稳定的优点,是汾河流域城市和工农业发展的重要水源。

四、旅游资源

山西是中华民族的发祥地之一,170 万年前的西侯度文化,60 万年前的匼河文化,标志着华夏早期人类活动的演进足迹。悠久灿烂的历史文化,造就了山西多姿多彩的人文文化景观。

汾河流域地处山西省中南部，旅游资源丰富多彩、种类多样，资源价值高，开发潜力大；人文景观、自然景观各有千秋，人文旅游资源在山西省占有极其重要的地位。流域内现有 2 处国家级自然保护区，12 处省级自然保护区。此外，还有 6 处国家级森林公园、1 处国家级湿地公园及 4 处国家级地质公园，自然景观资源丰富。流域内人文旅游资源极为丰富，包括古遗址、古墓葬、古建筑、石窟寺及石刻等，尤其是古建筑资源分布较为广泛。平遥古城等景点，被列为中国旅游的王牌产品。境内丰富而独特的旅游资源，为汾河流域旅游产业发展奠定了坚实的资源基础，必然会对城镇职能的多样化和城镇职能体系结构的优化发挥重要作用。

五、土地资源

从流域整体来看，土地利用空间布局脉络清晰，区域外围两侧为吕梁山、太行山等山系，林草覆盖茂盛，是流域最重要的生态屏障区；此外也有一些起伏较为和缓的丘陵山区，梁峁分布，沟壑纵横，林草面积较大，但多伴有土壤侵蚀，水土流失较为严重，生态环境较为脆弱，条件较好的河流沟谷地带形成了一些村落、集镇等，成为人们主要的生活、生产空间；流域中部及南部地区平坦开阔，土壤肥沃，是农业生产、交通设施、工业布局和城乡居民点集中分布的区域，也是经济最为发达的区域；汾河及各支流沿岸分布有一定数量的水源保护地，对区域具有一定的蓄水、泄洪等生态条件功能。

城乡建设用地主要集中分布于流域中部及南部地区，布局上主要依河流水系而布，分布于地形较为平坦的河谷盆地地带。基于流域地形及生态本底，城镇空间布局大体可以分为两种类型，一种为平川区内城镇网络化布局，城镇之间交通比较发达，联系较为紧密，包括流域内大多数的主要城镇，是主要的人口、城乡居民点和产业集聚区；另一种是周边山区的城镇据点分布，主要分布于地势较为和缓的低山丘陵区，城镇之间联系松散，城镇规模较小、发展缓慢，以服务山区基本生活需求为主。

第三章
汾河流域城镇变迁的历史过程

第一节　城镇的起源与产生

关于"城镇"，学界一直有不同的看法。中国古代的城镇概念与今天有所不同。一般意义上的"城"有城市之意，相对于乡村而言，具有防御、经济、宗教、文化等各方面功能。先秦时期的"城"是中国早期城市的萌芽，多具备防御、祭祀以及政治军事的功能，经济功能较为薄弱。许宏将先秦时期的"城"称作"城邑"[①]，以区别于今天的"城市"，本章在此采用这种说法。随着史料记载的增加，秦汉时期的"城"相较于农村而言，逐渐成为一个地区的政治、经济、文化中心，具体而言包括都城、郡城及县城。

"镇"的含义在中国古代也是不断变化的。最早的"镇"出现于后魏时期，多为战略要冲之地。因此，早期设置的"镇"多具有军事性质。隋唐对其有沿袭，到唐末五代时期，各地出现了大量的藩镇，所设官员集政治、军事大权于一身，俨然成为地方割据。宋代初年，"收藩镇权……诸镇省罢略尽，所以存者特曰监镇，主烟火兼征商"[②]，诸镇监官的职权为"掌警逻盗窃及烟火之禁，兼征税榷酤，则掌其出纳会计"[③]，虽然依旧有一定的军事职权，但是亦有征收商税等职能，可见"镇"的性质已经开始发生转

---

① 许宏：《先秦城市考古研究》，北京：北京燕山出版社，2000年，第49页。
②（宋）谈钥：《（嘉泰）吴兴志》卷8，《宋元方志丛刊》第5册，北京：中华书局，1990年。
③（清）徐松：《宋会要辑稿》职官48之92，北京：中华书局，1957年，第3501页。

变,逐渐成为人口集中、交通条件优越以及商业活动的中心之地。

本书所研究的"城镇"范围主要集中在汾河流域,包括先秦时期的都邑及城邑;秦汉以后历代的郡城、州城、县城;魏晋南北朝之后始出现的具有军事性质或经济性质的"镇"。其研究范围见图3-1。

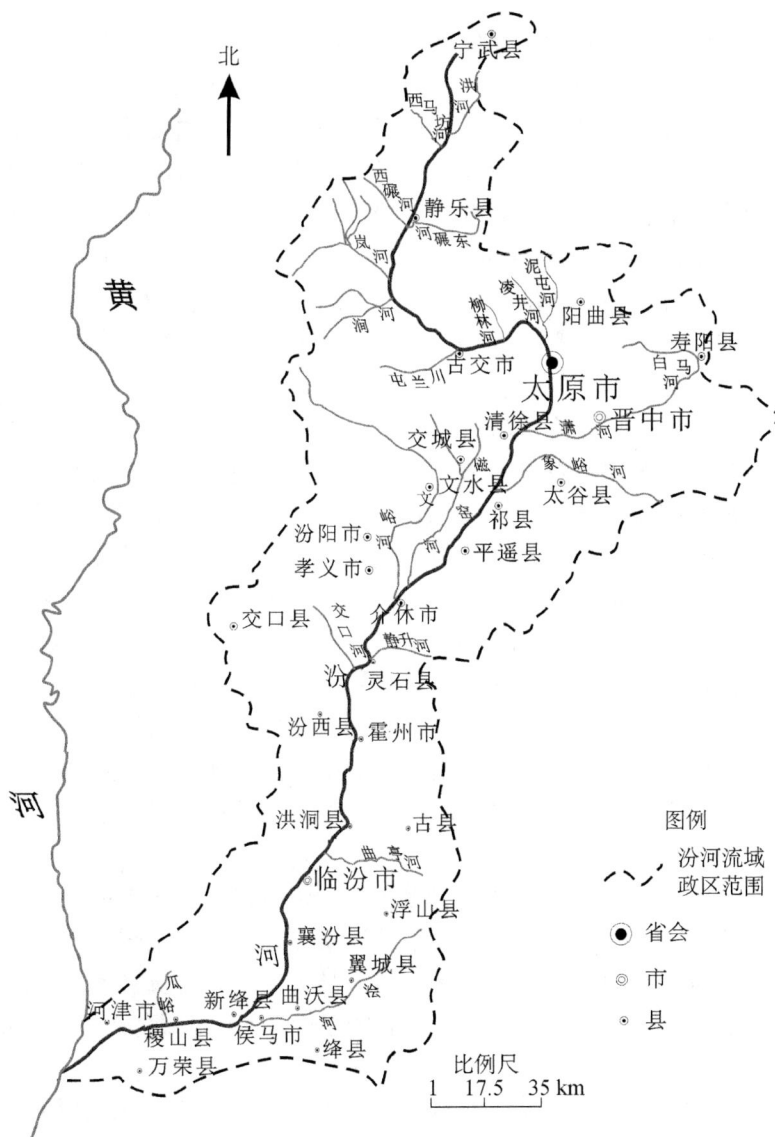

图 3-1 汾河流域行政区划图

第二节 明清以前的城镇变迁

一、先秦"城"的产生

汾河流域在史前时期已经出现"城"的聚落形态。"城"起源于旧石器时期，当时汾河流域已经有原始人类出现。史前文化遗址多集中于汾河中下游，如丁村遗址（临汾襄汾）、里村西沟遗址（临汾曲沃）、梁村遗址（晋中祁县）等，城邑也萌芽于此时。位于汾河下游的陶寺遗址是中原地区龙山文化的代表，"虽未发现城墙和大型夯土建筑基址，但上述种种迥异于一般聚落的特色，已显示出其所具有的作为邦国的权力中心的性质。这些特大遗址群和中心遗址，就是众多的邦国及作为其权力中心的城市"[①]。这些聚落的出现为后来夏商西周时期城邑的大量出现和发展奠定了坚实的基础。

有文字记载之后，许多城邑出现在史料中。夏商西周至春秋时期的城邑，一般是从原始聚落发展而来的。夏人聚居的地区集中于山西南部的临汾盆地和涑水流域，其代表性文化是东下冯文化。东下冯文化包括夏商时期的文化，有前后承接关系。从考古发掘资料来看，东下冯文化遗址在今天临汾和运城地区都有分布，其中，临汾地区共发现 38 处，运城地区 19 处。[②]汾河流域的东下冯遗址主要分布在襄汾大柴、曲沃曲村、翼城苇沟、南石、感军，侯马乔山底等区域。其中翼城感军遗址面积达 20 万 m^2，是已经发现的东下冯类型遗址中规模最大的。虽然未发掘出城址，但从其聚落规模即可得知早期的城邑已经出现。商朝汾河流域的方国主要有唐（翼城西南）、箕（太谷东南）、古皮氏（河津）、商都耿（山王村）、冀（河津）、霍（霍县）。

西周初曾大规模分封诸侯，在山西的封国有晋国，晋国据有汾河中下游一带，除晋国外，西周在汾河流域的诸侯国还有霍（霍州）、耿（河津山王村）、贾（临汾市贾村）、杨（洪洞县古县村）、冀（河津东北十五里[③]）、赵（霍州赵城镇）。汾河上游的戎狄部落为太原之戎（太原市）、燕京之戎。

春秋时期，晋国是山西境内的强国。公元前六世纪后期，晋国已有 50

---

① 许宏：《先秦城市考古研究》，北京：北京燕山出版社，2000 年，第 49 页。
② 董琦：《虞夏时期的中原》，北京：科学出版社，2000 年，第 113 页。
③ 今 1 里=500m。

余县，在汾河流域的主要有瓜衍县（孝义）、邬县（介休东北）、祁县（祁县）、平陵县（文水县东北）、梗阳县（清徐县）、涂水县（榆次市西南）、马首县（寿阳县东南）、孟县（阳曲县大孟），下游有杨氏县（洪洞县东南）、平阳县（临汾市西）、霍（霍州）、耿（河津山王村）、贾（临汾市贾村）、杨（洪洞县古县村）、冀（河津东北十五里）、绛（曲村镇）。

战国时期，汾河流域范围内主要是韩、赵、魏三国所占据（表 3-1），其城市较晋国稍增加，但发展不大。[①]先秦时期的城镇多分布在晋南地区，且从春秋开始有向北发展的趋势。汾河上游为游牧民族活动地区，尚未出现城镇。

表 3-1　战国时期韩、赵、魏县邑表

战国时期国名	县（邑）	今地望	所属河段
	楼烦	宁武县北	汾河上游
赵	晋阳	太原市西南	汾河中游
	狼孟	阳曲县	
	梗阳	清徐县	
	大陵	文水县	
	中都	平遥县	
	平周	介休市西	
	阴	霍县东南	
魏	皮氏	河津市西	汾河下游
	绛	翼城县西	
	汾城	襄汾县汾城镇	
韩	平阳	临汾市西北	
	高粱	临汾市高河镇	

资料来源：谭其骧：《中国历史地图集》第 1 册《战国时期图》，北京：中国地图出版社，1982 年。

二、秦汉时期城市的初步发展

秦朝统一全国之后，开始实行郡县制，并在全国范围内统一货币、统一度量衡、车轨及文字，为城市的发展打下了基础。秦朝实行中央集权，首先在政治中心所在地建立城市。汉朝初年，秦朝的暴政和长年的战火使城市遭到不同程度的破坏，于是汉高祖时期，开始休养生息，恢复经济，从而出现"文景之治"。到汉武帝时期，真正实现了大一统，城市也得到了恢复和发展，这一时期的城市同样以政治功能为主。

汾河流域的城市在秦汉时期较之前有了比较显著的发展。秦始皇

[①] 参考李晓杰：《中国行政区划通史·先秦卷》，上海：复旦大学出版社，2009 年，第 476—518 页。

即位时，"北收上郡以东，有河东、上党、太原郡"。①汾河流域主要包括太原郡、河东郡和雁门郡的县。汉初，郡县制和分封制并行，到汉武帝时期设置了西河郡之后，汾河流域的城市才全部由郡县组成，包括雁门郡、太原郡、西河郡和河东郡的部分县。笔者主要参考《秦代政区地理》《中国历史地图集》《汉书·地理志》《〈汉书·地理志〉汇释》等对汾河流域的城市和分布情况作了统计，如表3-2所示。

表3-2 秦汉时期汾河流域郡县表

郡名	秦朝		西汉	东汉	今地望
	治所及辖县	今地望	治所及辖县	治所及辖县	
河东郡	安邑（治所）	夏县西北（非汾河流域）	安邑	安邑	夏县西北
	汾阴	万荣县庙前村古城	汾阴	汾阴	万荣县庙前村古城
	临汾	襄汾县赵康古城	临汾	临汾	襄汾县赵康古城
	皮氏	河津市西太阳村	皮氏	皮氏	河津市西太阳村
	绛	翼城县城关附近	长脩	—	新绛西北
	彘	霍州东北	彘	永安	霍州市
	平阳	临汾市西南	平阳	平阳	临汾市西南
	新襄陵	临汾市东南	襄陵	襄陵	临汾市东南
	杨	洪洞县东南	杨	杨	洪洞县东南
太原郡	晋阳（治所）	太原市西南	晋阳	晋阳	太原市西南
	大陵	文水县东北武陵村	大陵	大陵	文水县东北武陵村
	沂阳	汾阳市东南	汾阳	—	岚县南
	兹氏	汾阳市东南	兹氏	兹氏	汾阳市东南
	平陶	文水县西南	平陶	平陶	文水县西南
	榆次	榆次市榆次古城	榆次	榆次	榆次市榆次古城
	祁	祁县东南古县村	祁	祁	祁县东南古县村
	中都	平遥市西	京陵	京陵	平遥东
	邬	平遥市西南	邬	邬	平遥市西南
	狼孟	阳曲东北	狼孟	狼孟	阳曲东北
	阳邑	太谷县东	阳邑	阳邑	太谷
	孟	阳曲县北	孟	孟	阳曲县北
	界休	介休市	界休	界休	介休市
			于离	于离	今地无考
			—	中都	平遥市西
西河郡			平定	离石	内蒙古准格尔旗东南/吕梁市（均非汾河流域）
			平周	平周	米脂县/孝义西南

---

① 《史记》卷6《秦始皇本纪》，北京：中华书局，1959年，第223页。

续表

郡名	秦朝		西汉	东汉	今地望
	治所及辖县	今地望	治所及辖县	治所及辖县	
西河郡			美稷	美稷①	内蒙古准格尔旗西北/汾阳市
雁门郡	楼烦	宁武县附近	楼烦	楼烦	宁武县附近

注："—"表示无数据，全书同。

由以上对秦汉时期汾河流域城市的总结，可以发现秦汉时期的城市主要表现出以下几方面的特征。

以行政中心城市为主。秦汉时期的城市兴起和发展主要是依靠行政力量，以郡县、侯国为主。同时也有军事型城市，如美稷县为属国都尉。农业、手工业的发展以及交通的开发，使一些城市的职能有了变化，从政治职能转为工商业职能为主。

秦汉时期城市数量总体增加，汉代较之秦代而言，变化不大，城市数量略有增加。城市等级主要是郡县两级，规模以小城市为主。

从空间分布来看，汾河上游只有一县，汾河中游县的数量明显超过汾河下游，可见，秦汉时期汾河流域的城市发展趋势明显从汾河下游逆流而上。太原郡地处太原盆地，其交通的便利，带动了周围一批城市的发展。秦朝统一六国之后，在全国范围内大修驰道，山西境内经沿汾河沿岸就有一条，经平阳、晋阳，北到云中、代郡。汉朝在秦朝原有的基础上，继续进行扩建，形成了遍布全国各地的交通网。《窦固传》：永平十六年（73 年），"太仆祭肜、度辽将军吴棠将河东、北地、西河羌胡及南单于兵万一千骑出高网塞"击匈奴。两汉时期，匈奴族和羌族对西河之地多有侵扰，而且不断内迁，这也说明了当时南北交通的便利。

三、魏晋南北朝时期城镇体系的混乱

魏晋南北朝是中国历史上的大分裂时期，这一时期政局不稳，北方战事频发，引发了中国历史上第一次人口向南的大迁徙，黄河以北的人口大多迁到长江流域，带动了南方的经济发展，同时也导致了北方城镇的衰落。北魏首次出现带有军事性质的"镇"，汾河流域的城镇处于衰落的状态。

---

① 美稷县于东汉迁到黄河以东今汾阳县境内。见《通典》："汾州隰成县有美稷乡，汉县也。案此后汉中平中所徙置，非前汉县西河置。"

北魏统一北方以后，呈现南北对峙的局面，北方暂时能够稳定发展，促进了汾河地区的开发。笔者选取曹魏、北魏以及北周时期汾河流域的州郡县进行了统计，参考《魏书·地形志》《晋书·地理志》《北魏政区地理》以及王仲荦的《北周地理志》等书，对一些州县设置进行了考证，试图比较全面地反映这一大动乱时期城镇的状况，如表3-3所示。

表3-3 曹魏、北魏、北周汾河流域州郡县设置表

时间	州	郡	辖县	今地望
曹魏景元三年 （262年）	并州	雁门郡	楼烦	宁武
		太原郡	晋阳、孟县、狼孟、阳曲、榆次、阳邑、大陵、祁县、平陶京陵、中都、邬县	太原市、阳曲、榆次、祁县、介休、平遥、文水、太谷
		西河郡	兹氏、界休、中阳	汾阳、孝义、介休
	司州	平阳郡	平阳、永安、杨县、襄陵、临汾、绛邑、皮氏	临汾、霍州、洪洞、襄汾、新绛、绛县、河津
		河东郡	汾阴	万荣
北魏太和十七年 （493年）	肆州	秀荣郡	三堆城	静乐
	并州	太原郡	晋阳、祁县、榆次、中都、邬县、平遥、受阳、阳邑	太原市、祁县、榆次、介休、平遥、文水、太谷
	汾州	西河郡	介休、隰城、永安	介休、汾阳、孝义一带
	司州	平阳郡	治白马城、平阳、襄陵、泰平、临汾、杨县、北绛	临汾市、太平在襄汾县古城镇、洪洞县、翼城
		正平郡	曲沃、南绛	曲沃东北、绛县
		高凉郡	龙门	河津西
		北乡郡	汾阴	汾阴
北周大定元年 （581年）	北朔州	广安郡	岢岚	岚县
	肆州	雁门郡	阳曲	阳曲
	并州	太原郡	龙山、晋阳、受阳、东受阳、平遥①、中都②、阳邑	太原市西、文水、平遥、榆次、太谷
	介州	西河郡	隰城、新城	汾阳市、汾西
		介休郡	平昌、永安	介休市、灵石
	晋州	永安郡	永安、杨	霍州市、洪洞

---

① 东汉迁到黄河以东今汾阳县境内。见《通典》："汾州隰成县有美稷乡，汉县也。案此后汉中平中所徙置，非前汉县西河置。"

② 中都县有一个迁移的过程。两汉时期在平遥县西南，到北周并入榆次。见（北魏）郦道元注，（清）杨守敬、熊会贞疏：《水经注疏》卷6，南京：江苏古籍出版社，1989年，第535页；王仲荦：《北周地理志》，北京：中华书局，2007年，第867页。

续表

时间	州	郡	辖县	今地望
北周大定元年（581年）	晋州	汾西郡	临汾	汾西县
		西河郡	永安	洪洞县西南三十里
		平阳郡	平阳、禽昌、太平	临汾市、襄汾县西北二十五里
		北绛郡	北绛	翼城
	绛州	正平郡	临汾、闻喜、曲沃	新绛县城关、新绛县西南二十里、曲沃
		绛郡	绛、小乡	绛县、翼城县
北周大定元年（581年）	绛州	高凉郡	高凉郡城、高凉县（治玉璧）	稷山县东南三十里、西南二十五里
		龙门郡	龙门	河津
	蒲州	汾阴郡	汾阴	万荣县西南

此外，《魏书·地形志》《北周地理志》还记载了一些镇、城的设置，笔者将其进行整理，统计如表3-4所示。

表3-4 北魏、北周时期镇、城设置表

朝代	郡	县	镇
北魏	太原郡	晋阳	梗阳城
		祁	赵襄子城
		中都	榆次城、寿阳城、平谭城
		平遥	京陵城
		沾	汾阳、追城
		受阳	大陵城
		阳邑	白壁岭
	汾州西河郡	隰城	虞城、阳城
		介休	坞城
	平阳郡	禽昌	乾城、郭城
		平阳	高凉城、龙子城
		泰平	齐城
	永安郡	永安	仇池壁、赵城
	高凉郡	龙门	临汾城
	正平郡	闻喜	周阳城
北周	广安郡	岢岚	三堆城、社干戍、孤苏戍
	雁门郡	阳曲	木井城
	介休郡	平昌	汾水关、洛女砦、高壁岭
		灵石	团城、六壁城
	太原郡	龙山	旧置长安县城
		东受阳	侨置神武郡城、鲤鱼栅
		平遥	怀荒镇、御夷镇
	永安郡	永安	永安戍

朝代	郡	县	镇
北周	永安郡	杨	洪洞城
	平阳郡	平阳	高梁城、柴壁
		太平	太平关
	正平郡	临汾	长秋城、华谷城、稷王城、武平关
		闻喜	百壁镇、故家雀关
		曲沃	胡营防、新城防、乐昌防、高显戍
	北绛	北绛	翼城戍、天柱戍、牛头戍、新安戍
北周	绛郡	绛县	永宁防、相里防
		小乡	浍交戍、绛川戍、白马戍
	龙门郡	龙门县	龙门镇、万春城、平陇城、卫壁城、吞周城、定誇城、统戎城、张壁城、临秦城、伏龙城
	汾阴郡	汾阴	龙门渡

通过以上对魏晋南北朝时期城镇的统计，对于这一时期城镇发展的阶段特征我们可以总结出以下几个方面。

这一时期的城市与秦汉时期相比数量上稍有增多，曹魏时期没有太大变化，北魏和北周时期城市设置较之前有所增加。有些县是在原来县的基础上进行分置所得，并且许多县的设置比较混乱，出现侨置郡县的情况。不少县多有重名，如北周时期的永安县有 3 个之多，且在不同的地方。这一时期，主要由太原、隰城（今汾阳）、平阳（今临汾）三城市为主带动周围城镇发展。

从城市等级来看，这一时期实行州郡县三级行政区划制度，有州城、郡城和县城。有些郡城和县城不在同一个地方。例如，北周时期绛州的高凉郡，其郡城在今天稷山县东南，而所辖高凉县在今天稷山县西南。

从城市职能来看，这一时期的城市仍然是以政治职能为主。由于战争频发，不少城市军事防御职能大过政治职能。有些城市的设置主要是由于民族的分布，如匈奴左部分布在兹氏县，匈奴中部在大陵县，匈奴右部在祁县。匈奴在这些县大量分布，也使得这三个县的规模在当时较之其他有所增大。

从空间分布来看，这一时期汾河上游只有 1 县，到北周时期汾河下游的城市超过汾河中游，达到 15 个之多，其中不少县由原县分置而来。

四、隋唐宋时期城镇的进一步发展

隋文帝统一全国，结束了长达数百年的分裂动乱，为全国交通的重新畅通提供了条件。汾河是沟通长安和北方的要道，因此这一时期的城市有了快速的发展。

隋代主要实行郡县两级制。唐代的地方行政制度则比较复杂。

首先，唐朝武德三年（620 年）在今山西复置并州总管府，管并、介、受、辽、太、榆、汾 7 州，其中除并州包括交城、文水等县外，还有汾州当时领隰城、孝义等县，五年之后，并州作为大总管府，兼管石州总管府。贞观以后，并州都督府常督并、汾、箕、岚四州，岚州领静乐、岚谷等县。[①]

其次，中晚唐方镇林立，今山西西部地区当时没有设独立的方镇，主要归河东、河中二镇管辖，但有时候晋州置方镇，则南部属晋州管辖，如兴元元年（784 年），以原河中节度使所管晋、慈、隰三州置晋慈隰节度使[②]。贞元元年（785 年），废晋慈隰节度使，贞元四年（788 年），复以晋、慈、隰三州置晋慈隰都防御观察使，元和二年（807），又废晋慈隰观察使，复属河中节度使。长庆二年（822），又割晋、慈、隰三州[③]置晋慈等州都团练观察使，大和元年（827），升为保义军节度使，寻废，慈、隰二州复属河中方镇。

草市兴起于南北朝时期，是商品货物集散之地，经济职能为主，是后世小城镇的前身。其最初只是在城市城门外供草料等农产品交易的场所，之后发展成为商品集散之地。但是，唐代有严格规定，"诸非州县之所，不得置市"。因此，当时市的设置数量还比较少。到了宋代，打破了唐代的里坊制度，许多商铺开始沿街设置，草市大量兴起，且政府将其规范化，设税场务，派专人收税。

北宋时期的统县政区有府、州、军、监。军同下州，主要设在军事要地。监原为政府管理采矿冶炼业的专门机构，后领县同下州。县级政区除县外还有隶于府州的军、监和堡、寨、尉司。[④]北宋初年，统治者吸取唐代藩镇割据的教训，将当时设置的藩镇权力收回，留下来的主管征税，可见"镇"的性质已经开始发生转变，逐渐成为人口集中、交通条件优越以及商业活动的中心之地。

这一时期的政治、经济、文化各方面都有了快速的发展，是文化大繁荣时期。因此，从隋唐开始，汾河流域的城市类型开始出现多样化，不再单单只是以政治功能为主。

---

① 《旧唐书》卷 39《地理志》，北京：中华书局，1975 年，第 1485 页。
② 一州之改隶，如虢州、同州、沁州等的出与入，此处不列。
③ 《方镇表》仅云前二州，但《旧纪》为"晋慈等州"，按诸舆图，以及前几次之传统，当包括隰州无疑。
④ 周振鹤：《中国地方行政制度史》，上海：上海人民出版社，2005 年，第 169 页。

　　笔者依据《隋书·地理志》《旧唐书·地理志》《新唐书·地理志》对这一时期的城镇进行了统计，如表3-5。由于北宋设置的堡、寨、监、务等同样具有"镇"的特质，因此在统计镇（表3-6）的时候，将这些具有镇特质的建置都包括在内。

表3-5　隋唐宋时期汾河流域城市表

朝代		郡、府、州	治所	辖县	今地望
隋朝（大业八年）（612年）		楼烦郡	静乐	静乐、岚城	静乐、岚县
		太原郡	晋阳	晋阳、太原、交城、汾阳、文水、祁县、太谷、榆次、寿阳	太原、古交市、阳曲、文水、祁县、榆次、寿阳
		西河郡	隰城（汾阳）	隰城、介休、永安、平遥、灵石、永安	汾阳、介休、孝义、平遥
		临汾郡	临汾	临汾、襄陵、杨县、霍邑、汾西岳阳（非汾河流域，在今安泽县）	临汾市、襄汾、洪洞、霍县
		绛郡	正平（新绛）	正平、翼城、绛县、曲沃、稷山、太平	新绛、翼城、绛县、曲沃、稷山、襄汾
		河东郡	安邑	龙门、汾阴	河津、万荣
唐朝（开元二十九年）（741年）	河东道	岚州	宜芳	宜芳、静乐、楼烦	岚县、静乐
		太原府	太原	晋阳、太原、清源（在今清徐县南，原梗阳县古城）、阳曲3、文水3、祁县3、太谷3、榆次3、交城3、寿阳2	太原、古交市、阳曲、文水、祁县、榆次、寿阳
		汾州	西河	隰城2、孝义3、介休3、平遥3、灵石3	汾阳、孝义、介休、平遥、灵石
		隰州	隰川	温泉2	交口
		晋州	临汾	临汾3、洪洞3、霍邑3、赵城3、汾西2、襄陵3、岳阳3	临汾、洪洞、霍县、洪洞、古县
		绛州	正平	正平3、曲沃3、稷山3、龙门3、太平3、绛县3、翼城3、万泉3	翼城、新绛、曲沃、绛县、河津、襄汾
北宋（政和元年）（1111年）	河东路	宁化军	宁化	宁化	宁武县西南
		宪州	静乐	静乐	静乐
		岚州	宜芳	宜芳、楼烦	岚县、娄烦
		太原府	阳曲	阳曲、太谷、榆次、交城、文水、祁县、清源、平晋	阳曲、太原、太谷、榆次、交城、文水、祁县、清徐
		汾州	西河	西河、平遥、介休、灵石、孝义	汾阳、孝义、介休、平遥、灵石
		平阳府（建雄军节度）	临汾	临汾、洪洞、襄陵、神山、赵城、霍邑	临汾、洪洞、霍县、洪洞、汾西

续表

朝代	郡、府、州		治所	辖县	今地望
北宋 (政和元年) (1111 年)	河东路	庆祚军			洪洞县北
		绛州	正平	正平、曲沃、翼城、 太平、稷山、绛县	新绛、曲沃、翼城、 襄汾、稷山、绛县
	永兴军路	河中府	河东	万泉、龙门、荣河、 庆城军	万荣、河津市

表 3-6　隋唐宋时期"镇"设置表

朝代	府、州	县、监、务	镇、堡、寨、监、务
唐	宪州	楼烦监牧	
宋	太原府	大通监、永利监	
		清源	徐沟镇
	平阳府	务二：炼矾、矾山	
		襄陵县	雕掌、豹尾寨
		神山	韩买、安国、史壁、叠头堡
		汾西	厚裔、青岸、石桥、青山、边柏寨
	绛州	绛县	中山、花崖、华山
	汾州	西河	永利西监、郭栅镇
		灵石	阳凉南关、阳凉北关[①]
	宁化军	宁化	西阳、脑子、细腰、窟谷寨

这一时期汾河流域的城镇发展有以下几方面的特征。

（1）以阳曲—临汾为首位，隋唐时期的城镇无大的变化，但是到了北宋时期，由于"镇"的大量设置，城镇数量明显增多，汾河中游的城镇数量超过了汾河下游。

（2）城镇等级比之前增多，宋代包括道；府、州、军、监；县；县以下的堡、寨、镇、监等。

（3）宋代军事型城镇数量增多，当时由于北宋与西夏和辽对立，战事频发。笔者将这一时期的镇统计如下，由于北宋设置的堡、寨、监、务等同样具有"镇"的特质，因此也囊括其中。

城镇类型以政治和军事并重，但同时经济、文化各方面都有了快速的发展，是文化大繁荣时期。从隋唐开始，汾河流域的城镇类型开始多样化，不再单以政治功能为主。此外，由于朝廷控制重要产业的需要而发展出一些城镇，如中晚唐的楼烦监牧，一度成为帝国唯一的大规模战马来源之所，此后亦与龙陂、银川等并称最重要的战马基地。龙门监主管铸币、大通监主管冶铁。

---

① （宋）王存撰，王文楚、魏嵩山点校：《元丰九域志》卷 4，北京：中华书局，2005 年，第 170 页。

五、金元时期汾河流域城镇的发展

（一）金朝汾河流域的城镇

女真族兴起于东北松花江和长白山一带，于 1115 年称帝，建立金国，并于 1125 年灭辽，占领了原属辽的晋地。1126 年，金人南下，掳掠徽、钦二帝，即震惊朝野的"靖康之难"。1127 年，北宋灭亡，不出两年，黄河以北尽入金朝控制。赵氏被赶往黄河以南，于今杭州建立南宋。

金朝的行政区划基本沿袭宋朝，但也有变化。金的高层政区也是路，"以军事为主，每路设兵马督总管府，辖本路兵马"[1]。金章宗泰和八年（1208年），全境分为 19 路。路下设府、州、军，府、州之下设县，县以下还设镇、城、堡、寨。金代的州分为节镇、防御、刺史三级，且这三级有统属关系，"节镇州兼管防御州与刺史州"。[2]今山西境分属西京路、河东北路和河东南路，今汾河流域境域分属河东北路和河东南路。依据《金史·地理志》及今人的相关研究，金朝汾河流域的城镇（表 3-7），不仅包括府、州、县城，还包括镇、城、堡、寨等具有"镇"性质的聚落。

表 3-7　金代汾河流域城镇表

朝代	路	府、州	治所	辖县	所辖镇	今地望
金（大定二十九年）（1189 年）	河东北路	宁化州	宁化	宁化	—	—
		岚州（镇西节度使）	宜芳	宜芳	飞鸢	岚县
				楼烦	合河津、乳浪、盐院渡	娄烦
		管州	静乐	静乐	—	静乐
		太原府	阳曲	阳曲	阳曲、百井、赤塘关、天门关、陵井驿	阳曲
				平晋	晋宁、晋祠	太原
				太谷、清源、徐沟、榆次	—	太谷、清徐、榆次
				祁	团柏	祁县
				文水、交城、孟、寿阳	—	文水、交城、孟县、寿阳
		晋州	张寨	寿阳县、西张寨		孟县
		汾州	西河	西河	郭栅	汾阳
				介休	洪山	介休

---

[1] 周振鹤：《中国地方行政制度史》，上海：上海人民出版社，2005 年，第 181 页。
[2] 周振鹤：《中国地方行政制度史》，上海：上海人民出版社，2005 年，第 182 页。

续表

朝代	路	府、州	治所	辖县	所辖镇	今地望
金（大定二十九年）（1189年）	河东北路	汾州	西河	孝义、平遥、灵石	—	孝义、平遥、灵石
	河东南路	平阳府（建雄军节度使）	临汾	临汾		临汾
				襄陵	故关	襄汾
				洪洞、赵城、霍邑、汾西、岳阳、浮山	—	洪洞、霍州、汾西、浮山
		绛州（绛阳军节度使）	正平	正平	泽掌	新绛
				曲沃	柴村、九王	曲沃
				翼城、太平、稷山、绛、平水		曲沃、翼城、襄汾、稷山、绛县
		河中府	河东	荣河	北乡	万荣
				万泉	胡壁	万荣
				河津		河津

金朝的城镇除了府、州、县城之外，"镇"基本上均是军事要地，或是关隘，或是堡寨，军事性质较为明显。

（二）元代汾河流域城镇

元朝统一中原大陆之后，吸收了被合并地域，如辽、金、西夏、南宋等地的行政制度，并形成了自己的特色。元世祖时期，实行行省制度，在中书省与行中书省之下设立路、府、州、司、县。[1]有的州是统县政区，有的却与县同级。司有的与州同级，有的与县同级。录事司专理城市民户之事，录事司设于路，司候司设于府州。"凡路府治所，置一司，以掌城中户民之事，……二千户以上，设录事、司候、判官各一员；二千以下，省判官不置。……若城市民少，则不置司，归之倚郭县。"[2]汾河流域的录事司设于路，有两个，即冀宁路设于阳曲，晋宁路设于临汾。元代的经济文化较之前也有一定程度的发展，城市依旧以行政性能为主，包括府、州、县城。依据《元史·地理志》及相关研究成果，元代汾河流域的城市如表3-8所示。

① 傅林祥：《元代的录事司与路府州司县序列》，《历史地理》2013年第1期。
② 《元史》卷9《百官志》，北京：中华书局，1976年，第2317页。

表 3-8 元代汾河流域城市表

朝代	省	路	府、州	治所	辖县	今地望
元（至顺元年）（1330年）	中书省	冀宁路		阳曲	录事司[①]	太原阳曲
					阳曲、文水、平晋、祁县、榆次、太谷、清源、寿阳、交城、徐沟	太原、文水、祁县、榆次、太谷、清徐、交城、寿阳
			汾州	西河	西河、孝义、平遥、介休	汾阳、孝义、平遥、介休
			岚州			
			管州			静乐
		晋宁路		临汾	录事司	临汾
					临汾、襄陵、洪洞、浮山、汾西、岳阳	襄汾、洪洞、霍州、汾西、浮山
			霍州	霍邑	霍邑、赵城、灵石	霍州、灵石
			绛州	正平	正平、太平、曲沃、翼城、稷山、绛	新绛、曲沃、翼城、襄汾、稷山、绛县
			河中府	河东	万泉、荣河、河津	万荣、河津

元代，汾河流域的城市数量明显较少，镇被裁撤得更多，由于之前的战乱和非中原民族的统治，经济均较为落后，汾河流域的城镇较之前处于衰败状态。宋代 33 个，金代 39 个，元代相比金朝，县城数量少了 5 个，这些可能废弃或省并，也可能被降级为镇，作为旧的县治，它们会发挥镇的功能。

第三节 明清时期城镇发展与布局

明代大一统之后，城镇数量明显增长，除了新设县城之外，还在多处设置堡寨，以抵御蒙古的南下侵袭。清统一蒙古地区后，许多堡寨失去了防御功能，多转为地方巡检司或普通村落，由军堡向民堡转变。此外，民间的村镇里社也发展起来，不少镇既具有军事功能，也具有经济、文化功能，庙会兴起，人们在此进行交易，并通过复杂的表演形式来祭祀神灵，城镇得了很大的发展。

明清时期地方行政制度在元代的基础上有所发展，洪武九年（1376 年）明朝宣布改革行省领导体制，设承宣布政使司、提刑按察使司、都指挥使司，号称"三司"，共同组成为省级政权机构，分别执掌行政、司法和军事。布

---

① （元）孛兰盼等著，赵万里校辑：《元一统志》卷 1，"录事司，析府城地设录事司，领在城民事"，北京：中华书局，1966 年，第 104 页。

政使"掌一省之政，朝廷有德泽、禁令，承流宣播，以下于有司。"①按察使"掌一省刑名按劾之事，纠官邪，戢奸暴，平狱讼，雪冤抑，以振扬风纪，而澄清其吏治。"②都指挥使"掌一方之军政，各率其卫所以隶于五府，而听于兵部。"③明代的行政区划如图 3-2 所示。

清代基本恢复了三级制，省下设府、直隶州、直隶厅，下设州、县、厅。直隶州同府一级，散州、散厅同县一级。清代在政区设置上更加细致，将部分明代的直隶州升为府，又将若干州县提升一级。

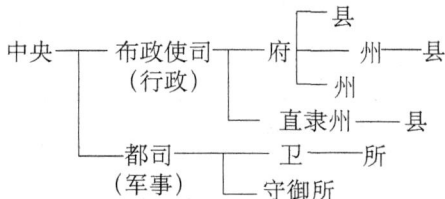

图 3-2　明代行政区划

依照《明史·地理志》《清史稿·地理志》《明一统志》《大清一统志》，明清时期汾河流域的府、州、县城，如表 3-9 所示。

表 3-9　明清汾河流域城市表

朝代	省	府、州	治所	辖县	今地望
明万历二十三年（1595年）	山西省	太原府	阳曲	阳曲、太原、榆次、太谷、祁县、清源、徐沟、交城、文水、寿阳、盂县、静乐	太原、文水、祁县、榆次、太谷、清徐、交城、寿阳、盂县
		岢岚州	岚县	岚县	岚县
		平阳府	临汾	临汾、襄陵、洪洞、浮山、赵城、太平、岳阳、曲沃、翼城、汾西	临汾、襄汾、洪洞、霍州、汾西、浮山、曲沃、翼城、汾西、蒲县、灵石
		蒲州		万泉、荣河、河津	万荣、河津
		绛州		稷山、绛	稷山、绛县
		汾州府	汾阳	汾阳、孝义、平遥、介休	汾阳、孝义、平遥、介休
清宣统三年（1911年）	山西省	太原府	阳曲	阳曲、太原、榆次、太谷、祁县、清源、徐沟、交城、文水、岢岚州	太原、榆次、太谷、祁县、清徐、交城、文水、岚县
		汾州府	汾阳	汾阳、孝义、平遥、介休	汾阳、孝义、平遥、介休

---

① 《明史》卷 75《职官四》，北京：中华书局，1974 年，第 1839 页。
② 《明史》卷 75《职官四》，北京：中华书局，1974 年，第 1840 页。
③ 《明史》卷 75《职官五》，北京：中华书局，1974 年，第 1872 页。

续表

朝代	省	府、州	治所	辖县	今地望
清宣统三年 （1911 年）	山西省	平阳府	临汾	临汾、洪洞、浮山、岳阳、曲沃、翼城、太平、襄陵、汾西	临汾、襄汾、洪洞、浮山、霍州、曲沃、翼城、汾西、蒲县
		蒲州府		万泉、荣河	万荣
		绛州直隶州	绛县	绛、稷山、河津	绛县、稷山县、河津
		霍州直隶州	赵城	赵城、灵石	
		忻州直隶州		静乐	静乐县
		宁武府	宁武	宁武	宁武
		平定州直隶州	盂县	盂县、寿阳	盂县、寿阳

明清时期对于山西"镇"的研究成果较为丰富①，对镇的定义、功能、类型、分布都作了较深入的分析。明代的山西处于边境地带，由于蒙古的南下进犯，多设堡、寨、镇，修建堡墙、寨墙。明代的镇多分布在北部汉蒙交界地带，汾河流域见于史籍记载的镇较少。清代，随着地方志的兴修，村镇也得以保留下来，为世人所知。这一时期，镇的类型更为多样，功能也更为丰富。不少堡寨从军事转为民用，也转变为镇。由于镇的功能和类型都有了很大的发展，为了能够尽量统计准确，笔者定义的清代"镇"主要包括以下几种：正史、地方志、一统志等史料中明确有镇建置的聚落；史料中堡寨条下的镇；部分具有镇功能的关隘、巡检司。经统计，明代汾河流域见于《明史·地理志》记载的镇有 4 个，分别是祁县的团柏镇、孝义县的温泉镇、平遥县的洪善镇、介休县的关子岭镇。②清代的镇多见于方志中，有 183 个。

明清时期，汾河流域城镇具有以下几方面的特征。

（1）明代汾河流域城市较前代有所发展，但是清代较明代发展更快。明代初期，以阳曲和临汾为首位，后期汾州府成立之后，汾阳也成为较大的城市。清代中后期以后，汾河流域兴起多个城市，阳曲、临汾依旧是中游和下游的首要城市，汾阳、赵城、盂等县也兴起。

（2）明清时期城镇数量大量增多，也许是因为兴修方志，见于方志记载的镇在清代大量出现。

---

① 王社教：《明清时期山西地区城镇的发展》，《西北大学学报（自然科学版）》2007 年第 2 期，第 311—316 页；张青瑶、王社教：《清代中后期太原盆地镇的类型及形成因素》，《中国社会经济史研究》2003 年第 4 期，第 67—75 页；熊梅：《清代晋南地区镇问题研究》，陕西师范大学硕士学位论文，2007 年。
② 《明史》卷 70《地理志》，北京：中华书局，1974 年，第 958、965 页。

（3）城镇职能也更加多元化。明代实行行省和都司卫所并行制度，城市多带有行政和军事性质。清代的城市职能更加丰富，经济功能增强。尤其是榆次、太谷、祁县、临汾等县，由于晋商的发展，票号的广泛分布，城市商业渐趋繁荣。

镇在清代的功能更加丰富：第一，行政性质，即有官厅或巡检司派驻。第二，军事性质，驻军或修建堡寨，具有军事防御功能。第三，商业性质，举办集市或庙会。第四，驿站性质，供传递官府文书和军事情报的人或来往官员途中食宿、换马。有的镇还承担文化和仓储救济功能。在这些镇中，有的只具有其中一种职能，有的镇具有两种、三种或四种职能。

民国时期，汾河流域的城镇总体发展较为缓慢。主要呈现出以下几方面的特征。

（1）城市依旧以太原和临汾为首位，带动汾河流域的发展。同时出现了不少工业型和经济型城市。太谷、祁县、平遥等县得到发展。正太铁路通车后，铁路沿线的城镇也成为当地小范围内的商品流通中心。

（2）汾河下游较中游和上游分布稠密，上游分布最少。城镇分布格局基本与清代后期差别不大。

（3）城镇等级为三级，即府城、县城和镇。府城规模较大，县级城市次之。城镇职能有所变化。义务教育开始实行之后，汾河流域村镇的教育文化功能迅速发展。中等教育主要集中在府城和县城，高等教育仅在太原。镇的行政职能得到强化，民国在村镇推行"区村"制度，将村镇纳入行政管理层级，是行政制度的一个大的变化。经济功能较为丰富，随着现代工业的引进，不同城镇的经济结构也有所不同，太原以重工业为主，一些县级城市以棉纺织业为主，不少城市以煤炭开采为主，这样造成了经济发展的不平衡。

第四节　先秦至明清城镇变迁的特点与影响因素

一、汾河流域城镇变迁的特点

（一）汾河流域城镇的发展阶段

先秦时期，临汾首位城市体系形成。春秋时期，晋国国都主要在今绛县、曲沃一带，其范围始终在今霍山以南，晋国的开发和发展是驱逐戎狄，不断向北扩展的过程。到战国时期，赵国才扩展到太原地区。

秦汉时期，以太原为首位城市。秦汉时期太原郡所辖城市数量多，密度高，相比之下，超过了河东郡。当时的河东郡属于司隶校尉，治所在安邑，临汾只是一个普通的县。而且河东郡所辖县在汾河流域的分布比太原郡少。

魏晋南北朝时期，太原—汾阳—临汾，这三个城市在汾河流域起着核心作用。太原一直是一级政区所在地，地位之重要性自不必多言。汾阳位于汾河中游的中心地带，左靠吕梁山，右临汾河，是东西交通的重要关口。临汾盆地在这一时期地位上升，成为汾河下游的中心区域。

隋唐宋元时期，太原—临汾双核城市。这一时期，商品经济快速发展，生产力不断提高，太原和临汾这两个城市作为汾河中游和汾河下游的中心城市也在各方面快速发展起来。太原在唐代是北都，其城市规模和城市建设各方面都处于全国领先地位，也带动了周围城镇的发展。临汾在宋代是军事重地，而且有掌管矾矿的务和管理铸钱的龙门监，已经成为汾河下游城市的中心。元代统一全国后，汾河流域城镇出现萎缩状态。

明清时期，太原—临汾居首位，汾阳、霍州等城市并行发展。这一时期，经济发展迅速，阳曲作为中心城市带动整个汾河流域城镇的发展。这一时期"镇"在规模和功能上都有大的发展，明代以军镇为主，分布较少。清代随着方志的兴修，镇在史料中大量出现，既有行政派出驻所，还具有军事的性质，商镇大量出现，市集和庙会是人们交易的固定场所。邮政事业的发展也出现了许多驿镇，保证了交通的便利。

（二）汾河流域城镇变迁规律

1. 密度演变

由于受到河流地形以及社会经济和历史因素的影响，汾河流域上、中、下游的城镇分布存在较大差异。如表 3-10 所示。

表 3-10　先秦到北宋汾河流域城镇数量总表　（单位：个）

朝代	汾河上游城镇数量	汾河中游城镇数量	汾河下游城镇数量	城镇总量
先秦	1	7	5	13
秦	1	13	8	22
西汉	1	14	8	23
东汉	1	16	7	24
曹魏	1	15	8	24
北魏	1	24	21	46
北周	1	22	52	75
隋	2	15	14	31
唐	4	16	15	35
宋	8	21	33	62

续表

朝代	汾河上游城镇数量	汾河中游城镇数量	汾河下游城镇数量	城镇总量
元	4	15	19	38
清	6	100	109	215

　　汾河流域面积 39 826km²,其中,上游河长 216.9km,流域面积 7705km²;中游河长 157.6km,流域面积 15 526km²;下游河长 335.4km,流域面积 16 595km²。由此我们可以估算出各个时代汾河流域的城镇分布密度。

　　图 3-3、图 3-4 可以看出汾河流域的城镇在北魏、北周、宋代和清代是三个高峰期。北魏、北周是魏晋南北朝乱世中短暂的统一时期,但周边依旧有不少政权存在,因此城镇多以军事、政治型为主。这一时期的城镇集聚增加并不是随着生产力的发展自然出现的,而是中央集权统治下利用行政权力人为设置。

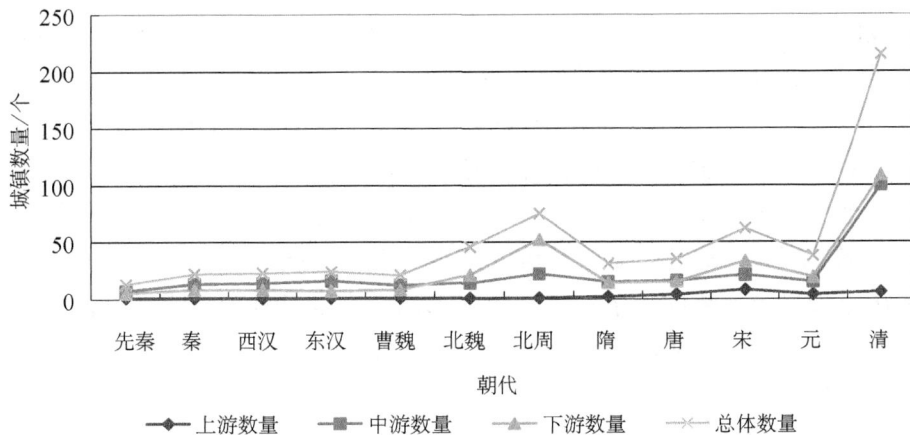

图 3-3　汾河流域城镇数量变化图

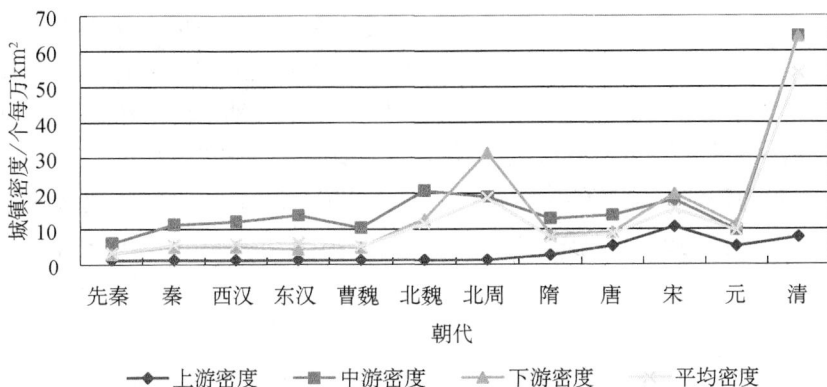

图 3-4　汾河流域城镇分布密度图

宋代的城镇数量多达 61 个，情况与北魏、北周时期比较类似，也是由于战争频发，山西又处于宋夏和宋辽边界地带，因此所设城镇多为军事型，如宁化军等。虽然已经出现经济型城镇，但数量较少。金元时期与宋代变化不大，但是到了清代城镇数量飞速增长，多达 215 个。其中，镇有 183 个，是城镇数量大发展时期。

2. 分布演变

汾河流域城镇的分布基本呈现出从下游到上游，从盆地中心到边缘丘陵山地的发展趋势。通过对各个时代县的设废及迁移状况的分析，如图 3-5 所示，以便能够对其分布演变有更为直观的了解。

由图 3-5 可知，秦汉所设郡县基本为今天城市分布的雏形。两汉时期新设的 5 个县，基本位于汾河中游，上游仅有两县。北魏到北周时期，废置了一些县，且新设及县治变动之县也存在不少。如平遥县，原为平陶县，位于今文水县西，北魏时期由于西胡入侵而东迁至京陵塞，改名为平遥。[①] 而平遥县附近的邬县和京陵县均被废弃。到北周时期，中都县由今平遥县北迁至今榆次。[②]北周时期在今汾河下游新设县达到 9 个之多，有不少为析原来县所置，这与当时政局混乱有很大关系。唐宋时期的城市分布已现出今天城市体系的影子，且县治基本确定，今天汾河流域不少县的县治都与宋代重合。明清时期的城市有所增加，县的名称也基本与今天无太大差异。

3. 类型演变

（1）城镇等级和规模。中国古代的城镇等级主要是按照行政级别来设定。不同的时期行政区划制度不同，但是总体来说地方主要有三个等级的政区，即高层政区、统县政区和县级政区，各个时期政区层级的名称也不同。[③]此外，县之下还有镇、寨、务、监等比较重要的行政组织。

纵观汾河流域城镇的发展历程，可以发现高层政区和统县政区的设置比较稳定，县的设置有显著变化。镇主要集中在北魏、北周和宋朝这三个

① 王仲荦：《北周地理志》卷 9《河北上》，北京：中华书局，2007 年，第 866 页。
② 王仲荦：《北周地理志》卷 9《河北上》，北京：中华书局，2007 年，第 867 页。
③ 周振鹤：《中国地方行政制度史》，上海：上海人民出版社，2005 年，第 80 页。

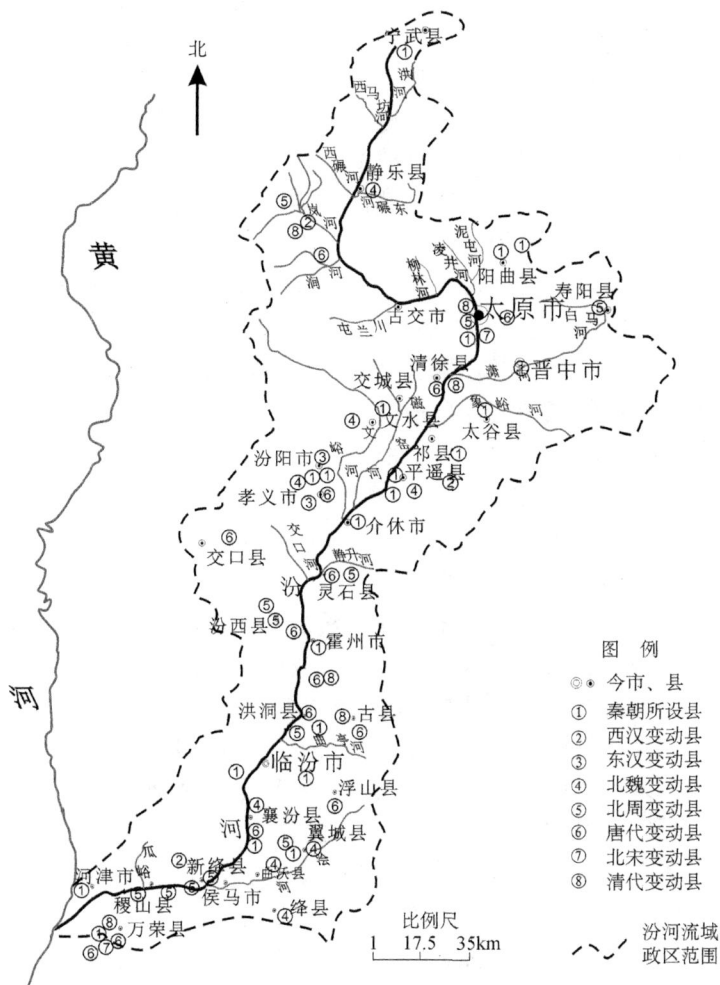

图 3-5　历史时期汾河流域城市分布演变图

资料来源：山西省水利厅：《汾河志》"汾河流域行政区划图"，太
原：山西人民出版社，2006 年，第 1 页。

时代。北周是一个独特的朝代，汾河流域的高层政区为 7 个，统县政区有
15 个①，达到历史上的最高峰。这与当时的政局不稳，战争频发有很大关
系。汾河流域的晋阳（今太原）和平阳（今临汾）是太原盆地和临汾盆地
的中心，一直是行政中心所在地，且拥有广阔的腹地，因此这两个城市的
规模在历史上一直比较大。县以下如镇、堡、寨等在北魏、北周和宋代最

---

① 据王仲荦的《北周地理志》卷 9《河北上》，当时的统县政区是蒲州、绛州、晋州、介州、汾州、石
　州、并州，北京：中华书局，2007 年，第 768—871 页。

多，分别为 22、49、27 个。①

此外，晋阳周边的榆次、阳曲，以及西河郡的汾阳、介休等城市是中等规模的城市。但是到了宋代，一些镇的规模比临汾附近的县都大，如徐沟镇所交税额就比岳阳、赵城等县要多。②

明清时期的城市依旧分为高层政区城市、统县政区城市和县级城市，城池规模也一般按照行政等级由大到小。明清是行省制，高层政区较为稳定，即山西省。统县政区城市，即府和直隶州有 7 个，县级统县政区城市有 33 个。城池的规模也有不同的规定，府城中阳曲最大，为 24 里，临汾11 里 228 步，汾阳 10 里左右。属县城市中，太谷 12 里，平遥 12 里 82 分，算是中等城市。县级城市大部分规模较小，如翼城县周 6 里有奇，襄陵县5 里 160 步，赵城县 5 里 124 步，岳阳县更小，才 2 里 12 步，相当于一个大镇的规模。③有的镇比较繁华，如榆次县的什贴镇，"人烟稠密，为一巨镇"。④清代城镇人口规模也是府城等中心城市较多，汾河流域交通便利之地的人口多，普通县的人口较少。

（2）城镇职能。先秦至北宋时期，汾河流域的城镇主要是行政职能为主，城镇的发展和建设与行政力量和军事战争有着密切的关系。

北魏、北周与宋代这三个时期是军事型城镇最多的时期。所不同的是，北魏北周时期受战乱影响大，商业及手工业发展缓慢，因此并未形成专门类型的城镇，宋代的商品经济在比较宽松和稳定的环境下得到了快速的发展，由此产生了一批以商业和手工业为主的城镇，这种城镇在南方尤其多。汾河流域也有几个这种类型的城镇，如大通监主管冶铁，永利监主管盐业，龙门监管铸钱，还有管理矾矿的炼矾务和矾山务。

到明清时期，城镇的职能逐渐丰富，尤其是明清中后期，晋商兴起，商铺商号遍布全国，汾河流域的榆次、太谷、祁县、介休、平遥、临汾等城市均有大量的商号存在，大大增强了城市的经济功能。镇的职能共有以下六种：行政派出机构；有驻军的军事防御型；商贸型；驿站铺递具有邮政功能；设有社学、义学，具有文化功能；建有仓储、义仓，具有救济功能。

---

① 依据《魏书·地形志》《北周地理志》《宋史·地理志》《武经总要》等史料进行统计所得。
② （清）徐松：《宋会要辑稿》食货 16，北京：中华书局，1957 年，第 5073—5074 页。
③ 本段落中的城池里数来自《阳曲县志》《平阳府志》《汾州府志》。
④ （清）李燧：《晋游日记》，太原：山西经济出版社，2003 年，第 18 页。

二、汾河流域城镇分布及变迁的影响因素

汾河流域的城镇主要以太原和临汾为中心，直至今天亦是如此。这种城镇体系的形成和变化主要受到以下几方面因素的影响。

（一）自然因素

1. 水系分布

水系对城市空间结构的形成及变化起着非常重要的作用。不同历史时期，河流水系的功能对城市发展有所变化，城市的演变又受水系变迁的影响。河流既能为城市提供水源，又是天然的交通要道。

将历史时期汾河水系城市分布情况（县级以上）进行了整理，发现基本未受河道变迁的影响。历史时期汾河干流两岸城市数量呈增长趋势，总体数量左岸多于右岸。右岸各个年代平均 13 个，左岸平均 18 个，唐代多达 21 个。这是由地形因素决定的，汾河右岸为南北走向的吕梁山脉，因此城市数量较少。左岸到中下游才出现太岳山脉，城市多分布在左岸。干流城市数量少于支流。州、郡政区多分布在干流，县级政区多分布在支流。

2. 流域的地势地形和气候

汾河流域的地势特点是北高南低，西南为吕梁山脉，东南为太行与太岳山脉。汾河主干在两大山脉之间。山西地质构造的主体是与断陷隆起构成的一个较高的地台，汾河流域正处在山西地台中部。因受挽近地质构造运动的控制，干流河道先穿越山峡，之后跨越晋中与临汾两大断陷盆地。整个汾河流域内山区占流域面积的 7/10，盆地平川只占有 3/10。[①]受地势地形的限制，城镇多分布在汾河中下游。汾河流域上游多为山地，中下游为丘陵盆地。上游海拔高、纬度高所以气温低，远离中原经济中心，商业也不够发达，而且气候干燥，较为缺水，由此汾河上游城镇稀少。中下游海拔低，气候相对温暖湿润，是城镇分布的主要区域。

总体而言，汾河流域内丘陵、盆地城镇数量最多，中低山地区有少量分布，山地城市数量最少（表3-11）。汾河流域城镇数量不断增长，增长的城镇也多分布在丘陵、盆地。

---

① 山西省水利厅：《汾河志》，太原：山西人民出版社，2006 年，第 15 页。

表 3-11　流域内不同地形城镇分布表

年代	地形、地貌	城镇级别			城镇个数/个（合计）
		州、郡城/个	县城/个	镇、城/个	
西汉平帝元始二年（公元2年）	山地（>2000m）		1		1
	中低山（2000—1000m）		4		4
	丘陵、盆地（<1000m）	1	18		19
北魏太和十七年（493年）	山地				0
	中低山	3	1	6	10
	丘陵、盆地	3	17	14	34
唐开元二十九年（741年）	山地		2		2
	中低山	3	2		5
	丘陵、盆地	3	23		26
北宋政和元年（1111年）	山地		1		1
	中低山	2	3	5	10
	丘陵、盆地	3	28	23	54
元代	山地				0
	中低山	2		2	4
	丘陵、盆地	6	34	3	43
清代	山地		1		1
	中低山	2	3	19	24
	丘陵、盆地	7	29	164	200

3. 河流变迁及自然灾害

汾河从先秦到北宋时期主要改道过两次，且集中于汾河中游太原盆地，在太原盆地东西两侧进行摆动。

先秦时期，汾河中游干流主要沿太原盆地西侧，汇入昭余祁，时昭余祁范围较广。[1]魏晋南北朝时期，依据《水经注疏》，汾河中游干流沿太原盆地中央流过，此时昭余祁已缩小为数个湖泊，有文湖、祁薮、邬泽等，分列在汾水左右。[2]文水与汾水并流一段之后，于今孝义市入汾。唐代，汾河中游干流西迁，经清源县（今清徐）、文水进入熙城县（今汾阳）界，文水在此汇入汾水。[3]汾水变迁定对当地城镇聚落产生影响，北宋时期，汾河的西迁就导致了文水县城的迁移。成化《山西通志》：文水"宋元丰间因水患，徙置南漳沱村，即今文水县治。"[4]

洪涝灾害导致城镇毁坏的情况也不少。《读史方舆纪要》："蔚州城，

① 方韬注：《山海经》，北京：中华书局，2009年。王尚义：《太原盆地昭余古湖的变迁及湮塞》，《地理学报》1997年第3期，第262—267页。
② （北魏）郦道元注，（清）杨守敬、熊会贞疏：《水经注疏》卷6《汾水》，南京：江苏古籍出版社，1989年，第523—573页。孟万忠：《历史时期汾河中游河湖变迁研究》，陕西师范大学博士学位论文，2011年。
③ （唐）李吉甫著，贺次君校：《元和郡县图志》卷13《河东道二》，清源县、文水县以及介休县，北京：中华书局，1983年，第368页、371页、379页。
④ 成化《山西通志》卷1，影印民国二十二年影钞明成化十一年刻本，《四库存目丛书》，第174册，第12页。

平遥县西北二十五里。后魏末侨置蔚州，迁蔚州民居此。后周废。城塚记谓之曲顿城，昔汉武帝于汾堤侧屈曲为顿，后因汾水泛溢废坏。后魏于此侨置蔚州，今城址犹存。"①

汾河下游进入临汾地区的河道一直保持稳定态势，然入黄口多有变迁。先秦到北宋时期入黄口发生过一次变化。秦汉至魏晋时期，在汾河入黄口之南设立汾阴县②，入黄口在今天山西万荣县庙前村。③隋朝"迁县于今治"④，即今万荣县宝鼎镇。唐开元十一年（723 年），汾阴县改为宝鼎县。原入黄口不少地方被冲毁，转移到今南北甲店村正西。⑤入黄口发生北移，而县治却出现南徙，汉代汾阴县之北二里为汾河，到唐代汾河北距宝鼎县二十五里。⑥

入黄口的北移与县治的南徙多是自然原因造成的：黄河与汾河的顶推作用，黄河主流西移，不断冲刷东岸，导致泥沙淤积，河水不断顶托汾水，进而夺占汾水河道，于是导致了入黄口的北移。汾阴县治的南移也是由于河道变迁造成的，汉代黄河仅距汾阴县二里，而黄河不断冲刷东岸，汾阴县必然受到毁坏的威胁，因此只能南移。⑦

清代光绪年间的"丁戊奇荒"规模大，持续时间长，是山西较大的一次灾害，当时饿殍遍野，流民无数，也造成了当时汾河流域城镇的衰落，不少城镇人口减少，大量百姓远走他乡，城镇经济发展遭到阻碍。当时汾西县城在"丁戊奇荒"之后，"市肆荒凉，由东门至署前尚存规模，南、西、北三方一片断瓦颓垣，蓬蒿弥望"。⑧汾西县的僧念镇，在这次大灾之后，其铺递仅存其名，凤头镇、水润镇的市场荒凉，经济活动大量减少。

（二）人文因素

1. 经济发展

经济的发展是一个地区成为城或镇的首要条件。先秦时期，晋国定都

① （清）顾祖禹：《读史方舆纪要》卷42，北京：中华书局，2005年，第1945页。
② 周振鹤：《〈汉书·地理志〉汇释》，合肥：安徽教育出版社，2006年，第66页。
③ 史念海：《历史时期黄河在中游的侧蚀》，《河山集》第二集，北京：生活·读书·新知三联书店，1981年，112页。
④ （清）顾祖禹：《读史方舆纪要》卷41，北京：中华书局，1983年，第1897页。
⑤ 史念海：《历史时期黄河在中游的侧蚀》，《河山集》第二集，北京：生活·读书·新知三联书店，1981年，第112页。
⑥ （唐）李吉甫著，贺次群校：《元和郡县图志》卷12《河东道一》，北京：中华书局，1983年，第327页。
⑦ 史念海：《历史时期黄河在中游的侧蚀》，《河山集》第二集，北京：生活·读书·新知三联书店，1981年，第112—115页；赵淑清：《明清时期汾河入黄段河道变迁的原因分析》，《三门峡职业技术学院学报》2009年第2期，第77—79页。
⑧ 光绪《汾西县志》卷2《城池》，《中国地方志集成·山西府县志辑》44，南京：凤凰出版社，2005年，第20页。

于汾河下游，这一地区先得到开发。秦汉时期，太原一级行政区划的设置使太原成为汾河中游的行政中心，汾河中游也逐渐得到开发。

到北宋时期经济大繁荣。汾河流域的许多城镇都以经济职能为主。

《宋会要辑稿》中记录了全国各个城镇的商税税额，从中能看出经济活动在城市中的比重。熙宁十年（1077 年），税收数量如表 3-12 所示。[①]

表 3-12　宋代汾河流域城镇税收表

税收	州	县
3 万贯以上	并州	阳曲
	晋州	临汾
5000 贯—1 万贯	绛州	正平
	汾州	西河
3000—5000 贯	绛州	荣河、太平、稷山、曲沃、翼城
	并州	平遥、灵石
	宪州	静乐
1000—3000 贯	河中府	龙门、万泉
	并州	太谷、文水、交城、寿阳、祁县、清源、徐沟镇、介休
	晋州	襄陵、洪洞、霍邑
	绛州	绛县
	岚州	楼烦县
	宁化军	
500—1000 贯	晋州	神山、岳阳、赵城、榆社镇

从以上税收的情况来看，今太原和临汾地区一直都是经济重心。正平、西河二县经济也比较发达。如果将 5000 贯作为城市经济等级的分界线，那么由此可以看出，经济比较发达的城市中汾河上游为 1 个，汾河中游有 4 个，汾河下游有 7 个。经济欠发达的城市中汾河上游有 2 个，汾河中游有 8 个，汾河下游有 9 个。总体来说，汾河下游城市的经济水平要比汾河中上游都高。

明清时期经济的飞速发展也出现了不少经济型城镇。明代中期和清代中后期，阳曲县的经济发展迅速，尤其是清代后期，阳曲县商业发达，一片繁荣，"省垣民居比栉，铺业麟排，需用繁多。百工之事，终岁无休息时，然所为皆日用寻常，无新奇精巧之技"。[②]城内有各行各业店铺排列，有铁铺、米市、杂货、羊市、钱庄、茶铺等。平阳府在明代就被张瀚认为非常富饶，"蒲坂一州，富庶尤甚，商贾争趋"。[③]清代中后期，汾河流域的城市中县域经济也发展迅速，绛州城"临河，舟楫可达于黄，市廛辐辏，商贾云集。州人以华靡相尚，士女竞曳绮罗，山右以小苏州呼之"。[④]苏州

---

① （清）徐松：《宋会要辑稿》食货 16，北京：中华书局，1957 年，第 5073—5074 页。
② 道光《阳曲县志》卷 2《舆地图下》，《中国地方志集成·山西府县志辑》，南京：凤凰出版社，2005 年，第 180 页。
③ （明）张瀚：《松窗梦语》卷 4《商贾纪》，北京：中华书局，1985 年，第 82 页。
④ 李燧：《晋游日记》，太原：山西经济出版社，2003 年，第 18 页。

为南方经济文化发达的城市，绛州城有"小苏州"的称号，可见其繁荣程度。因为明清时期晋商的发展，出现了不少经济型城镇，带动了汾河流域经济的发展。

清代出现了不少市镇，这些市镇有在规定的时间内有集市和庙会，"惟恃有庙会，则四方齐集百货杂陈，民间日用之需，耕种之具皆取给焉。即便商，亦便民"①。庙会和集市就是商人与民众交易的地方，经济比较繁荣。汾河流域的 183 个镇中，仅有商业功能的镇较多，共有 82 个，如文水县孝义镇、开栅镇、石侯镇、石永镇、徐家镇、西社镇、南五镇、大象镇这几个镇是逢双日开市，下曲镇、独家镇等是逢奇日开市。这些镇还有庙会。正月二十日是下曲镇，二月二日是石侯镇，二月十五日是孝义镇等等，县志中均详细列出。②基本每个镇都会有庙会，不少乡村也有庙会。此外，还有两种以上功能的镇，包括以下几种：第一，既有商业功能又有军事防御能力的镇有 29 个，如平阳府临汾县的泊庄镇、吴村镇，翼城县的中卫镇等，既有堡寨防御又有集市和庙会。第二，既有商业功能又是驿镇，汾河流域共 17 个。祁县的洪善镇既有集市，又是洪善驿。第三，既有商贸、防御功能，又是驿镇。汾河流域共 19 个，如太谷县的阳邑镇。第四，既是政府派出机构所驻地，又具有防御、商业和驿镇功能，此外还有义学及仓储。这样的镇在汾河流域共 6 个，如曲沃县的侯马镇，既有政府机构，又是商镇和驿镇，同时还设立了社学和义学。"明洪武八年，诏以郡邑皆有学，而乡社之民未沾教化，命天下有司，更立社学，延师儒以教民间子弟。县令朱武遵奉于同邑，设立八处，成化二十一年，知县刘玑奉文重修。国朝康熙四十三年，知县潘锦复添设苏村一处。"③这八处中第一个就是侯马镇。侯马镇还有义学，"须州县印官，各酌邑之大小，村之远近，或应设义学六七处，或十数处"④。侯马镇为其中之一。

2. 政治、军事

从先秦开始，不少城镇多依靠政治力量存在，以州城、郡城和县城为

① 光绪《文水县志》卷3《风俗》，《中国地方志集成·山西府县志辑》，南京：凤凰出版社，2005年，第219页。

② 光绪《文水县志》卷3《风俗》，《中国地方志集成·山西府县志辑》，南京：凤凰出版社，2005年，第219页。

③ 乾隆《新修曲沃县志》卷9《学校》，《中国地方志集成·山西府县志辑》，南京：凤凰出版社，2005年，第64页。

④ 乾隆《新修曲沃县志》卷9《学校》，《中国地方志集成·山西府县志辑》，南京：凤凰出版社，2005年，第65页。

主。汾河入黄口有以宗教祭祀为主的城市,即今荣河县,汉代为汾阴县,唐代改为宝鼎县,"汉汾阴县。隋属泰州。贞观十七年,废泰州,县来属。开元十一年,玄宗祀后土,获宝鼎,因改为宝鼎。……有后土祠"。①此地历代都是帝王祭祀黄河之处,是依靠政治力量而设之县。

北魏时期,开始出现军事型的城、镇、戍、防等,以应对频繁的战事。为了抵御或控制少数民族而新设郡县,如北周大象元年(579年)分离石置平夷县。②宋代军事型城镇的建设达到了高。《宋史·地理志》中绛州条后直接写"防御",汾州为"军事",可见这些城镇军事职能的重要性。汾河上游单独于宁化一县置宁化军,也是为了防御西夏和辽而设。

明代由于汉蒙对立,明代汾河流域的城市以行政和军事御为主。山西作为边界地带,经常受到蒙古的南下侵扰。万历年间,甚至深入汾河流域中下游,给汾州造成了非常大的损害。因此,万历二十三年(1595年),将汾州升为汾州府,汾阳县附郭。③清代以后,汾河流域城市的军事功能减弱,转变为防御地方流匪,不少镇为交通要道、关隘,肩负着防御的功能。据统计,汾河流域的这种类型的镇有10个,多集中在太原府和汾州府。

3. 交通开发

秦汉时期太原郡地处太原盆地,其交通的便利,带动了周围一批城市的发展。秦朝统一六国之后,在全国范围内大修驰道,山西境内经沿汾河沿岸就有一条,经平阳、晋阳,北到云中、代郡。汉朝在秦朝原有的基础上,继续进行扩建,形成了遍布全国各地的交通网。《后汉书·窦固传》:永平十六年(73年),"太仆祭彤、度辽将军吴棠将河东、北地、西河羌胡及南单于兵万一千骑出高阙塞,击匈奴"④。两汉时期,匈奴族对今山西之地多有侵扰,而且不断内迁,中央集结如此众多之兵力北击匈奴,说明了当时南北交通的便利。此外,在历史时期,由于漕运的需要,汾河沿岸也出现不少渡口,如羊肠坂,沟通了秦晋粮道;冠爵津则是当时非常重要的交通及战略要地。⑤

明清时期,修建了不少驿站,供传递官府文书和军事情报的人或来往

---

① 《旧唐书》卷39《地理志》,北京:中华书局,1975年,第1471页。
② 《元和郡县图志》卷18,"本汉离石县地,周宣帝割县西五十一里置平夷县,属石州",第377页。
③ 《明史》卷70《地理志》,北京:中华书局,1974年,第958页。
④ 《后汉书》卷23《窦固传》,北京:中华书局,1965年,第810页。
⑤ 《水经注疏》卷6《汾水》,"山有羊肠坂,在晋阳西北……汉永平中治呼沱石臼河,盖欲乘呼沱之水转山东之漕,自都虑至羊肠仓,将凭汾水以漕太原,用实秦晋",第526页。羊肠板,先秦至隋指今太原市西北天门关至西凌井间之通道。李晓杰、黄学超、杨长玉等:《〈水经注〉汾水流域诸篇校笺及水道与政区复原》,《历史地理》第26辑,2012年,第37页。"南过冠爵津,……俗谓之雀鼠谷,……盖通古之津隘矣,亦今之地险也",第543页。雀鼠谷,今介休市义棠镇至灵石县南关镇一带山谷。

官员途中食宿、换马，形成了便利的交通网。汾河流域的不少镇设置驿站之后，随着人口流动的增加，经济也得到发展，成为当地的镇，集交通、经济、文化功能于一体。清代汾河流域的驿镇有 11 个，具有驿站职能的多功能镇多达 51 个。

4. 民族迁徙及防御

北魏时期汾河流域出现了大量少数民族，不少地方为了抵御或控制少数民族而设置军事型镇、戍、防等，如北周时期平遥县设置了怀荒镇、御夷镇，闻喜县的百壁镇，北绛县设置了牛头戍、天柱戍等，绛县设置了永宁防、相里防，都是为了军事防御而设。北宋时期，为了抵御西夏羌族，设置了晋宁军、宁化军等，并且沿黄河两岸设置了大量的堡寨，如宁化军设置了西阳寨、脑子寨、细腰寨、窟谷寨。明代对蒙古的抵抗，清代对地方流匪的防御。

5. 官方对国家重要产业的控制需求

唐宋时期的大一统，使全国的经济有了大的发展，官方出于对国家重要产业的控制而设置了一些镇。例如，中晚唐时期的楼烦监牧，由于当时最重要的传统养马基地关陇地区被吐蕃占领，故在元和末年蔡州龙陂监建立以前，楼烦监一度成为帝国唯一的大规模战马来源之地，此后亦与龙陂、银川等并称最重要的战马基地。《旧唐书·地理志》云："宪州，下，旧楼烦监牧也。先隶陇右节度使，至德后，属内飞龙使。旧楼烦监牧，岚州刺史兼领。贞元十五年，杨钵为监牧使，遂专领监司，不系州司。龙纪元年，特置宪州于楼烦监，仍置楼烦县。"[1]楼烦监牧在唐代发展较快，宋代之后开始被百姓侵耕，逐渐失去其地位。"又东至楼烦皆唐养马之地，今河东岚、石间及汾河之侧乃唐楼烦监地，又状只据见草地，打量已为民间侵耕地土，更不根究。"[2]

北宋时期设置了龙门监，主管铸钱币。"置铸钱监二。"[3]（《宋史·地理志》）《考述》曰：据《长编》卷 260 和《玉海》卷 180，"有河中龙门监，熙宁八年曾令河中府监改铸铁钱，一年后并入他监。可见其设置时间还要更早一些，元祐二年只是复置，其初置时间难以考知"。平阳府还

---

[1] 《旧唐书》卷38《地理志》，北京：中华书局，1975年，第1486页。
[2] （宋）黄震：《黄氏日钞》卷61《读文集》，元后至元刻本。
[3] 《宋史》卷87《地理志》，北京：中华书局，1977年，第2144页。

有专管矾矿产的务：炼矾务、矾山务。大通监主管冶铁，"大通监，古交城县，本汉晋阳，古交城之地，管东、西二冶烹铁之务也。东冶在绵上县，西冶在交城县北山"①。大通监实际为同下州的级别，"太平兴国四年（979年），以交城县置大通监，六年（981年），以沁州绵上县隶焉"②。可见，大通监作为一个主管冶铁的城市，级别还是比较高的。永利监主管盐务，（宋真宗先平四年正月）"己巳，改河东榷盐院为永利监"③。

---

①（宋）乐史：《太平寰宇记》卷50《河东道十一》，北京：中华书局，2007年，第1047页。
②（宋）王存：《元丰九域志》卷4，北京：中华书局，2005年，第162页。
③（宋）李焘：《续资治通鉴长编》卷48，北京：中华书局，1995年，第1051页。

第四章
1949年以来汾河流域城镇化
进程与动力机制

第一节 1949年以来汾河流域城镇化的阶段划分

汾河是山西的母亲河，山西省主要的城镇密集区几乎都分布于汾河流域，汾河流域的经济社会发展水平也普遍高于省内其他地区。汾河流域涵盖了山西省43个县（市、区）（太原市六个城区合并为一个区即太原市区），在本章中，包含在汾河流域范围内的县算做汾河流域，县城未包含在汾河流域范围之内的，则不算做汾河流域。据此，排除县城不在汾河流域内的昔阳、和顺、榆社、武乡、沁源、沁水、闻喜7个县，合计为36个县（市、区）。新中国成立以来汾河流域的城镇化进程从阶段划分及特征，以及与山西省整体水平的比较来分析。

一、城镇化发展阶段

1949年以来，汾河流域的总人口数量呈现持续上升的态势，其中少数年份有较小的波动，城镇化水平在波动中上升，发展轨迹同全省情况大致相似，呈现比较明显的五个发展阶段：1949—1956年为城镇化快速推进阶段，1957—1965年为城镇化起伏衰退阶段，1966—1978年为城镇化停滞阶段，1979—2000年为城镇化稳步发展阶段，2001年以后为城镇化快速发展阶段。汾河流域各年份城镇化水平及总人口规模见图4-1。

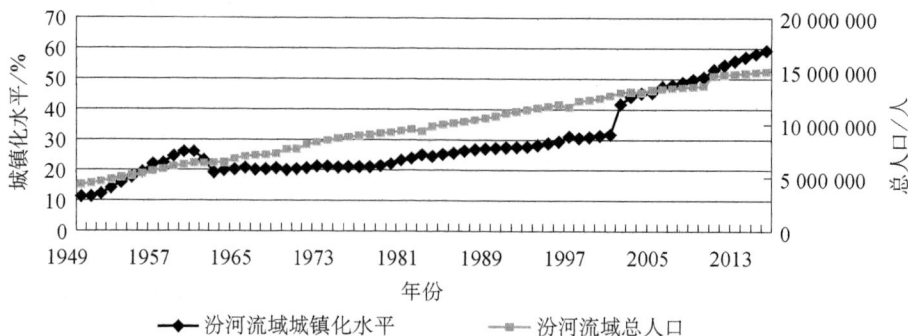

图 4-1 汾河流域城镇化发展阶段（1949—2015 年）

注：1949—2000 年统计口径为农业人口/非农业人口，2001 年以后为城镇人口/乡村人口

二、城镇化分阶段特征

（一）城镇化快速推进阶段：1949—1956 年

国民经济恢复和"一五"计划时期，山西作为国家的重点建设地区之一，以一些大中型工业投资项目为中心，进行了大规模的经济建设，有力地促进了城市、工矿区的发展和城镇人口的快速增长。汾河流域是山西省城镇密集区，具有传统的工业发展优势，因此在此阶段，由于工业化的带动作用，城镇化率年均增长 1.57 个百分点，年均增长率为 10.11%，总人口增加了 24%，城镇化率增加了 10.69 个百分点。

（二）城镇化起伏衰退阶段：1957—1965 年

这一时期，由于国家政策导向的偏差，城镇建制与人口数量变化剧烈，在"大跃进"阶段，国民经济发展比例失调，与经济发展相应，建制镇数量急剧增加，农转非人口大幅度增长。由于经济上盲目冒进，政策目标有误，埋下了城镇化停滞和倒退的种子，这一阶段汾河流域城镇化率年均增长率为 -0.31%，城镇化率年均增长 -0.14 个百分点。其中 1961 年和 1962 年比上一年城镇化水平降低了 10.92% 和 17.60%，由于自然灾害，汾河流域总人口 1960—1961 年减少了约 2 万人。

（三）城镇化停滞阶段：1966—1978 年

1966 年至 1976 年，全省国民经济遭到很大的破坏，直到 1978 年改革开放，虽然人口总量增长了 62.95%，但是城镇化年均增长率仅为 0.47%，年均增长 0.05 个百分点，城镇化率仅提升了 0.70 个百分点，城镇化停滞不前，变动微小。受严格的城乡二元户籍制度的制约，表面上城镇化发展轨迹平稳，但实际上孕育着重大的转机，为后来城镇的快速发展奠定了基础。

（四）城镇化稳步发展阶段：1979—2000 年

随着改革开放的深入，全省国民经济得到迅速发展。这一阶段，总人口数增长了 38.51%，城镇化年均增长率为 1.92%，年均增长 0.45 个百分点，城镇化率提升了 10.42 个百分点，城镇化稳步推进。伴随着城镇化水平的提升，城镇综合实力、城镇体系结构、城市基础设施等方面发生了明显的变化，形成了以规模集中度低、职能较为单一、空间布局大集中与小分散为特征的城镇体系格局。

（五）城镇化快速发展阶段：2001 年以后

从 2001 年开始，城镇化率有了显著的提升，原因之一是统计口径的变化，原因之二是城镇化水平高于 30%，进入快速增长时期。这一阶段，总人口数增长了 17.74%，城镇化年均增长率为 4.55%，年均增长 1.83 个百分点，城镇化率提升了 37.45 个百分点，2015 年末汾河流域城镇化率已经达到 59.25%，高于同期山西省人口城镇化率（55.03%）。

三、与山西省的比较

汾河流域自古便是山西省城镇密集的区域，特别是晋中盆地—晋南盆地这一核心区域的大城市几乎都位于汾河的河岸，成为山西省重要的人口、经济密集区。汾河流域人口的空间分布具有明显的沿河分布的特征，主要人口密集区域包括太原市、晋中市、介休市、临汾市、侯马市。人口的集聚为区域经济社会的发展奠定了基础。

从城镇化水平来看，新中国成立初期到 1987 年，汾河流域城镇化水平始终高于全省平均水平，之后增速放缓，于 1996 年又一次高于全省平均水平，之后出现微小波动，2001 年之后，汾河流域的城镇化水平开始大幅度地超过全省平均水平并保持平稳的增长，2005 年后二者差距逐渐缩小，到 2015 年，汾河流域城镇化水平高于全省平均水平近 4.22 个百分点。可见，汾河流域是山西省城镇化发展水平比较高的区域，大城市的集聚和发展成为城镇化的主要推动因素，但是随着山西省城镇体系规划的实施，晋北城镇群、晋东南城镇群的发展带动作用逐步增强，汾河流域的城镇化发展优势有一定的降低，优势差距开始缓慢缩小。

从城镇化发展阶段来看，汾河流域和山西省城镇化水平基本趋势一致（图4-2），都经历了新中国成立初期的快速推进，20世纪50年代后期到60年代的起伏波动、70—90年代的缓慢发展，以及2001年之后的快速发展阶段。这一发展趋势与全国的大环境有关。

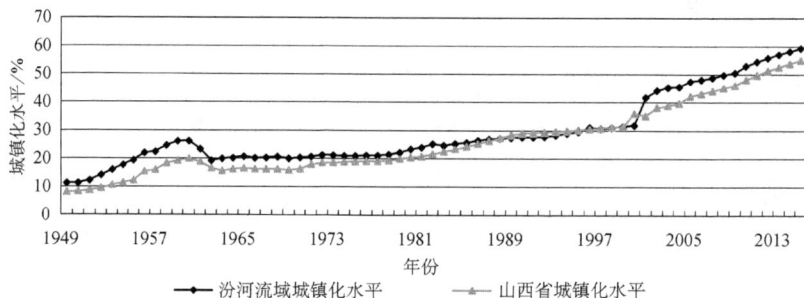

图 4-2　汾河流域和山西省城镇化进程（1949—2015 年）

注：1949—2000 年统计口径为农业人口/非农业人口，2001 年以后为城镇人口/乡村人口。

从区域人口增长情况来看，汾河流域和山西省人口总量变化趋势一致（图4-3），一直在缓慢增长，汾河流域人口占山西省人口比例也基本保持在 33.70%—40.70%，其中，50—60 年代有小幅度的波动，说明汾河流域从自然条件和经济基础来看都是优势区域，因此集聚了较多的人口。

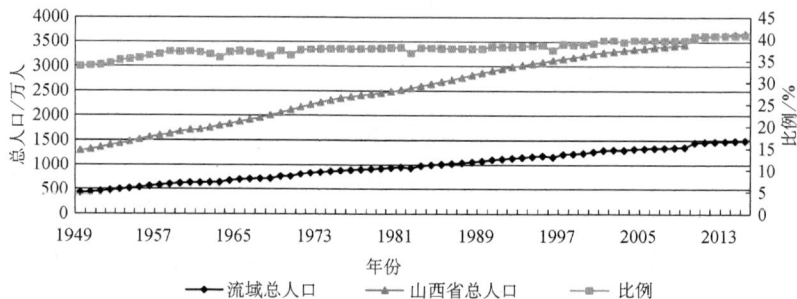

图 4-3　汾河流域和山西省人口规模变化情况（1949—2015 年）

注：1949—2000 年统计口径为农业人口/非农业人口，2001 年以后为城镇人口/乡村人口。

第二节　城镇化进程的流域内部差异

一、上中下游的差异

对 1949—2015 年的人口统计数据分析，上游 5 个县、中游 17 个县、下游 14 个县（太原六城区视为太原市区）的城镇化水平见图 4-4。

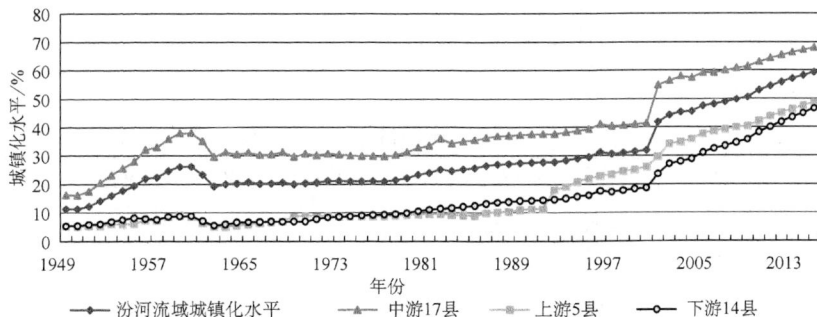

图 4-4　汾河流域城镇化水平上中下游差异（1949—2015 年）

注：1949—2000 年统计口径为农业人口/非农业人口，2001 年以后为城镇人口/乡村人口。

从城镇化水平来看，新中国成立以来汾河流域不同区段的城镇化水平的变化趋势一致，但存在比较明显的差异，中游的城镇化水平始终最高，主要的原因是太原市区的城镇化水平远远高于其他县市，说明此区域是山西省城镇化最为发达的地区。1992 年之前，上游和下游的城镇化水平比较接近，相差幅度不大，1992 年之后，上游的城镇化水平开始高于下游，2010 年之后差距又逐年缩小，主要原因在于古交市的出现导致 1992 年上游的城镇化水平突增。

从城镇化增速来看，上游的波动是最大的，主要原因在于上游只有 5 个县，任意 1 个县的变化都会对整体产生比较大的影响。城镇化增速最大的波动出现在 1992 年，上游的增速为 60%，主要原因是行政区划调整，古交市的设立使上游地区的城镇化水平整体提升。2001 年次之，中游的增速为 32%，主要的原因是人口统计口径的改变，由非农人口变为城镇人口，带来城镇化水平的变化。1961 年，上游增速为-24%，主要是由于自然灾害的影响。其余年份波动不大（图 4-5）。

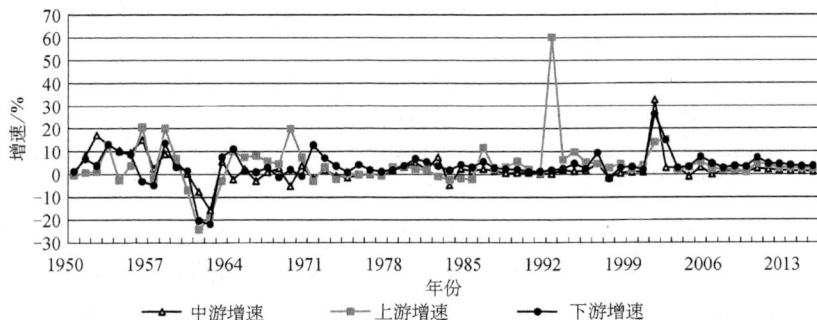

图 4-5　汾河流域城镇化速度上中下游差异 II（1949—2015 年）

注：1949—2000 年统计口径为农业人口/非农业人口，2001 年以后为城镇人口/乡村人口。

二、时间序列的比较

对 1949—2015 年的年度统计数据分析，36 个统计区主要的城镇化水平见表 4-1。

表 4-1   汾河流域各县市区城镇化水平（1949—2015 年）（%）

地区	1949 年	1960 年	1970 年	1980 年	1990 年	2000 年	2010 年	2015 年
宁武	8.39	19.85	21.55	19.43	17.70	22.32	40.73	48.03
静乐	4.88	5.39	4.20	4.95	9.86	12.39	28.84	38.01
太原市区	48.83	78.71	70.31	72.44	75.20	79.38	92.05	93.30
阳曲	4.88	5.14	7.44	7.52	8.98	12.31	29.82	34.74
娄烦	0.44	0.91	2.87	6.35	8.88	15.14	35.24	39.82
古交	—	—	—	—	—	58.35	71.25	73.62
清徐	7.45	6.96	4.72	6.89	8.04	11.65	27.49	32.57
榆次区	21.98	39.23	30.57	38.18	42.26	49.24	69.85	75.92
寿阳	3.01	6.12	5.44	7.52	10.80	15.78	29.59	38.12
太谷	13.63	19.83	15.26	18.60	20.21	24.05	38.82	45.80
祁县	8.12	8.63	7.44	11.00	14.32	17.58	30.57	38.57
平遥	8.77	10.62	6.91	8.78	11.13	13.52	34.23	42.89
介休	13.69	22.94	15.00	17.85	21.91	25.06	57.14	64.26
灵石	15.40	31.47	22.01	21.62	25.07	30.60	42.74	51.48
汾西	1.25	5.39	4.63	6.23	8.89	11.62	35.32	43.04
霍州	7.05	26.31	23.24	25.52	31.06	34.26	55.44	62.50
洪洞	8.59	5.70	4.51	6.47	8.09	11.92	32.82	40.70
古县	0.75	3.52	3.43	7.15	11.43	17.06	31.95	40.04
尧都区	7.48	22.63	16.52	26.00	31.97	38.68	60.51	67.98
浮山	1.25	5.27	3.98	8.78	10.88	16.57	29.30	37.55
乡宁	6.60	9.24	5.80	6.58	9.16	14.80	26.87	35.87
襄汾	6.39	7.59	3.00	5.47	7.01	9.04	30.80	39.17
翼城	1.33	1.71	4.78	7.30	12.46	17.05	28.85	37.10
曲沃	6.29	8.95	6.18	7.60	11.56	13.92	30.29	38.70
侯马	6.31	34.76	36.45	39.88	43.72	50.33	57.09	64.16
岚县	5.57	3.95	3.61	5.15	7.53	9.27	24.78	34.09
交城	5.00	6.20	7.00	8.16	12.30	14.73	44.78	51.18
文水	2.01	4.12	3.53	5.03	7.93	9.39	26.07	35.26
汾阳	11.60	14.50	9.03	11.10	13.80	17.25	35.85	44.37
孝义	3.55	7.95	56.87	17.59	25.19	30.69	57.22	65.15
交口	0.83	1.79	2.85	12.81	9.73	15.76	32.29	40.14
绛县	3.55	4.98	5.69	12.81	16.65	18.16	44.23	52.68
新绛	5.81	12.43	8.47	8.54	9.98	12.02	33.10	42.13
稷山	3.32	3.28	2.34	4.08	6.40	8.49	28.85	37.51
河津	3.47	3.78	1.90	4.68	15.33	22.79	44.45	53.03
万荣	5.71	4.33	1.52	3.08	4.74	6.05	19.82	29.24

注：1949—2000 年统计口径为农业人口/非农业人口，2001 年以后为城镇人口/乡村人口。

对比不同时期的汾河流域城镇化水平差异，整个流域的城镇化水平稳步提升，但是增长速度不快（低于 25%），区域之间的差异在逐步缩小；太原市区、榆次市区一直都是发展水平最高的地区，临汾地区的重要性在 20 世纪 90 年代之后逐渐显现，汾阳、介休、灵石的水平较高，而流域范围内的忻州、吕梁、运城的大部分地区水平均较低。具体年份的差异如下。

1949 年，太原市区的城镇化水平最高，榆次专区、太谷县、汾阳市、介休市次之，整个临汾盆地的水平也相对较高。

1960 年，太原市区的水平进一步提升，达到历史最高值，晋中—吕梁相接的地区及曲沃县的水平也相对较高。

1970 年，大部分地区的城镇化水平有所下降，但是宁武县、汾阳市的水平有所上升。

1980 年，受前期社会经济发展起伏的影响，区域间水平的差异扩大，太原市区的城镇化水平仍保持在极高的水平，晋中—吕梁地区、宁武县、尧都区、曲沃县的水平相对较高。

1990 年，基本情况与 1980 年相似，整体水平略有抬升。

2000 年，人口统计口径的变化，导致按非农人口计算的城镇化水平有所下降，但是就区域内部相对水平而言，太原市区、古交市水平最高，榆次区、尧都区、宁武县、曲沃县水平较高，其他区域的水平比较接近，最低水平的区域出现在岚县、文水县、洪洞县、襄汾县、稷山县、万荣县。

2010 年，太原市区、古交市的城镇化水平最高，若以城镇人口计算，达到 90% 以上，榆次区、汾阳市、尧都区、曲沃县的城镇化水平次之，水平最低的有岚县、洪洞县、襄汾县、稷山县和万荣县，均为农业优势区域。

2015 年，基本情况与 2010 年相似。

不同的时间阶段，汾河流域的城镇化区域差异较大，最大的差异出现在 1949 年，太原市（48.83%）与娄烦县（0.44%）的差距达到 106 倍，之后随着时间的推移，除了基年区内差异较小，城镇化水平特别低（低于 10%）以外，整个研究时间段内区内城镇化水平差异水平变化不大，除了 1949 年外，其他年份在 13.65—15.65 浮动，说明统计区之间的城镇化水平差异悬殊较大（表 4-2）。

表 4-2　汾河流域各县市区城镇化水平差异比较（1949—2015 年）

年份	最小值	最大值	均值	标准差
1949	0.44	48.83	7.52	8.52
1960	0.91	78.71	12.98	15.07
1970	1.52	70.31	12.26	15.34
1980	3.08	72.44	13.75	13.65
1990	4.74	75.20	16.86	14.09
2000	6.05	79.38	21.87	15.62
2010	19.82	92.05	39.97	15.49
2015	29.24	93.30	47.46	14.32

注：1949—2000 年统计口径为农业人口/非农业人口，2001 年以后为城镇人口/乡村人口。

三、分县城镇化现状的比较：2001—2015 年

（一）城镇化水平及模式

从城镇化发展水平来看，区域之间的差异逐渐缩小，整体的城镇化水平普遍提高。城镇化水平高的区域主要是太原市区、榆次区、古交市、介休市、霍州市、尧都区、侯马市，这些县市区都位于晋中盆地和晋南盆地。而城镇化水平相对比较低的区域，如岚县、浮山县、翼城县、乡宁县则多位于山地区域。汾河流域城镇化水平的地域差异主要表现为盆地水平高，周围山地水平低的特征（图4-6、图4-7）。

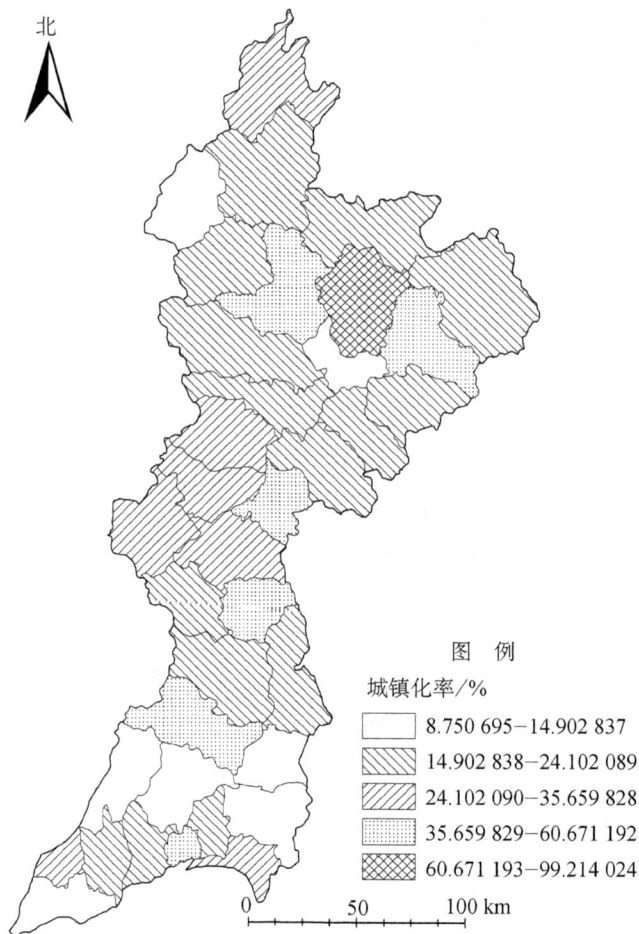

北

图 例

城镇化率/%

	8.750 695－14.902 837
	14.902 838－24.102 089
	24.102 090－35.659 828
	35.659 829－60.671 192
	60.671 193－99.214 024

0   50   100 km

图4-6 2001年汾河流域主要县市区城镇化水平

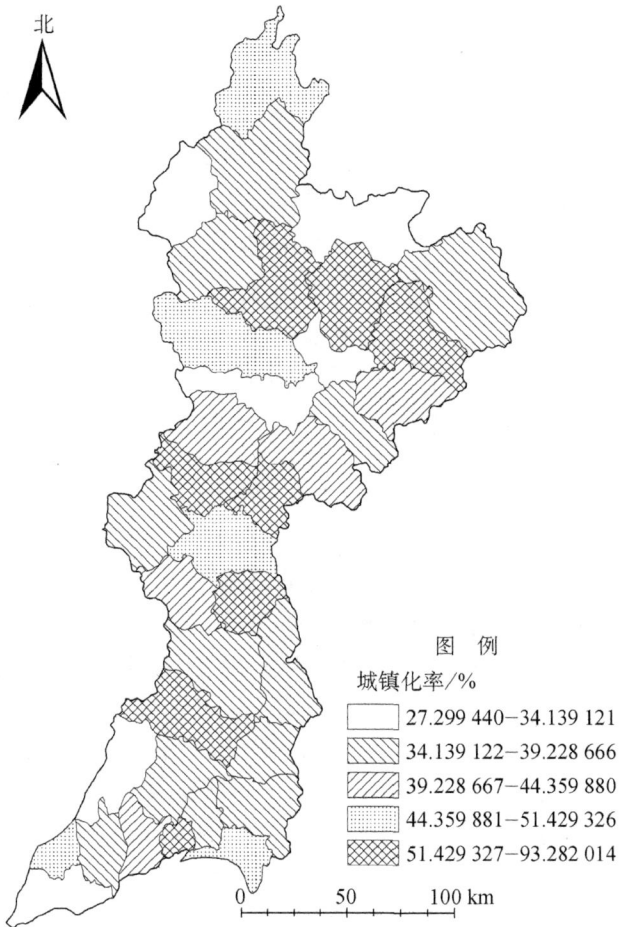

图 例

城镇化率/%

- 27.299 440−34.139 121
- 34.139 122−39.228 666
- 39.228 667−44.359 880
- 44.359 881−51.429 326
- 51.429 327−93.282 014

0　　　　50　　　　100 km

图 4-7　2014 年汾河流域主要县市区城镇化水平

　　2015 年汾河流域主要县市区的城镇化水平见表 4-3。仅有万荣县城镇化水平低于 30%，属于低水平城镇化区域。太原市区、榆次区、古交市城镇化水平超过 70%，属于高度城镇化区域。其他县市区的城镇化水平均处于中高等水平，又以中等水平为主。这一城镇化发展现状主要是由山西省整体城镇化水平决定的。

表4-3　汾河流域各县市区城镇化水平分类（2015年）

类型	城镇化水平/%	名称	数量/个	占比/%
高度城镇化区域	＞70	太原市区、榆次区、古交市	3	8.33
较高水平城镇化区域	50—70	尧都区、孝义市、介休市、侯马市、霍州市、河津市、绛县、灵石县、交城县	9	25.00
中等水平城镇化区域	30—50	宁武县、太谷县、汾阳县、汾西县、平遥县、新绛县、洪洞县、交口县、古县、娄烦县、襄汾县、曲沃县、祁县、寿阳县、静乐县、浮山县、稷山县、翼城县、乡宁县、文水县、阳曲县、岚县、清徐县	23	63.89
低水平城镇化区域	20—30	万荣县	1	2.78

资料来源：《山西省统计年鉴2016》。

（二）城镇化速度

从城镇化发展速度来看，由于大部分地区处于30%—70%的城镇化快速发展阶段，所以现阶段汾河流域城镇化的增速较快，内部的分异主要表现为高度城镇化区域增速放缓，低水平的城镇化区域增速较高，地域之间的差异与城镇化水平呈现的特征相反。中心城市、城镇化水平高的县市区在研究时段内的增速较慢，如太原市区、古交市、榆次区、介休市、霍州市、尧都区，而城镇化水平相对比较低的区域如岚县、浮山县、翼城县、乡宁、襄汾县、万荣县增速却很高。这主要是由于所处的城镇化发展阶段不同造成的（图4-8）。

（三）城镇化模式

汾河流域主要县市区根据城镇化水平分类，主要存在都市区城镇化、工矿区城镇化、都市区外缘区城镇化和传统农区城镇化四种模式。

1. 都市区城镇化

高度城镇化区域的区域均位于"太原都市圈"的核心位置，其城镇化模式属于都市区城镇化，主要涉及的区域为太原市区、榆次区。都市区是一个大的人口核心以及与其具有高度的社会经济一体化倾向的邻接地域的组合，是经济和城镇人口高度集聚的核心区域。都市区城镇化具有以下的特征：①山西中心城市目前尚处于集聚阶段，省域中心城市太原市处于由集中型城镇化向郊区化的过渡阶段，呈现出郊区化前奏，都市区尚处于形成阶段；②与我国发达地区都市区相比，总体发育水平较低，核心城市扩散能力较弱，都市区地域范围较小，外围县进入都市区的很少，人口和经济集聚水平远低于我国经济发达地区的都市区的集聚水平。其中，太原都市区人口与经济集聚水平相当于辽中南核心区的水平；③都市区城镇化地域差异较大，空间城镇化模式以中心城市外延扩展型为主，卫星城镇及外围小城镇与中心城市在规模、基础设施等方面存在着巨大落差。因此，都市区城镇化应实行以集约式内涵发展为主的城镇化战略，强化中心城市的极化与扩散效应，搞好城市更新和市政基础设施建设，促进产业层次提升，合理引导城市郊区化和乡村城镇化，积极扶持腹地农村非农产业开发，建立一体化的区域经济运行和管理体制，逐步走向城乡一体化的道路，并成为全省经济社会发展及城镇化的领头羊。

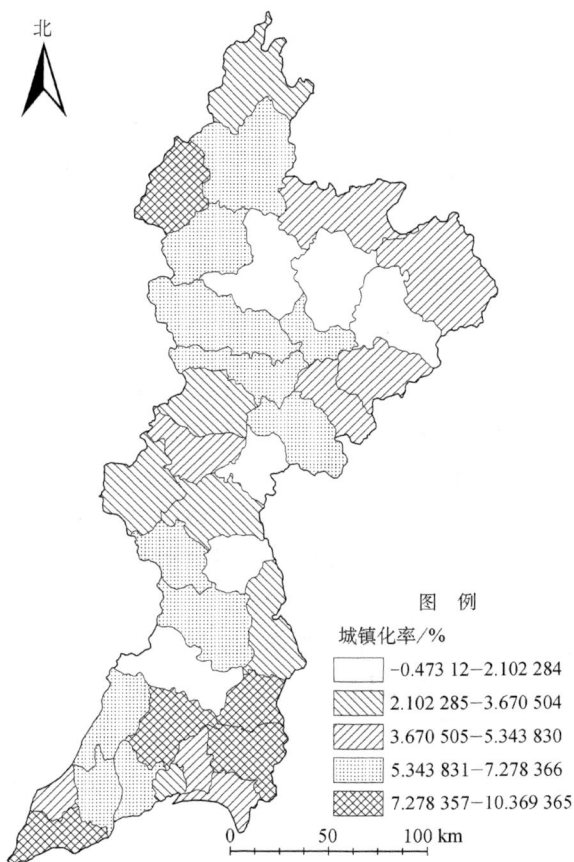

图 例

城镇化率/%

	−0.473 12～2.102 284
	2.102 285～3.670 504
	3.670 505～5.343 830
	5.343 831～7.278 366
	7.278 357～10.369 365

0   50   100 km

图 4-8 2001—2014 年汾河流域主要县市区城镇化增速

2. 工矿区域城镇化

山西是国内最为典型的资源型省区之一，随着煤炭资源与铁矿、铝土矿等优势矿产资源的大规模开发，全省陆续形成一批工矿区域和工矿城市。汾河流域的古交市、霍州市、孝义市及河津市极具代表性，其城镇化进程的主要特点：①工矿项目建设是城市发展和区域城镇化的直接原因和基本动力。②区域城镇化速度快、水平相对较高。③工矿城市组团式结构比例较大，城市与企业的二元化问题严重，突出表现为"离城建厂""独立建区"。④城市职能发育不健全，区域职能薄弱，经济结构单一。⑤城市与区域之间职能联系薄弱，区域城镇体系不完善，主要城镇空间布局与矿产资源的地理分布密切相关。因此，工矿区域应该以现有的矿产资源优势和工矿型经济为基础，加快资源型经济转型步伐，促进经济结构的合理化和高度化。建立企业与城市互动发展机制，强化城市综合型职能体系建设，进一步密切城市与区域关系，改进资源型产业分布空间格局，推动整个工矿区域城镇化进程。规范矿业开发行为，有效解决各种外部不经济问题，整治生态环境，全面推进城市和区域的可持续发展。

3. 都市区外缘区城镇化

都市区外缘区一般为大中城市的郊县，距大中城市较近，区位条件优越，经济发展条件较好，农村非农经济和城郊农业发展较快，受大中城市影响较强，如太原都市圈中的清徐县、阳曲县、文水县、交城县等，以及晋南城镇群中的襄汾县。其城镇化特点表现如下：①受中心城市极化作用，城镇化速度较慢，水平较低。②农村非农产业水平相对较高，但与我国东部同类地区比较差距仍较大。③农村城镇化严重滞后于非农化。因此，都市区外缘区应充分发挥区位优势，积极开展与中心城市的经济技术联系与合作，培育城郊型的产业体系；改善与大城市交通网络，采取优惠政策吸引大城市由职能转换而扩散出来的工业企业和由产业分工而延伸的上下游产业；从制度创新入手，积极推进城镇化进程，促进生产要素与人口向城镇的集聚，不断优化城乡结构，创造良好的经济发展环境。

4. 传统农区城镇化

山西省传统农区主要分布于省域中南部的平原区域，较为典型的有万荣、曲沃、祁县等。农业经济地位突出，矿产资源较为贫乏，工业经济实力不强,农村非农产业发展较为缓慢。其城镇化特点:①城镇化起步较晚,总体水平较低。②城镇规模分布比较均衡。③城镇职能整体处于较低层次,综合性职能突出,专业化职能欠缺,城镇缺乏带动整个经济发展的推进型产业。④城镇空间分布比较均衡,空间结构体系相对稳定,大多具有传统的中心地结构特征。⑤基础设施建设步伐缓慢,景观城镇化滞后,除县城外大部分建制镇未摆脱乡村面貌和形态,城镇化质量有待进一步提高。因此,传统农区应以农业产业化为基础,大力实施农业产业化、农村工业化与小城镇建设互动发展战略,以农业产业化为基础,小城镇建设为基点,农产品加工、农业服务业作为产业增长极,以地区优势和市场需求为导向,大力发展以农副产品加工业为主的乡镇企业,有效吸纳农村剩余劳动力,带动区域特色农业的规模化、产业化发展,提高农业生产效益和农民收入。不断完善县域中心地职能,选择片区中心城镇重点发展,优化企业发展环境,增强城镇的综合服务功能。

四、人口重心的迁移

人口重心是研究区域内某时刻人口分布在空间平面上力矩达到平衡的点,通过与区域极核重心的比较常用来测定该区域人口分布的均衡状况。随着自然、社会经济和政策等因素的变化,人口重新分布,人口重心就会有相应的移动,通过对人口重心移动轨迹的研究,可以揭示人口分布空间变化的特征和原因。

人口分布均衡的区域,其人口分布重心就是该区域的几何重心,人口分布不均衡区域的人口重心可以通过数学模型计算得出。

设某个区域由 n 个统计单元构成;第 i 个统计单元的中心坐标为 (X_i, Y_i);P_i 为该统计单元人口数量,则该区域人口重心坐标为

$$\overline{X} = \frac{\sum_{i=1}^{n} P_i X_i}{\sum_{i=1}^{n} P_i} \quad \overline{Y} = \frac{\sum_{i=1}^{n} P_i Y_i}{\sum_{i=1}^{n} P_i} \tag{4-1}$$

据此,求得历年汾河流域人口重心(图4-9)。

从图4-9可以看到,汾河流域人口重心历年来基本都位于汾河流域中间位置的介休市和灵石县的交汇处,除了1949年偏南,1960年、2010年、2014年、2015年偏北,其余年份的偏差非常小。从2010年以后,人口重心向上游方向移动,说明近年来,汾河流域位于盆地区域的县市区,人口

有向中心城市集聚的趋势。

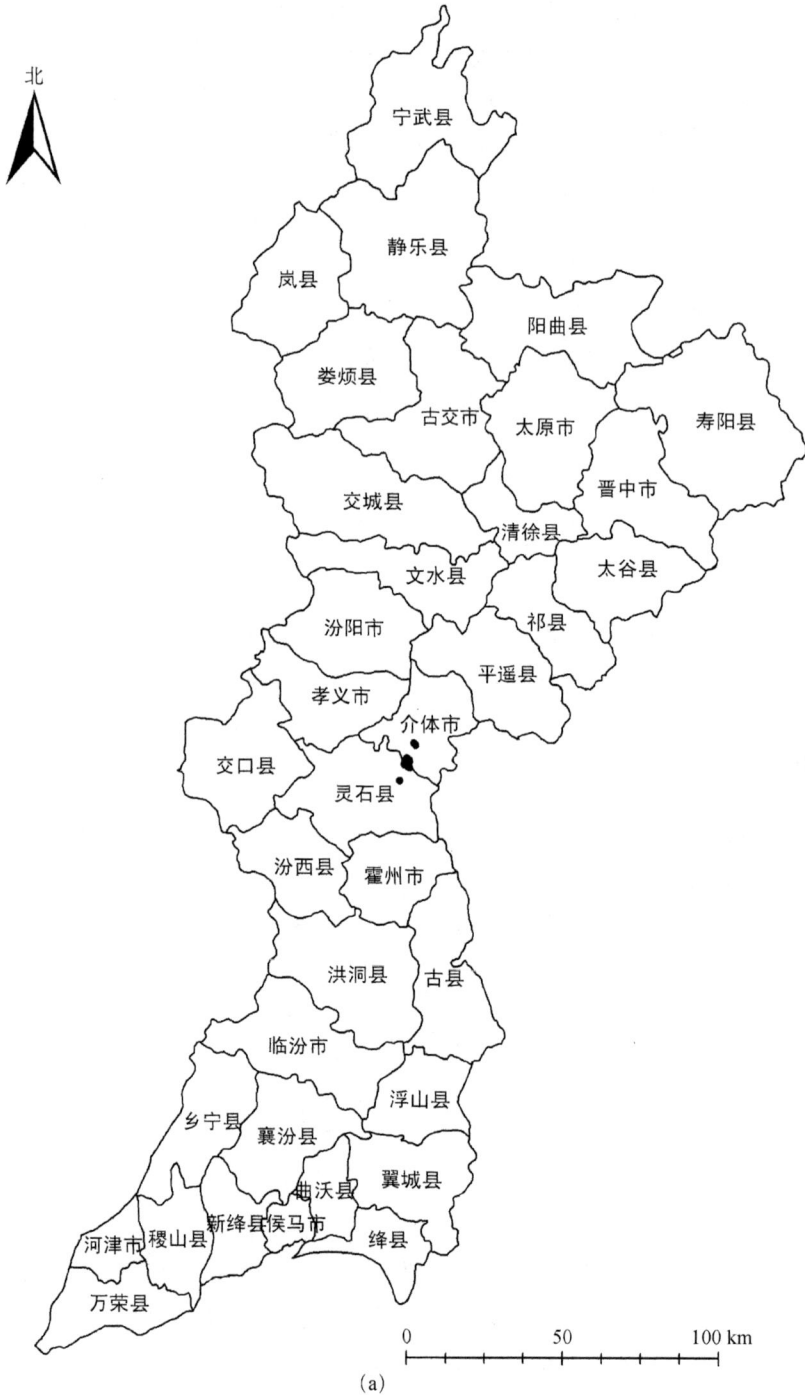

北

宁武县

静乐县

岚县

娄烦县

阳曲县

古交市

太原市

寿阳县

交城县

晋中市

清徐县

文水县

太谷县

汾阳市

祁县

孝义市

平遥县

交口县

介休市

灵石县

汾西县

霍州市

洪洞县

古县

临汾市

浮山县

乡宁县

襄汾县

曲沃县

翼城县

河津市

稷山县

新绛县

侯马市

绛县

万荣县

0   50   100 km

(a)

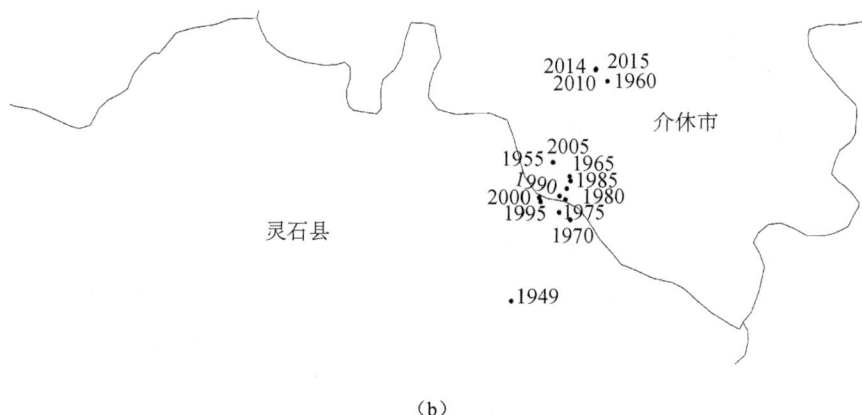

（b）

图 4—9　1949—2015 年汾河流域人口重心变动示意图

第三节　城镇化的动力机制

　　汾河流域的城镇化进程在不同发展阶段，其主要动力机制不同，既有大时代背景下的共性，也反映出资源型地区发展的特殊性。以改革开放为节点，之前主要表现为单一拉力、要素流动与集聚抑制型的城镇化机制；之后表现为推拉双向促动、要素流动与集聚滞后型城镇化机制。改革开放前在计划经济体制下，从城镇化的实现机制看，实行的是城乡人口、经济、社会要素流动抑制型的城乡分隔机制。其结果，一方面人为地抑制、阻碍了农村要素对城镇化的推力；另一方面严格限制了城镇化发展的要素来源渠道和配置方式，阻滞了城镇化的进程，城镇化机制长期处于不健全的状态。改革开放之后，从实现机制看，随着城镇建制政策、户籍制度、城市建设投资体制的改革，人口、经济、社会要素城乡流动的制度初步建立，对城镇化进程起到一定的催化作用。但是，总体上分析，制度供给仍滞后于制度需求。制度供求的非均衡状态，使拉力与推力未能形成要素重组和集聚的合力，导致城镇化滞后于非农化进程。在国家新型城镇化规划实施阶段，城镇化提速、提质成为未来城镇化需要关注的重要问题。研究城镇化发展的动力机制，有利于合理构筑和不断优化汾河流域城镇化发展的动力系统，从而为实现新型城镇化、全面发展区域社会经济水平奠定基础。

一、基本动力

（一）产业结构的演进

宏观角度主要涉及三次产业结构变迁对城镇化的影响，微观角度则注重研究企业对城镇化进程的影响。

产业结构的变动表现为城镇化的变动，城镇化首先是一种产业结构由第一产业为主逐步转变为以第二产业和第三产业为主的过程，第二产业和第三产业在整个国民经济构成中所占的比例越高，则城镇化水平越高；其次，城镇化是一个以农业为主的就业人口逐步转向非农业就业人口为主的转移和集中的过程，其转移速度越快，转移比例越高，则城镇化水平越高；最后，城镇化是由落后的农业文明转变为现代城市文明的过程，这一过程的实现是通过第三产业的全面渗透实现的。城市是实现产业高度化的空间载体，城镇化是产业空间实现方式的主要形式，因此可以说，产业结构的调整和升级需要依托城镇化，城镇化是产业结构调整和升级的重要任务。通过产业梯度转移的方式，也使对应产业的劳动力产生了区域内的迁移，伴随工业化过程，城镇化过程也在不断推进。

（二）职能分工的影响

城市职能与城市规模的交互影响过程，可以概括为城市职能"需求—扩张—饱和"模式及伴生的城市规模生命成长规律。①其机理在于，城市出现新的职能或原有的职能规模扩大之后，便会提供新的就业岗位，并带动服务业的增长，直接吸引劳动力就业，形成城市规模的初始递增过程。与此同时，由于新生职能能动地改变了城市的发展条件，便为其他许多产业提供了良好的生长点和发展机遇。例如，商业、加工工业等派生性职能将会应运而生，它们对于人口集聚具有更大的吸引力。

城市职能与城市规模是互为因果、互相推动的。汾河流域内主要城市的职能多集中于工矿、交通两大类。对于工矿类城市，需要采掘、运输、化工、矿机修理等部门的协同；对于交通枢纽城市，需要相应的仓储、邮

---

① 景普秋、张复明：《资源型城镇组群人口城镇化动力机制研究——以山西省介孝汾城镇组群为例》，《城市发展研究》2010年第4期，第78—85页。

电通讯、运输、服务以及交通机械修理等职能部门的协作，这些伴生性职能的出现与发展无疑又一次对城市规模产生巨大的扩张力。但是目前职能特色并不突出（见第五章），特别是县级市、县一级的区域，能级低，辐射范围限于本县域，制约了城镇人口规模的扩张。人口城镇化协调发展，需要对不同区域各自承担的城市职能进行合理分工，强化每一种职能；职能分工与强化的过程，也就是城市职能扩张的过程，是城市人口规模扩张的过程。城市职能分工，意味着城市职能强化，带来城市职能能级提升，辐射范围扩大，不仅是腹地范围扩大，对区域以外的影响力也会增强，这两方面因素都会带来城市的经济增长与就业人口的增多，城市规模扩大。除此之外，资源型地区的特殊现象，决定了生产区与生活区、管理区的分离，也是整合资源型地区工业化与城镇化关系的有效措施，并成为人口城镇化又一重要动力。

（三）第三产业的推动

改革开放以来，山西作为全国能源重化工基地，一大批国家重点工程相继开工兴建，竣工投产，山西能源重化工基地建设步伐加快；同时，随着改革开放政策的全面实行和不断深化，历史性地释放出了广大农村长期以来所蕴藏的巨大发展潜力，在致富动机和比较利益的驱动下，农村经济结构发生了根本性的变化。在这一背景下，工业化仍是城镇化的决定因素，工业布局与发展促进着城镇经济发展和人口向城镇的迁移。同时，第三产业在城镇化中的推动作用日益强化，由于高就业容量和较强的发展潜力，第三产业成为推动城镇化发展的新动力，大大地促进了大中城市和县域中心城市的快速发展和城镇面貌的改善，特别是进入 21 世纪后，促进了一些具有商贸、旅游职能的小城镇的兴起，但是总体来看，山西省城镇第三产业仍相对落后，第三产业对城镇化的推动作用与沿海发达地区相比，仍有较大的差距。

（四）城镇化重心的变化

虽然汾河流域的城镇化水平一直高于山西省整体水平，但是，汾河流域缺乏大城市引领，除了太原市外，上中下游分别由数个次中心城镇群带动。这种以中小城市为重心的城镇化模式恰是符合当前城镇化发展规律的现实选择。

关于照顾城镇化的发展重心，历来就有两大观点，即大城市重点论与小城镇重点论；前者更注重集聚效益，有利于发挥外溢效应，而后者则有利于人口的非农化，缓解大城市的人口压力。[1]长久重视大城市发展的城镇化模式下，诞生出一批特大城市及城市群，目前陆续进入高成本城镇化阶段，城市的扩张所消耗的成本甚至已超过了要素集聚所带来的规模收益。而山西处于中部地区，城镇化水平相对落后（落后于全国平均水平），城市规模过小，集聚效应和扩散力不足仍是城镇化的主要问题。因此，城镇化的重点在于扩张中小城市的规模，克服城镇化中资源环境压力及要素价格高涨等困境，走城乡统一、区域协调、大中小城市均衡发展的城镇化道路，构建城镇规模体系和职能体系。

（五）城镇化主体的转变

从城镇化发动主体看，推动区域城镇化的投资主体，已由以国家计划投资的第一主体逐步转向政府、企业、集体、个人多元投资，出现了企业、银行的投资，农民和社区集体组织的投资，而且这些新出现的投资主体所占的比重越来越大。特别是在乡镇企业较发达的区域，"农民建城"也成为推动城镇发展的一个重要因素。

二、独特因素

（一）煤炭资源型地区的典型特征

制约人口城镇化进程的一个主要因素是资源型地区固有的特征。煤炭资源型地区的经济发展与城镇化进程天然的存在背离，这是因为资源型地区的经济发展主要依赖于煤炭资源的开采，矿区的设立原则是接近资源地，资源往往分布在靠山且地貌条件相对比较差的地区，这些地区往往不适宜人口居住、不具备城市发展所要求的基本地质条件，因而，工业发展带来的人口非农转化，也是居住在矿区，而不是在城区，对人口向城市、城镇地区的集聚作用是有限的。例如，在这一地带，有很多矿区，建立了工厂与人口居住区，但它不属于城区，也缺乏相应的生活服务，矿工的就业非农化，但生活方式并未城镇化。[2]除此之外，资源型地区的生态环境往往比较恶劣，基础设施水平配置数量、质量均与城市有较大差距，不适合居民

---

① 秦待见：《走中国特色城镇化道路要充分发挥小城镇的作用》，《中国特色社会主义研究》2008 年第 3 期，第 96—99 页。
② 景普秋、张复明：《资源型城镇组群人口城镇化动力机制研究——以山西省介孝汾城镇组群为例》，《城市发展研究》2010 年第 4 期，第 78—85 页。

舒适的生活。针对这一现象，有必要对这一区域的资源进行重新整合，强化城市职能，促发新的城市职能，挖掘人口城镇化新动力，加快人口城镇化进程。

山西省独特的表里山河自然地貌特征，资源型山区县域城镇化的特殊动力主要包括两部分内容：一是生产区与管理区、研发区的分离，导致的生产区与生活区的分离；二是棚户区、塌陷区移民引起的城镇化空间变化。从城市内部空间来看，工作空间集中于边缘地区，而生活、消费空间则位于城区或县城。采矿业导致的土地塌陷，原居民安置主要以四种形式解决，即塌陷区移民、棚户区移民、生态移民、贫困移民，其中塌陷区移民与棚户区移民具有典型的资源型地区的特色。例如，汾西矿务局在介休、孝义、灵石等地具有分矿区，这部分矿区职工的居住安置会向两个方向迁移，一是向总部介休；二是向所在县城；又如，中国铝业矿区在孝义，人口主要是向孝义迁移；再如，集体矿如县营矿、乡镇煤矿等，这部分人口也需要向城区迁移。这样就导致工矿区人口呈现集中于城区和县的趋势。因此，在城镇化的过程中，应突出中心城区、城镇组群中各主城区、重点小城镇的城市职能，通过完善与强化城市、城镇职能，增强城市、城镇的集聚能力，加快人口向城市、城镇的集聚。

（二）围绕资源开发的城镇化布局

山西城镇化的一个重要力量来自"自上而下"的拉力，包括矿产资源开发与工业布局、围绕资源开发的交通设施建设和交通运输业的发展、行政因素导致的行政中心的增长三个方面。从动力途径看，主要以国家和地方有计划的投资建设为主体。围绕矿产资源开发，新中国成立之后山西交通运输设施和交通运输业得以快速发展。交通运输业的发展一方面孕育了新的城市，如榆次、侯马等依靠居于铁路交通枢纽的优越区位而发展成为交通枢纽和工业城市，另一方面促进了公路、铁路沿线原有城镇的壮大。在计划经济体制下，不同等级的行政建制，有不同的设施标准和配属部分。同时，盛行的政治、经济一体制的配置传统，使城镇内工业、商业等集中的规模和数量也因行政等级而不同，于是形成了汾河流域主要城市的快速发展。

（三）交通区位条件的影响

区域的交通条件，包括交通、电力、通讯等都是汾河流域城镇化发展的重要因素。交通基础设施是城镇联结和区域开发的主轴线，汾河流域的几个大城市，如太原、介休、临汾均位于山西省一级经济轴带"大运"沿线，而远离此轴带的岚县的城镇化水平一直处于较低水平。而城镇发展相对水平较高的几个城镇组群，不仅主要城市位于"大运"沿线，且组群内部交通联系也特别发达。例如，介孝汾城镇组群内，拥有铁路以及各类型公路，距离太原武宿机场约 1 个半小时的路程。铁路包括客运、货运，贯穿山西南北的同蒲铁路，从北往南依次经过平遥、介休、灵石；东西向的有孝柳地方铁路、南同蒲铁路介西支线、还有太中银铁路。高速公路有太（原）军（渡）、大运两条东西向、南北向的高速公路，经过汾阳（夏汾高速与汾离高速）、平遥、介休等地，改善了县域之间的联系通道。307 国道、108 国道穿越此区域。目前汾阳、孝义两市间的公路主要有省道 340 和省道汾介线，汾阳、介休间的公路通道有省道汾介线，须绕行孝义境内。交通便利，不仅方便了区内、区外的联系，更主要的是区域之间的联系相对频繁，从汾阳到孝义、从孝义到介休仅需要不到 20 分钟的车程，汾孝大道建设使汾阳、孝义市区的通达性更为提升。

（四）新型城镇化背景下的制度变迁

其他学者对不同省份城镇化动力机制的对比研究认为，支撑各省城镇化的动力是多元的，但是在行政力、市场力、外向力、内源力四方面动力因子中，行政力对山西省的城镇化影响是最大的，而从全国来看市场力的作用最强。[①]这一论断表明，制度因素对山西省城镇化的影响至关重要，如果缺乏有效的制度，或者提供不利于生产要素聚集的制度安排，城镇化就不能正常发展。

推进新型城镇化，关键在于建立合理的城镇空间布局结构和新型的城乡关系，需要有相关配套政策和管理体制改革作保障。区域经济需要政府以市场经济机制为基础，按照要素流动和利益相关的客观要求去选择区域发展战略，形成区域间相互促进、优势互补的互动机制，这是实现区域协调发展的重要途径。尽管近年来，一直致力于区域协调发展机制建设，但目前，以行政区划为"经济鸿沟"问题依然严重，区域之间、区域内城市间缺乏有力度的协调机制，跨地区合作仍受到多方面制约，地区经济合作

---

① 魏冶、修春亮、孙平军：《21 世纪以来中国城镇化动力机制分析》，《地理研究》2013 年第 9 期，第 1679—1687 页。

的作用还没有充分发挥出来，地区协调难度仍然比较大。在经济圈、城镇组群内部，区域一体化发展的组织机制、协商机制、服务机制和保障机制尚未建立，区域深层次的整合协调发展态势还未形成，严重制约了区域经济的整合发展，导致在规划实施中各自为政、相互脱节、协调不够，使城镇群、大中小城市及新农村的发展和建设难以统筹推进；土地管理制度、就业制度、社会保障制度、户籍管理制度等方面的改革滞后，经济政策和社会政策不协调，制约了公共资源在城乡的优化配置和生产要素在城乡之间的合理流动，制约着农业转移人口市民化进程，影响了城镇化的健康有序发展，体制性障碍仍在制约着城镇化的健康发展。

第五章
汾河流域城镇规模分布与职能组合

人口与经济活动的空间集聚是现代经济极为重要的现象之一，这种集聚使其在空间上形成规模大小不等的城镇与乡村，并且在空间上呈现按照等级层次分布的特征，即形成了有机的城镇等级规模结构。完善的城镇等级规模结构是推进区域城镇化合理发展的主要框架和依据，汾河流域城镇体系作为山西省范围内重要的人口和城镇集中区，对其城镇等级规模分布进行研究有助于了解区域范围内不同规模城市的分布状况，以及人口集中或分散的程度，也有助于认识城镇体系发展所处的阶段及特点，可以为相关部门制定政策、规划提供参考。

城镇职能结构作为城镇体系结构研究的重要内容之一，一直受到城市地理学界的高度关注。过去很长一段时间，城镇的作用以及城镇化的发展没有受到足够的重视，导致我国城镇化发展严重滞后于工业化。对区域城镇职能结构及变化趋势进行深入研究，有利于明确城镇未来发展方向、促进城镇职能结构合理化，推进我国城镇化进程。①

第一节　城镇等级规模理论及研究方法

一、城镇等级规模理论

在一个区域或国家，因各城市所处的内外条件不同，会形成不同的城

---

① 田光进、贾淑英：《中国城市职能结构特征研究》，《人文地理》2004年第4期，第59—63页。

市规模。一般来说，城市规模有人口规模和用地规模两种表达方式。因人口规模的资料较易获取，所以人口规模更为常用。城市的人口规模也是表征城市特征的一个重要指标。

（一）城市首位律

城市首位律（law of the primate city）是马克·杰弗逊（M. Jefferson）最早在 1939 年对国家城市规模分布规律的一种概括。他提出这一法则是基于观察到一种普遍存在的现象，即一个国家的"领导城市"总要比这个国家的第二位城市大得异乎寻常。不仅如此，这个城市还体现了整个国家和民族的智能和情感，在国家中发挥着异常突出的影响，他以全球 51 个国家为例，列出了每个国家前 3 位城市的规模和比例关系，说明这些城市在规模分布方面的共同点，即一种规律性的关系。他就把这种在规模上与第 2 位城市保持巨大差距，吸引全国城市人口的很大部分，而且在国家政治、经济、社会、文化生活中占据明显优势的领导城市定义为首位城市。

以一国最大城市与第 2 位城市人口的比值来衡量城市规模分布状况的简单指标就是城市首位度。首位度大的城市规模分布，称首位分布。当首位度的概念引入中国后，原先特定的含义被淡化了，有的学者将国家或区域中规模最大的城市统称为首位城市，也有人为了说明人口分布的不均衡，在一个小区域，甚至一个城市区域内部也用首位度进行衡量。

（二）四城市指数和十一城市指数

首位度一定程度上标志了城市体系中的城市人口在最大城市中的集中程度，但不免以偏概全，为了改进首位度两城市指数的简单化，又有人提出了四城市指数和十一城市指数。

四城市指数：$S=P_1/(P_2+P_3+P_4)$

十一城市指数：$S=2P_1/(P_2+P_3+\cdots+P_{11})$

P_2，P_3，$\cdots$，P_{11} 为城市体系中按人口规模从大到小的排序后，某位次城市的人口规模。按照位序—规模规律的原理，合理的四城市指数和十一城市指数都应为 1，两城市指数应为 2。相对而言，四城市指数和十一城市指数较只考虑前两位城市的两城市指数更能全面地反映城市规模分布的特点，他们都是用于表征第一大城市与其他城市的比例关系，因此，许多学者将它们统称为首位度指数。

（三）城市金字塔

区域内相当数量、大小不等的居民点，按照其规模大小划分为若干等级，则普遍存在一种规律，即城市规模越大的等级，城市的数量越少；规模小的城市等级，城镇数量越多。把这种城市数量对应规模级别而变动的关系用图表示出来，就形成城市等级规模金字塔。金字塔的基础是大量的小城市，塔的顶端是一个（首位城市）或者少数几个大城市。针对不同城市规模组之间的城市数量的差别，用每一规模级别城市数与上一规模级别城市数相除所得（K 值）来表示，有两种观点：一种以中心地学说为代表，认为 K 值是常数；另外一种认为 K 值是变化的，规模级别越高 K 值越大；规模等级越低，K 值越小。

（四）位序—规模法则

对于一个城市的规模和该城市在国家所有城市按人口规模排序中的位序的关系所存在的规律，称为位序—规模法则。这个规律最早由奥尔巴赫（F.Auerbach）于 1913 年提出，他在研究中发现 5 个欧洲国家和美国的城市人口资料符合关系：

$$P_iR_i=K \tag{5-1}$$

式（5-1）中 P_i 是所有城市按人口规模从大到小排序后，第 i 位城市的人口；R_i 是第 i 位城市的位序；K 是常数。

之后罗特卡（A. J. Lotka）、辛格（H. W. Singer）、捷夫（G. K. Zipf）等相继提出了位序—规模法则的计算公式。目前被广泛使用的公式是罗特卡模式的一般化：

$$P_i=P_1/r_{iq} \text{ 或 } P_i=P_1 \cdot r^q \tag{5-2}$$

式（5-2）中 P_i 是第 i 位城市的人口；P_1 是规模最大的城市人口；r_i 第 i 位城市的位序；q 为常数。

对其作对数变换：

$$\lg P_i=\lg P_1-q\lg r_i \tag{5-3}$$

作为概括国家或区域的城市规模分布的模型，其应用具有相当的普遍性。

二、研究方法

（一）城市规模分布的基尼系数

加拿大约克大学教授马歇尔在研究不同规模城市发育成长情况时，首次将基尼系数引入该研究当中，并提出了城市基尼系数的概念。[1]假设一个地区的城镇体系由 n 个城市组成，设 S 是这 n 个城市的人口总和或整个城镇体系的总人口，T 是城镇体系中每个城市之间人口规模之差的绝对值总和，则反映该城镇体系中人口集中程度的公式为

$$G=T/2S(n-1) \tag{5-4}$$

基尼系数的取值范围为 0—1，基尼系数 G 越接近于 0，表明城市规模分布越分散；越接近于 1，表明城市规模分布越集中[2]；一般认为基尼系数在 0.6 以上，表示城市规模分布极不平衡[3]。

（二）城市首位度指数

城市首位度指数是用于衡量城镇体系中城市发展要素在最大城市的集中程度的重要指标。为计算方便，杰斐逊提出了"2 城市指数"（S_2），即首位城市与第二位城市人口规模之比的计算方法即

$$S=P_1/P_2$$

为避免以偏概全，学者们又相继提出了 4 城市指数（S_4）、11 城市指数（S_{11}）。根据位序—规模原理，理论上合理的 2 城市指数值为 2，4 城市指数和 11 城市指数值为 1。

（三）城市规模分布的分形特征

城市群的空间分布具有明显的无标度特征，具有分形的性质[4]。城市群等级规模分布具有明显的自相似性，可以用分形方法计算城市规模分布的

① 张虹鸥、叶玉瑶、陈绍愿：《珠江三角洲城市群城市规模分布变化及其空间特征》，《经济地理》2006 年第 5 期，第 806—809 页。
② 周一星、杨齐：《我国城镇等级体系变动的回顾及其省区地域类型》，《地理学报》1986 年第 2 期，第 97—111 页。
③ 苏飞、张平宇：《辽中南城市群城市规模分布演变特征》，《地理科学》2010 年第 3 期，第 343—349 页。
④ 姚士谋、陈振光、朱英明，等：《中国城市群》，合肥：中国科学技术大学出版社，2006 年。

空间维数。[1]对于给定区域范围内，假设有 n 个城市组成，将城市人口规模按照从大到小的顺序进行排列，城市人口规模用人口尺度 R 来表示，人口规模大于 R 的城市数据 N_R。当 R 由大变小时，N_R 不断增多。在某个标度范围内，区域内的城市数目 N_R 与人口尺度 R 满足豪斯道夫维数测算公式，对两边同时取对数可得[2]：

$$\ln N_R = A - D_f \ln R \qquad\qquad (5\text{-}5)$$

式（5-5）中 A 为常数，D_f 为分维。一般来说，D_f 值的大小具有明确的地理意义，直接反映了城镇体系等级规模结构[3]。

第二节　城镇等级规模分布现状及演化

一、城市规模分布现状

（一）流域城镇体系结构不完整，中小城市亟待发展

从城镇群等级规模分布来看（表 5-1），汾河流域城镇缺少特大城市，城镇体系的等级规模不完整。就城镇体系内部来说，大城市数量较少，只有 1 个超大城市和 1 个大城市，缺少特大城市，大城市数量仅占城市总数的 4.66%，城镇体系内部大城市的数量和规模都亟待发展。中等城市发育不足，且规模相对较小，区内仅有 4 座中等城市，占城市总数的 9.29%，人口比重占到 14.69%，平均人口规模为 31.88 万人。小城市数量较多，共有 37 个，占到城市总数的 86.05%，人口比重占到 41.04%，但平均人口规模仅为 9.63 万人，说明汾河流域城镇体系虽然城镇数量很多，但规模较小，发展极不充分。采用基尼系数对其城市规模分布进行测度，其不均衡指数为 0.30，说明汾河流域城市规模分布相对分散。因此，要促进区域中小城市发展，增加大城市、中等城市数量，扩大小城市发展规模，使城等级规模分布逐步向金字塔式方向发展，实现不同等级规模城市间的有机联系，促进城市群的良性发展。

① Chen Y G，Zhou Y X. Multi-fractal measures of city-size distributions based on the three-parameter Zipf model. *Chaos*，*Solitons & Fractals*，2004，22(4):793—805.
② 陈彦光、刘继生：《城市规模分布的分形与分维》，《人文地理》1999 年第 2 期，第 43—48 页。
③ 刘继生、陈彦光：《东北地区城市规模分布的分形特征》，《人文地理》1999 年第 3 期，第 1—6 页。

表 5-1　汾河流域城市规模分布（2012 年）

规模等级/万人	城市等级	城市数量		城市非农业人口		城市名称
		个数	比重%	人/万人	比重%	
>200	超大城市	1	2.33	323.37	37.26	太原
100—200	特大城市	0	0	0	0	无
50—100	大城市	1	2.33	60.79	7.01	临汾
20—50	中等城市	4	9.29	127.50	14.69	晋中、孝义、介休、洪洞
<20	小城市	37	86.05	356.13	41.04	古交、侯马、河津、霍州、汾阳等

（二）流域城镇规模结构趋向于位序—规模分布

采用 2012 年汾河城镇体系中 43 个市县的城市规模与城市位序数据制作散点图（图 5-1），并用直线进行拟合，结果显示，在双对数坐标上，各散点近似排列在一条直线上，拟合优度达到 0.9382，说明城镇等级规模结构已接近于位序—规模分布。

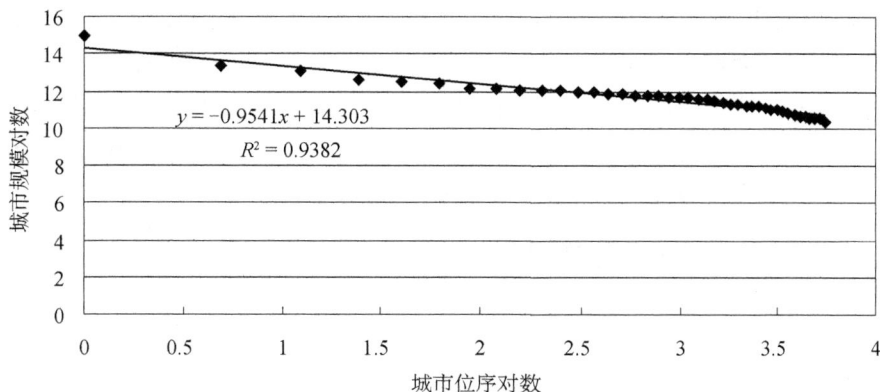

图 5-1　2012 年汾河流域城镇等级规模结构散点图

（三）流域城镇体系首位度偏高

城市首位度是衡量城镇体系结构的重要指标，用于表征城镇体系中人口在最大城市的集中程度。采用各城市人口数据及首位度公式计算，得出汾河流域城镇体系 2 城市指数、4 城市指数、11 城市指数分别为 5.32、2.37 和 1.16，均高于理想值。汾河流域城镇体系城市首位度较高与其城镇构成密切相关，区内仅有 1 个省会城市、2 个地级市，其他均为县级市（县），总体来说，区内省会城市规模较大，太原人口占城镇群总人口的 37.26%，而其余城镇平均规模偏小，造成首位城市与其他城市差距较大，导致城市首位度偏高。

（四）流域城镇规模空间分布存在差异

对汾河流域城镇规模空间分布进行分析，流域上中下游之间存在显著的地域差异。该区域大中规模城市主要集中于中下游地区，太原市区、晋中市区位于汾河流域中游段，临汾市区位于汾河流域的下游段。对汾河流域上中下游城镇平均规模进行分析，上中下游城镇平均规模分别为 7.26 万人、17.57 万人和 4.59 万人，上中下游之间城市平均规模差距也较大。

二、汾河流域城镇规模演变分析

（一）城镇规模迅速扩张

表 5-2 所示，新中国成立时，汾河流域城镇体系仅有 1 座中等城市，其他城市均为小城市；到了 2010 年，区域新增 1 座超大城市，中等城市增加到 2 座。大城市与中等城市人口所占比重由 42.3%提高到 58.3%，城市吸引力逐步提升。城市人口规模明显增长，1949 年，汾河流域城镇平均规模为 1.2 万人，到了 2010 年平均规模增加到 12.2 万人，增长了 9.2 倍。相对于城镇数量的增加，城市规模扩张的十分迅速。

表 5-2　汾河流域城市数量及人口规模结构变化（1949—2012 年）

年份	>200万		100-200万		50-100万		20-50万		<20万		总计	
	城市比重个/%	人口比重万人/%	城市比重个/%	人口比重万人/%	城市比重个/%	人口比重万人/%	城市比重个/%	人口比重万人/%	城市比重个/%	人口比重万人/%	城市比重个/%	人口比重万人/%
1949	0	0	0	0	0	0	1	21.6	41	29.54	42	51.1
	0	0	0	0	0	0	2.4	42.3	97.6	57.7	100	100
1960	0	0	1	105.9	0	0	0	0	41	65.3	42	171.2
	0	0	2.4	61.9	0	0	0	0	97.6	38.1	100	100
1970	0	0	0	0	1	94.3	0	0	41	66.6	42	160.9
	0	0	0	0	2.4	58.6	0	0	97.6	41.4	100	100
1980	0	0	1	120.6	0	0	0	0	41	108.4	42	229.0
	0	0	2.4	52.7	0	0	0	0	97.6	47.3	100	100
1990	0	0	1	159.5	0	0	0	0	42	159.0	43	318.5
	0	0	2.3	50.1	0	0	0	0	97.7	49.9	100	100
2000	0	0	1	183.9	0	0	2	50.6	40	169.2	43	403.6

续表

年份	>200万		100-200万		50-100万		20-50万		<20万		总计	
	城市比重个/%	人口比重万人/%	城市比重个/%	人口比重万人/%	城市比重个/%	人口比重万人/%	城市比重个/%	人口比重万人/%	城市比重个/%	人口比重万人/%	城市比重个/%	人口比重万人/%
	0	0	2.3	45.6	0	0	4.7	12.5	93.0	41.9	100	100
2010	1	234.2	0	0	0	0	2	72.0	40	219.4	43	525.6
	2.3	44.6	0	0	0	0	4.7	13.7	93.0	41.7	100	100
2012	1	323.4	0	0	1	60.8	4	127.5	37	356.1	43	867.8
	2.3	37.3	0	0	2.3	7.0	9.3	14.7	86.1	41.0	100	100

注：受统计口径变化影响，1949—2010 年采用的是非农业人口数据，2012 年采用城镇人口数据。

（二）城市首位度逐步下降，城市规模分布向位序—规模方向转变

采用城市首位度表征汾河流域城镇体系新中国成立以来城市首位度变化（表 5-3）。研究时段内，汾河流域城镇首位度呈现先上升后下降的变化特征。1949 年，汾河流域城镇首位度为 6.175，高于正常值 2，4 城市指数、11 城市指数分别为 2.758 和 1.200，均高于正常值 1，说明当时城市规模分布属于典型的首位分布。之后的 10 年，城市首位度、4 城市指数、11 城市指数分别增大到 11.029、5.199 和 2.622，说明这一时段内，城镇体系中趋于向大中城市集聚，城市规模差距逐步加大，城市首位分布的特征更加显著。1960 年到 2012 年的 52 年，城市首位度、4 城市指数、11 城市指数分别下降到 5.320、2.370 和 1.160，虽然距离正常值仍有差距，但已呈现明显的向正常值接近的趋势，说明该区域城市规模分布逐渐向位序—规模分布方向发展。

表 5-3　汾河流域城镇首位指数及基尼系数变化（1949—2012 年）

年份	首位度	4 城市指数	11 城市指数	基尼系数 G
1949	6.175	2.758	1.200	0.345
1960	11.029	5.199	2.622	0.402
1970	10.225	4.852	2.308	0.391
1980	8.064	3.628	1.889	0.369
1990	8.334	3.395	1.769	0.357
2000	7.138	2.969	1.517	0.297
2010	5.717	2.549	1.436	0.340
2012	5.320	2.370	1.160	0.300

（三）城市规模分布趋于集中

采用城市规模分布分形方法进一步研究城市规模分布的演变特征，将各年份城市按人口规模大小排序，分别建立城市位序与城市规模之间的双对数线性模型（表 5-4），各年份判定系数 R^2 均相对较高，具有很高的可信度。汾河流域城镇体系多年来城市规模分布分形分维数大于1，说明城市规模分布比较集中，人口分布比较均匀，大中城市数量较少，小城市数量较多。研究时段内，分形分维数（D_f）总体呈现减小的特征，到 2012 年下降到 0.9541，说明汾河流域城镇体系集中发展的趋势大于分散发展的趋势，城市人口分布趋于松散，城市人口分布差异加大，区域大中城市逐步发育，随着时间的推移，规模分布日趋集中。

表 5-4　汾河流域城镇位序和规模的双对数回归（1949—2012 年）

年份	回归方程	D_f	R^2
1949	$\ln N_R = 12.176 - 1.3254\ln R$	1.3254	0.8050
1960	$\ln N_R = 13.102 - 1.3611\ln R$	1.3611	0.8747
1970	$\ln N_R = 12.951 - 1.2815\ln R$	1.2815	0.9343
1980	$\ln N_R = 13.129 - 1.1466\ln R$	1.1466	0.9531
1990	$\ln N_R = 13.417 - 1.1023\ln R$	1.1023	0.9520
2000	$\ln N_R = 13.61 - 1.0498\ln R$	1.0498	0.9574
2010	$\ln N_R = 13.884 - 1.0531\ln R$	1.0531	0.9572
2012	$\ln N_R = 14.303 - 0.9541\ln R$	0.9541	0.9382

三、流域城镇等级规模结构优化途径

（一）规模序列结构存在的问题

基于对研究时段内汾河流域城镇体系规模结构进行分析，认为其主要存在以下问题：首先，流域内大城市、中等城市发展速度较慢，尤其是中等城市发展滞后；其次，小城市数量较多，但大多规模较小，发展不充分，难以带动周边城镇发展；最后，多年来城镇体系规模不符合位序—规模分布，但分形分维数有向理想值靠近的趋势，分形效果较好，城镇等级规模分布趋向于位序规模分布。

总之，汾河流域城镇中等城市、小城市发展相对滞后；城镇等级规模结构逐渐由分散向集中过渡，由首位规模分布向位序—规模分布转变，逐渐趋近于位序—规模分布状态，但仍存在一定差距。

（二）城镇等级规模优化途径

1. 以大城市为核心发展城市群，引导人口向城市群集中

积极发挥城镇在区域发展中的带动作用，依托太原、临汾为核心城市，大力发展城镇群，引导人口向各级各类城镇群集中。应以省会太原市为依托，培育和发展其为区域内一级城镇群，以点带面带动整个汾河流域城镇体系的发展。另外，以区域性城市为核心构建区域内次级城镇群，如以临汾为依托，构建流域南部城镇群等。在推进城镇群发展的同时，要积极推进大城市晋级为特大城市，形成流域内多个发展中心，优化汾河流域城镇体系的城镇等级规模结构。

2. 积极发展中小城市，优化区域城镇体系结构

具备一定工业基础，但目前仍规模较小的中等城市，如孝义、介休等，应加快发展为大城市，弥补因区域内大城市缺失而影响城镇等级规模效益发挥；积极发展条件较好的小城市，引导其尽快发展为中等城市。积极发展特大城市和大城市，引导加快汾河流域城镇化、工业化发展步伐，提高区域经济集聚水平，完善流域城镇体系结构，优化区域投资环境。

3. 积极发展中心镇，引导农村人口向中心镇集中

我国城镇化发展所处的阶段与我国的特殊国情决定了我国城镇化发展必须走大中小城市（城镇）协调发展的道路。在注重以大城市为依托发展城镇群的同时，要有重点的发展小城镇。积极发展中小城镇，完善区域中心城市功能，发挥大城市的辐射带动作用，引导城镇密集区有序发展，逐步形成合理的城镇体系。党的十六届三中全会提出"五个统筹"，要求站在统筹城乡经济社会发展的战略高度，繁荣农村经济，促进城乡协调发展。以中心镇为战略节点，一方面承接城市的辐射带动作用，另一方面又作为带动农村发展的主干力量，在整个城镇体系中发挥承上启下的过渡作用，推动城乡区域统筹发展。推动流域中心镇建设是未来城镇化战略的重点之一。汾河流域城镇体系在等级规模结构方面不尽合理，大城市与超大城市少，吸引要素能力强，导致区内极化作用显著；小城市（镇）数量偏多、规模小、发育不完善。因此，未来要在推进大城市、城镇群发展的同时也要着力发展小城市（镇），按照特色鲜明、布局合理、科学引导、规模适度、注重实效的原则，有重点的发展小城镇，使流域城镇体系得到进一步优化。

4. 合理引导产业集聚，优化城镇等级规模结构

城镇等级规模结构优化需要产业集聚作为动力驱动。相关研究表明，产业在空间上的集聚必然会带来人口的集聚，促进城市综合经济实力的提升，增加城市吸引力，进而在更大的空间范围内引导人口集聚。因此，优化城镇等级规模结构应将其与产业空间布局集中考虑，以建设产业园区为切入点，推进人口向城镇集中、促进土地规模化经营，合理规划城镇等级、优化城镇空间布局，形成若干具有较强人口集聚能力的大中城市。

第三节　城镇职能类型与演进特点

一、城镇职能的时代演变

城市职能是城市科学里的专门术语，是指某城市在国家或区域中所起的作用、承担的分工。城市在政治、经济、文化等各个领域的活动均可由两部分构成，一部分是为本地居民正常生产和生活服务的，即非基本活动部分；另一部分具有超越本地以外的区域意义，为外地服务，即基本活动部分。这两部分活动的发展常常相互交织在一起，一般来说后者发挥主动和主导作用，城市职能的概念的着眼点就是城市的基本活动部分，是从整体上看一个城市的作用与特点，指的是城市与区域的关系、城市与城市的分工，属于城市体系的研究范畴。[①]

农业文明时代，手工业与农业分工发展形成城市。城市内部集中了规模不大的手工业和商业，城市最主要的职能还是军事防御和为剩余私有产品的交换提供场所，同时也为少数统治者提供生活和工作的场所。农业文明发展到鼎盛时期，城市逐渐成为为农业经济提供服务的中心地，为农业生产提供手工业的技术支持，也为日渐频繁的农产品交换提供市场支持。这一时期城市职能有所改变，城市逐渐成为区域政治统治中心、为农业提供手工业和商业服务的中心，原有的军事防御功能在这一时期有所弱化。

工业文明时代，工业革命成为社会发展和城市形成的主要动力，城市数量不断增加，大量人口涌入城市。大机器工业取代农业、手工业居于主导地位，各种门类的工业集聚于城镇，成为推动城市发展与建设的主体力

① 周一星：《城市地理学》，北京：商务印书馆，1995 年，第 124—128 页。

量，这一时期，工厂、工业集群、工业区的布局很大程度上影响着城市形态的演变。第二次世界大战以后，相对和平的经济环境和城市化浪潮使城市的非农产业职能突飞猛进，在支撑城市本身壮大与推动区域经济发展的同时，也破坏了城市的生态环境与城市特色。

现代文明时代，主要是指科技革命以来，传统加工业生产在城市中的地位逐步下降，新兴产业地位日益上升。城市经济由物质生产为主向物质生产与非物质生产并重，由第二产业为主向第二产业与第三产业并重，由传统制造业转向技术密集、具有区位灵活性的现代制造业，由传统服务业转向新兴的现代服务业。随着社会生产力的进步，城市职能由专业型向综合服务职能转变。人们克服空间、制度、文化等自然和社会因素的障碍，在政治、经济、文化、技术、人才等多个领域、多个层次开展全球性的广泛合作[1]，这个过程可能会导致两个重要的结果，即区域走向经济一体化和城市竞争不断加剧。区域间形成密切联系的经济网，每个城市在区域中的分工越来越明确，社会分工逐步加深，城市间的相互协作成为城市发展的主流。[2]

二、城镇职能的分类方法

城市职能分类的方法经历了一个长期发展过程，经历了由简单到复杂、由定性到定量、由单指标到多指标的发展过程。英国地理学家卡特将有关城市职能的研究按照时间的先后顺序划分为一般描述法、统计描述法、统计分析法、城市经济基础研究法和多变量分析法 5 个阶段。一般描述法是城市职能分类中最早使用的方法，由英国的奥龙索（M. Auronsseau）于 1921年提出，他的分类方法高度综合，类型十分齐全，有些类别现在仍在使用，这种分类方法适用于研究对象较少或只作大致城市分类，弱点在于这种分类方法的任意性和主观性较大。描述方法进一步发展，分类者事先确定城市分类，针对不同类别增加一个统计上的标准，最具代表性的就是哈里斯（C.D.Harris），他以 1930 年人口普查和 1935 年经济普查资料为基础，将美国 605 个 1 万人以上的城镇分为 10 类，将其中的 8 类规定了明确的数量指标，包括主导职能行业职能比重应达到的最低值与主导职能行业职能比重和其他行业相比所具有的某种程度的优势，满足这两个条件，即可认为是某城市的主导职能，归入相应的城市类。进入 20 世纪 50 年代，全国城市劳动力结构资料统计已相对完善，在此基础上采用统计分析法逐渐取代

---

① 王建军：《山东省城市体系空间结构及其优化研究》，山东师范大学硕士学位论文，2001 年。
② 王建军、许学强：《城市职能演变的回顾与展望》，《人文地理》2004 年第 3 期，第 12—16 页。

人为确定的数量指标作为衡量城市主导职能的标尺,波纳尔(L.L.Pownall)和小笠原义胜分别将区位商和正偏差应用到城镇职工的就业比重研究作为确定城市职能的依据,在此基础之上,纳尔逊(H.J.Nelson)于 1955 年对美国 897 个 1 万人以上的城镇进行了著名的职能分类研究:把美国国情普查中 24 个行业归并为 9 种经济活动,分别计算 897 个城镇 9 种活动的劳动力结构百分比,并绘制了 9 个部门劳动力百分比的城镇频率分布曲线,横坐标是劳动力百分比,纵坐标是城市个数,发现曲线普遍有峰值出现;计算所有城镇每种活动职工百分比的算数平均值和标准差,以高于平均值加一个标准差作为城镇主导职能的标准,以高于平均值以上几个标准差作为表示该职能的强度;按照上述标准一个城市可能分布不止一个职能类,最后用代号列出每个城市的职能类别,并对每一类城市的地理分布作了简要说明。

以纳尔逊为代表的城市职能分类和以前几种方法相比,有三点进步:①分类建立在较为客观、严密的统计推导的方法论基础上。②一个城市可以有几个主导职能,属于几个城市类,更接近于实际情况。③可以反映城市主导职能的专门化程度。阿列克山德逊认为城市职能分类不应当以城市的整个经济结构作为分类的基础,应该扣除城市非基本部分以后,在城市基本部分的结构基础上来进行,在这样的理论指导下,他对美国 864 个 1 万人以上的城市进行了职能分类,得到 864 个城市 36 个行业的职工百分比,按行业把全部城市的职工比重从小到大排列,并画出累计分配曲线;从累计分配曲线中找出第五个百分位的城市的职工比重作为这一行业的 K 值,某城市大于 K 值的部门即这个城市的形成部门(具有为外地服务作用的部门);把超过 K 值标准 5—10 个百分点的城市称作 C 型城市,超过 K 值 10—20 个百分点的城市称为 B 型城市,超过 K 值 20 以上个百分点的城市称为 A 型城市。例如,批发商业的 K 值是 1.4%,如果某城市批发商业的职工比重是 8.4%,则这个城市属于 C 型批发商业城市;一个城市可以有一个或几个形成部门,阿列克山德逊列出了每个城市形成部门的类型,而不是把城市归为几大类。随着统计资料的日趋完善和计算机技术的发展,对于城市职能分类的多变量分类法发展起来,常用的分析技术是主因素分析和聚类分析,目前这种分类方法已经扩展到经济、社会、文化等广义的城市综合特征的分类,城市多变量分类在分类结果上也不同于传统的城市职能分类。城市职能分类的理论和方法论的进步与城市经济基础理论和区分基本/非基本活动方法的不断完善有着密切的内在联系。同时,城市职能分类方法的发展过程也集中反映了近代城市地理学的发展过程,即从考虑单因素到多因素,从自然、经济要素演进到社会、文化要素,从定性方法不断向定量方法不断发展。

我国对城镇职能的研究，起源于 20 世纪 80 年代。Harris 和 Nelson 的城镇职能定量分类成果被引入我国城镇职能的研究当中，张文奎等采用这种定量方法对我国城市职能分类进行探讨①，在当时全国 434 个城市中确定了 299 个具有一种以上专业化职能的城市、国际性旅游城市、行政管理城市、综合专门化职能城市、非综合专门化职能城市和无专门化职能一般城市。文中又将行政管理职能细分为两级：将全国的直辖市、各省的省会、自治区的首府确定为一级行政管理城市，把地区性中心城市确定为二级行政管理城市。周一星等分别于 1988 年和 1997 年两次对我国城市职能分类进行探讨，以全国国家统计局公布的全国 465 个城市市区（不含辖县）分行业社会劳动者人数资料与其他同级资料整合，利用多变量分析和同级分析结合的方法，将城市职能划分为 4 个大类、14 个亚类和 47 个职能组。②2006 年，我国学者又将比较分析法、多变量聚类与纳尔逊统计分析等方法引入我国城市职能结构的研究当中，对比研究了我国中部地区城市 1997 年和 2003 年整体职能结构与类型变动特征，将中部地区城市分成 7 个大类、24 个亚类。③在前人的研究基础之上，闫卫阳与刘静玉明确提出了城市职能具有结构属性、空间属性和时间属性，并采用 Morre 回归方法、多变量聚类分析和纳尔逊统计分析法将中原经济区主体区城市职能划分为 8 个大类和 10 个亚类④，并进一步探讨了各城市城市职能的发展与优化。

三、城镇体系职能结构现状

（一）研究方法与数据处理

城镇职能是城市在国家或区域发展中所起的作用和所承担的分工。⑤城市的基本活动是城市职能最为集中的体现，想要确定城市职能首先要对城市的基本活动和非基本活动进行划分，因此，采用最小需求量法对汾河流域城镇体系进行基本活动和非基本活动进行分析，并结合专业化指数法确定城镇的优势职能加以综合分析。

① 张文奎、刘继生、王力：《论中国城市的职能分类》，《人文地理》1990 年第 3 期，第 1—8 页。
② 周一星、孙则昕：《再论中国城市的职能分类》，《地理研究》1997 年第 1 期，第 11—22 页。
③ 季小妹、陈忠暖：《我国中部地区城市职能结构和类型的变动研究》，《华南师范大学学报（自然科学版）》，2006 年第 4 期，第 128—136 页。
④ 闫卫阳、刘静玉：《城市职能分类与职能调整的理论与方法探讨——以河南省为例》，《河南大学学报（自然科学版）》，2009 年第 3 期，第 265—270 页。
⑤ 周一星：《城市地理学》，北京：商务印书馆，1995 年，第 138 页。

本节主要依据《山西统计年鉴 2001》《山西统计年鉴 2011》《山西省第五次人口普查资料》《山西省第六次人口普查资料》中的总人口、非农业人口和就业人口统计数据作为进行分析和计算的基本依据。为了更为准确的表征城镇规模大小，需要对原始数据进行初步处理。采用总人口作为城市规模相对偏大，非农业人口作为城市规模又相对偏小，因此，我们以非农业人口为主体，加上能够反映农业人口的修正部分来反映城市规模表5-5，计算方法如下①：

$$P=P_f+P_c\times10\% \qquad (5-6)$$

式（5-6）中，P 为城镇人口规模；P_f 为非农业人口；P_c 为总人口。这种方法能在一定程度上反映农业人口在城镇规模中所占的比例，较非农人口能更为准确的反映城镇规模。

表 5-5　2010 年汾河流域修正城镇人口规模　　（单位：万人）

名称	P	P_f	P_c
宁武县	5.69	4.07	16.21
静乐县	3.91	2.33	15.75
岚县	3.39	1.64	17.53
太原市	268.73	234.18	345.50
阳曲县	3.88	2.67	12.07
娄烦县	3.09	2.02	10.67
古交市	14.96	12.89	20.70
清徐县	9.45	5.99	34.60
晋中市	37.48	31.08	64.03
寿阳县	6.86	4.75	21.16
太谷县	11.10	8.09	30.09
祁县	8.68	6.02	26.65
平遥县	13.55	8.49	50.61
介休市	15.79	11.70	40.93
灵石县	10.52	7.88	26.37
交城县	8.08	5.77	23.19
文水县	9.50	5.26	42.40
汾阳市	12.93	8.74	41.90
孝义市	24.52	19.80	47.15

---

① 王洪桥：《东北三省城市职能分类探析》，东北师范大学硕士学位论文，2006 年。徐红宇、陈忠暖、李志勇：《广东省地方性城市职能分类》，《热带地理》2004 年第 1 期，第 37—41 页。

续表

名称	P	P_f	P_c
交口县	2.78	1.57	12.06
汾西县	3.33	1.87	14.58
霍州市	11.61	8.76	28.47
洪洞县	14.20	6.82	73.81
古县	2.83	1.91	9.24
临汾市	50.46	40.96	94.96
浮山县	4.39	3.11	12.87
乡宁县	6.13	3.78	23.49
襄汾县	8.65	4.19	44.58
翼城县	8.44	5.30	31.37
曲沃县	5.53	3.15	23.85
绛县	8.56	5.73	28.33
侯马市	14.12	11.70	24.16
新绛县	7.67	4.32	33.46
稷山县	6.39	2.90	34.95
河津市	12.92	8.94	39.81
万荣县	7.889	3.47	44.20

（二）确定行业部门与计算

根据山西省县（市、区）分行业人口数据将城市经济的活动划分为 19 个行业，选取能够反映城镇非农职能的行业进行分析，保留采矿业、建筑业、交通运输仓储及邮政业、公共管理和社会组织 4 个部门，其余 14 个行业归并为 5 个部门：将制造业、电力煤气及水生产供应归并为工业；将金融业、房地产业归并为金融房地产业；将批发和零售业、住宿和餐饮业归并为批发零售餐饮业；将水利、环境和公共设施管理业、租赁和商务服务业、居民服务和其他服务业归并为服务业；将信息传输计算机服务和软件业，卫生、社会保障和社会福利业，文化、体育和娱乐业，科学研究、技术服务和地质勘查业，教育行业归并为科教文卫行业。将汾河流域城镇职能活动行业划分为 9 个部门。

根据上述城市职能活动的行业部门分类，统计汾河流域各城镇基本行业部门的职工人均数，见表 5-6。用该表数据除以城市人口规模数，从而确定各部门职工比重，见表 5-7。采用穆尔改进的最小需求法（1960 年由 E.L. Ullman 和 M.F. Dacey 提出划分城市经济活动基本部分和非基本部分的方法），将一个部门的实际职工的比重减去最小需求量，即为该部门的基本活动部分比重[1]。最小需求法的数据表达式如下：

$$E_i = a_i + b_i \lg P \tag{5-7}$$

式（5-7）中，E_i 是 i 部门 P 规模城市的最小需求量；a_i 和 b_i 是参数，由下式求得。

$$E_{ij} = a_i + b_i \lg P_j \tag{5-8}$$

式（5-8）中，E_{ij} 是第 j 级规模级别城市中第 i 部门实际找到的最小职工比重；P_j 是第 j 级规模级别城市的人口中位数（表5-6、表5-7）。

表5-6　2010年汾河流域各城镇各行业部门职工人数　（单位：人）

名称	采矿业	工业	建筑业	交通运输仓储及邮政业	批发零售餐饮业	金融房地产业	服务业	科教文卫业	公共管理业
太原市	4 457	31 234	10 624	11 543	36 834	6 318	8 160	17 525	8 355
临汾市	730	4 602	2 151	3 684	7 862	943	2 220	3 238	1 985
晋中市	555	4 953	1 584	2 438	4 944	836	1 111	2 263	1 899
孝义市	3608	2350	769	1421	2134	224	717	963	839
介休市	2821	2416	1865	1659	2717	240	1195	1217	747
古交市	3107	300	309	429	602	83	331	527	365
洪洞县	1022	2811	2211	1847	4176	265	1339	1471	662
侯马市	20	2024	1143	975	2595	193	441	681	672
平遥县	740	2852	279	1073	2089	129	556	993	659
汾阳市	189	2541	937	1281	2277	154	554	1109	606
河津市	384	3610	940	888	1620	240	543	1008	773
霍州市	1750	994	770	666	1298	84	632	564	435
太谷县	50	2698	594	944	1291	160	459	1078	388
灵石县	2603	946	421	907	1711	154	455	716	622
文水县	91	3058	729	1190	1438	141	320	825	500
清徐县	258	2526	401	1159	1488	178	448	671	531
祁县	17	2975	717	1014	1232	131	529	578	502
襄汾县	114	1856	411	695	1252	81	220	660	435
绛县	63	1688	445	289	1582	74	305	364	362
翼城县	344	1875	538	577	1158	112	361	665	497
交城县	466	2845	306	847	1065	90	228	488	372
万荣县	14	1140	401	417	1043	64	200	567	284
新绛县	35	1639	385	336	1241	101	232	621	310
寿阳县	1512	471	302	716	823	109	187	510	452
稷山县	157	1815	886	661	1350	92	345	649	272

---

[1] 许学强、周一星、宁越敏：《城市地理学》，北京：高等教育出版社，1997年，第86页。

续表

名称	采矿业	工业	建筑业	交通运输仓储及邮政业	批发零售餐饮业	金融房地产业	服务业	科教文卫业	公共管理业
乡宁县	1196	239	385	505	757	75	305	605	377
宁武县	626	153	163	583	780	66	167	323	294
曲沃县	88	1519	580	540	1168	70	310	449	465
浮山县	490	199	187	195	588	35	111	308	286
静乐县	223	270	385	358	599	55	135	309	300
阳曲县	57	353	209	487	339	52	92	246	234
岚县	80	190	355	411	551	30	136	219	211
汾西县	49	167	115	237	404	41	82	270	313
娄烦县	381	179	184	194	232	34	95	210	207
古县	818	359	192	170	315	32	110	237	274
交口县	166	399	41	287	443	46	166	220	183

表 5-7　2010 年汾河流域各城镇各行业部门职工比重　　　　（%）

名称	采矿业	工业	建筑业	交通运输仓储及邮政业	批发零售餐饮业	金融房地产业	服务业	科教文卫业	公共管理业
太原市	0.17	1.16	0.4	0.43	1.37	0.24	0.3	0.65	0.31
临汾市	0.14	0.91	0.43	0.73	1.56	0.19	0.44	0.64	0.39
晋中市	0.15	1.32	0.42	0.65	1.32	0.22	0.3	0.6	0.51
孝义市	1.47	0.96	0.31	0.58	0.87	0.09	0.29	0.39	0.34
介休市	1.79	1.53	1.18	1.05	1.72	0.15	0.76	0.77	0.47
古交市	2.08	0.2	0.21	0.29	0.4	0.06	0.22	0.35	0.24
洪洞县	0.72	1.98	1.56	1.3	2.94	0.19	0.94	1.04	0.47
侯马市	0.01	1.43	0.81	0.69	1.84	0.14	0.31	0.48	0.48
平遥县	0.55	2.1	0.21	0.79	1.54	0.1	0.41	0.73	0.49
汾阳市	0.15	1.96	0.72	0.99	1.76	0.12	0.43	0.86	0.47
河津市	0.3	2.79	0.73	0.69	1.25	0.19	0.42	0.78	0.6
霍州市	1.51	0.86	0.66	0.57	1.12	0.07	0.54	0.49	0.37
太谷县	0.05	2.43	0.54	0.85	1.16	0.14	0.41	0.97	0.35
灵石县	2.47	0.9	0.4	0.86	1.63	0.15	0.43	0.68	0.59
文水县	0.1	3.22	0.77	1.25	1.51	0.15	0.34	0.87	0.53
清徐县	0.27	2.67	0.42	1.23	1.57	0.19	0.47	0.71	0.56
祁县	0.02	3.43	0.83	1.17	1.42	0.15	0.61	0.67	0.58
襄汾县	0.13	2.15	0.48	0.8	1.45	0.09	0.25	0.76	0.5
绛县	0.07	1.97	0.52	0.34	1.85	0.09	0.36	0.43	0.42
翼城县	0.41	2.22	0.64	0.68	1.37	0.13	0.43	0.79	0.59
交城县	0.58	3.52	0.38	1.05	1.32	0.11	0.28	0.6	0.46

续表

名称	采矿业	工业	建筑业	交通运输仓储及邮政业	批发零售餐饮业	金融房地产业	服务业	科教文卫业	公共管理业
万荣县	0.02	1.45	0.51	0.53	1.32	0.08	0.25	0.72	0.36
新绛县	0.05	2.14	0.5	0.44	1.62	0.13	0.3	0.81	0.4
寿阳县	2.2	0.69	0.44	1.04	1.2	0.16	0.27	0.74	0.66
稷山县	0.25	2.84	1.39	1.03	2.11	0.14	0.54	1.02	0.43
乡宁县	1.95	0.39	0.63	0.82	1.23	0.12	0.5	0.99	0.61
宁武县	1.1	0.27	0.29	1.02	1.37	0.12	0.29	0.57	0.52
曲沃县	0.16	2.75	1.05	0.98	2.11	0.13	0.56	0.81	0.84
浮山县	1.12	0.45	0.43	0.44	1.34	0.08	0.25	0.7	0.65
静乐县	0.57	0.69	0.99	0.92	1.53	0.14	0.35	0.79	0.77
阳曲县	0.15	0.91	0.54	1.25	0.87	0.13	0.24	0.63	0.6
岚县	0.24	0.56	1.05	1.21	1.62	0.09	0.4	0.65	0.62
汾西县	0.15	0.5	0.35	0.71	1.21	0.12	0.25	0.81	0.94
娄烦县	1.23	0.58	0.6	0.63	0.75	0.11	0.31	0.68	0.67
古县	2.89	1.27	0.68	0.6	1.11	0.11	0.39	0.84	0.97
交口县	0.6	1.44	0.15	1.03	1.6	0.17	0.6	0.79	0.66

根据汾河流域修正人口规模计算结果及聚类分析结果，将汾河流域城镇划分为 5 组：第一组，太原市（268.73 万人），中位人口规模为 268.73 万人；第二组，临汾市（50.46 万人）、晋中市（37.48 万人）、孝义市（24.52 万人），中位人口规模为 37.48 万人；第三组，介休市（15.79 万人）、古交市（14.96 万人）、洪洞（14.20 万人）、侯马市（14.12 万人）、平遥（13.55 万人）、汾阳市（12.93 万人）、河津市（12.93 万人）、霍州市（11.61 万人）、太谷（11.10 万人），中位人口规模为 13.24 万人；第四组，文水（9.50 万人）等 17 个城镇，中位规模为 7.89 万人；第五组，其余 12 个城镇，中位规模为 3.86 万人。利用各组中位城市规模和各部门最小职工比重进行计算，求出参数 a_i 和 b_i（表 5-8）。

表 5-8　求得的参数 a_i 和 b_i

参数	采矿业	工业	建筑业	交通运输仓储及邮政业	批发零售餐饮业	金融房地产业	服务业	科教文卫业	公共管理业
a_i	0.057	−0.220	0.114	0.354	0.496	−0.008	0.209	0.424	0.507
b_i	0.018	0.584	0.120	0.047	0.307	0.090	0.038	0.05	−0.104

根据式 5-7 计算，求得汾河流域各行业职工最小需求量（表 5-9），根据式 5-8 计算得到各行业部门职工比值（表 5-10）最小。

表 5-9　汾河流域各城镇各行业职工最小需求量　　　　　　（%）

名称	采矿业	工业	建筑业	交通运输仓储及邮政业	批发零售餐饮业	金融房地产业	服务业	科教文卫业	公共管理业
太原市	0.175	1.199	0.884	0.468	1.242	0.209	0.303	0.545	0.255
临汾市	0.089	0.775	0.318	0.434	1.019	0.144	0.275	0.509	0.330
晋中市	0.086	0.699	0.302	0.428	0.980	0.133	0.270	0.503	0.344
孝义市	0.083	0.592	0.280	0.419	0.923	0.116	0.263	0.493	0.363
介休市	0.079	0.480	0.257	0.410	0.864	0.099	0.255	0.484	0.383
古交市	0.079	0.466	0.254	0.409	0.857	0.097	0.254	0.483	0.385
洪洞县	0.078	0.453	0.252	0.408	0.850	0.095	0.254	0.482	0.388
侯马市	0.078	0.452	0.251	0.408	0.849	0.095	0.253	0.481	0.388
平遥县	0.078	0.441	0.249	0.407	0.844	0.093	0.253	0.481	0.389
汾阳市	0.078	0.429	0.247	0.406	0.838	0.091	0.252	0.480	0.392
河津市	0.078	0.429	0.247	0.406	0.838	0.092	0.252	0.480	0.392
霍州市	0.077	0.402	0.241	0.404	0.823	0.087	0.250	0.477	0.397
太谷县	0.076	0.391	0.239	0.403	0.817	0.085	0.249	0.476	0.399
灵石县	0.076	0.377	0.236	0.402	0.810	0.083	0.248	0.475	0.401
文水县	0.075	0.351	0.231	0.400	0.796	0.079	0.247	0.473	0.406
清徐县	0.075	0.350	0.231	0.400	0.796	0.079	0.247	0.473	0.406
祁县	0.075	0.328	0.226	0.398	0.785	0.075	0.245	0.471	0.410
襄汾县	0.074	0.327	0.226	0.398	0.784	0.076	0.245	0.471	0.410
绛县	0.074	0.325	0.225	0.398	0.783	0.075	0.245	0.471	0.410
翼城县	0.074	0.321	0.225	0.397	0.781	0.075	0.245	0.470	0.411
交城县	0.074	0.310	0.222	0.397	0.775	0.073	0.244	0.469	0.413
万荣县	0.074	0.304	0.221	0.396	0.772	0.072	0.244	0.469	0.414
新绛县	0.074	0.297	0.220	0.395	0.768	0.071	0.243	0.468	0.415
寿阳县	0.073	0.269	0.214	0.393	0.753	0.067	0.241	0.466	0.420
稷山县	0.072	0.251	0.210	0.392	0.744	0.064	0.240	0.464	0.424
乡宁县	0.072	0.240	0.208	0.391	0.738	0.062	0.239	0.463	0.425
宁武县	0.071	0.221	0.204	0.389	0.728	0.059	0.238	0.462	0.429
曲沃县	0.071	0.214	0.203	0.389	0.724	0.058	0.238	0.461	0.430
浮山县	0.069	0.155	0.191	0.384	0.694	0.049	0.234	0.456	0.441
静乐县	0.068	0.126	0.185	0.382	0.678	0.045	0.232	0.454	0.446
阳曲县	0.068	0.124	0.184	0.381	0.677	0.044	0.232	0.453	0.446
岚县	0.067	0.090	0.177	0.379	0.659	0.039	0.230	0.450	0.452
汾西县	0.067	0.085	0.176	0.378	0.657	0.038	0.229	0.450	0.453
娄烦县	0.066	0.066	0.172	0.377	0.647	0.036	0.228	0.448	0.456
古县	0.066	0.044	0.168	0.375	0.635	0.032	0.227	0.447	0.460
交口县	0.065	0.039	0.167	0.375	0.632	0.031	0.226	0.446	0.461

表 5-10　汾河流域各城镇各行业部门最小职工比值　　　（%）

名称	采矿业	工业	建筑业	交通运输仓储及邮政业	批发零售餐饮业	金融房地产业	服务业	科教文卫业	公共管理业
太原市	−0.005	−0.039	−0.484	−0.038	0.128	0.031	−0.003	0.105	0.055
临汾市	0.052	0.135	0.112	0.296	0.541	0.046	0.165	0.131	0.060
晋中市	0.064	0.621	0.118	0.222	0.341	0.087	0.030	0.097	0.166
孝义市	1.387	0.369	0.030	0.161	−0.053	−0.026	0.027	−0.103	−0.023
介休市	1.711	1.050	0.923	0.640	0.856	0.051	0.505	0.286	0.087
古交市	2.001	−0.266	−0.044	−0.119	−0.457	−0.037	−0.034	−0.133	−0.145
洪洞县	0.642	1.527	1.308	0.892	2.090	0.095	0.687	0.559	0.082
侯马市	−0.068	0.978	0.559	0.282	0.991	0.045	0.057	−0.001	0.092
平遥县	0.472	1.659	−0.039	0.383	0.696	0.007	0.157	0.250	0.100
汾阳市	0.072	1.531	0.473	0.584	0.922	0.029	0.178	0.381	0.078
河津市	0.222	2.361	0.483	0.284	0.413	0.099	0.168	0.301	0.208
霍州市	1.433	0.458	0.419	0.166	0.297	−0.017	0.290	0.013	−0.027
太谷县	−0.026	2.039	0.301	0.447	0.343	0.055	0.161	0.494	−0.049
灵石县	2.394	0.523	0.164	0.458	0.820	0.067	0.182	0.205	0.189
文水县	0.025	2.869	0.539	0.850	0.714	0.071	0.093	0.397	0.124
清徐县	0.195	2.320	0.190	0.830	0.774	0.111	0.223	0.237	0.154
祁县	−0.055	3.102	0.604	0.772	0.636	0.074	0.365	0.199	0.170
襄汾县	0.056	1.823	0.254	0.402	0.666	0.015	0.005	0.289	0.090
绛县	−0.004	1.645	0.295	−0.058	1.067	0.015	0.115	−0.041	0.010
翼城县	0.336	1.899	0.415	0.283	0.589	0.055	0.185	0.320	0.179
交城县	0.506	3.210	0.158	0.654	0.545	0.037	0.036	0.131	0.047
万荣县	−0.054	1.146	0.289	0.134	0.548	0.008	0.006	0.251	−0.054
新绛县	−0.024	1.843	0.280	0.045	0.852	0.059	0.057	0.342	−0.015
寿阳县	2.127	0.421	0.226	0.647	0.447	0.093	0.029	0.274	0.240
稷山县	0.178	2.590	1.180	0.638	1.366	0.076	0.300	0.556	0.006
乡宁县	1.878	0.150	0.422	0.429	0.492	0.058	0.261	0.527	0.185
宁武县	1.029	0.049	0.086	0.631	0.642	0.061	0.052	0.108	0.091
曲沃县	0.089	2.536	0.847	0.591	1.386	0.072	0.322	0.349	0.410
浮山县	1.051	0.295	0.239	0.056	0.646	0.031	0.016	0.244	0.210
静乐县	0.502	0.564	0.806	0.538	0.852	0.095	0.118	0.337	0.324
阳曲县	0.082	0.786	0.356	0.869	0.193	0.086	0.008	0.177	0.154
岚县	0.173	0.470	0.873	0.831	0.961	0.051	0.170	0.200	0.168
汾西县	0.083	0.415	0.174	0.332	0.553	0.082	0.021	0.360	0.487
娄烦县	1.164	0.514	0.428	0.253	0.103	0.075	0.082	0.232	0.214
古县	2.824	1.226	0.512	0.225	0.475	0.078	0.163	0.394	0.510
交口县	0.535	1.401	−0.017	0.655	0.968	0.139	0.374	0.344	0.199

最后运用纳尔逊统计分析方法对结果进行分析，一个城市所有经济活动部门中基本就业人口比例最高的那项经济职能就是该城市的优势职能，城市的突出职能采用纳尔逊的平均职工比重加标准差的方法确定。计算每个部门职能强度的公式如下[①]：

$$Q = (X_i - \overline{X}) / S_d \qquad (5\text{-}9)$$

式（5-9）中，Q 为城市某部门的职能强度；X_i 为城市某部门基本部分的职工比重；$\overline{X}$ 为所有城市该部门基本部分职工比重的平均值；S_d 为标准差（表5-11）。根据 Q 值的大小划分城镇职能等级，结合汾河流域城镇发展的实际情况，认为 Q 值大于1的城镇行业部门具有突出职能。

表 5-11　汾河流域城镇基本职工比值参考指标

指标	采矿业	工业	建筑业	交通运输仓储及邮政业	批发零售餐饮业	金融房地产业	服务业	科教文卫业	公共管理业
$\overline{X}$	0.796	1.289	0.391	0.426	0.706	0.058	0.178	0.264	0.164
S_d	0.986	1.214	0.338	0.265	0.444	0.039	0.164	0.168	0.173
$\overline{X} + S_d$	1.782	2.503	0.729	0.691	1.150	0.097	0.343	0.432	0.337

由表 5-12 可知，汾河流域城镇工业部门比重较高，城镇优势职能不突出。太原市的省会职能、金融服务业、科教文卫和交通运输职能，临汾的区域性中心职能、晋中的交通枢纽职能等都没有得到体现。整个流域城镇发展缺乏特色、城镇职能结构趋同，专业化发展不突出，城镇部门经济结构上偏重"大而全、小而全"。整体来说，流域经济发展水平较低，工业的发展还是以矿产资源开发利用为基础的传统工业部门为主，原材料、农副产品初加工仍然在工业发展中占有重要地位，流域精深加工部门比重依然较低，直接导致区域资源、原材料消耗较多，产品附加值小，产品缺乏科技含量，部门劳动生产率较低，流域经济效益差、环境污染问题突出。

表 5-12　汾河流域城镇职能参考指标

城镇	优势职能	突出职能	职能强度
太原市	批发零售餐饮业	—	—
临汾市	批发零售餐饮业	—	—

[①] 陈忠暖、甘巧林：《华南沿海4省区城市职能分类探析》，《热带地理》2001年第4期，第291—294页。

续表

城镇	优势职能	突出职能	职能强度
晋中市	工业	—	—
孝义市	采矿业	—	—
介休市	采矿业	建筑业	1.5734
		服务业	1.9927
古交市	采矿业	采矿业	1.2223
洪洞县	批发零售餐饮业	建筑业	2.7139
		交通运输仓储及邮政业	1.7585
		批发零售餐饮业	3.1169
		服务业	3.1006
		科教文卫业	1.7530
侯马市	批发零售餐饮业	—	—
平遥县	工业	—	—
汾阳市	工业	—	—
河津市	工业	金融房地产业	1.0461
霍州市	采矿业		
太谷县	工业	科教文卫业	1.3679
灵石县	采矿业	采矿业	1.6207
文水县	工业	工业	1.3015
		交通运输、仓储及邮政业	1.6011
清徐县	工业	交通运输、仓储及邮政业	1.5260
		金融房地产业	1.3590
祁县	工业	工业	1.4932
		交通运输、仓储及邮政业	1.3060
		服务业	1.1390
襄汾县	工业	—	—
绛县	工业	—	—
翼城县	工业	—	—
交城县	工业	工业	1.5822
万荣县	工业	—	—
新绛县	工业	—	—
寿阳县	采矿业	采矿业	1.3503
稷山县	工业	工业	1.0712
		建筑业	2.3340
		批发零售餐饮业	1.4874
		科教文卫业	1.7369
乡宁县	采矿业	采矿业	1.0977
		科教文卫业	1.5637

续表

城镇	优势职能	突出职能	职能强度
宁武县	采矿业	—	—
曲沃县	工业	工业	1.0274
		建筑业	1.3503
		批发零售餐饮业	1.5309
		公共管理业	1.4214
浮山县	采矿业	—	—
静乐县	批发零售餐饮业	建筑业	1.2263
阳曲县	交通运输仓储及邮政业	交通运输仓储及邮政业	1.6702
岚县	批发零售餐饮业	建筑业	1.4254
		交通运输仓储及邮政业	1.5294
汾西县	批发零售餐饮业	公共管理业	1.8671
娄烦县	采矿业	—	—
古县	采矿业	采矿业	2.0572
		公共管理业	1.9988
交口县	工业	金融房地产业	2.0692
		服务业	1.1939

四、城镇体系职能结构优化

(一)职能结构调整

随着山西省城镇化战略的逐步推进和城镇化进程的加快,流域内现有的城镇体系职能结构已不能满足区域经济发展的要求,优化流域城镇职能结构势在必行。以流域各城镇主导产业、支柱产业、优势产业的现状和未来发展趋势分析为基础,突出各自发展的优势职能,强调流域内的产业联系和空间布局的协调发展,进一步明确流域核心城市、区域性中心城镇向综合性城镇方向发展,发挥地方性中心城镇的主导经济职能和突出职能,促进汾河流域城镇体系的职能结构优化升级。

城镇职能调整要以每个城镇的区位条件、自然资源、主导产业和社会经济基础为依据,确定其产业发展的优势行业,据此确定各城市的优势职能,并选取具有良好带动作用和经济效益的部门作为城市未来发展的核心部门,并将与其密切关联的产业部门作为城镇发展的突出职能。最后从大区域角度综合考虑各城镇的职能分工,协调汾河流域城镇的优势职能和突出职能,使其在发挥自身优势的同时又可避免与其他城镇的职能趋同,使流域城镇职能结构进一步优化。

　　为适应汾河流域经济社会发展的总体要求，结合定量分析结果与城镇体系发展现实情况，提出到 2030 年汾河流域城镇体系职能结构调整方案，见表 5-13。

表 5-13　2030 年汾河流域城镇体系职能类型

等级	城镇	职能类型	优势职能	突出职能
核心城市	太原市	综合型	工业 服务业	工业 交通运输仓储及邮政业 批发零售餐饮业 科教文卫业
区域性中心城市	临汾市	综合型	工业 服务业	工业 交通运输仓储及邮政业 批发零售餐饮业
	晋中市	交通枢纽-加工型	交通运输仓储及邮政业	工业 交通运输仓储及邮政业
	介休市	综合型	工业	工业 交通运输仓储及邮政业
	侯马市	交通枢纽—加工工业型	交通运输仓储及邮政业	交通运输仓储及邮政业 批发零售餐饮业
地方性中心城市	孝义市	工矿型	工业	工业 批发零售餐饮业 金融房地产业
	古交市	工矿型	工业	交通运输仓储及邮政业 批发零售餐饮业
	洪洞县	综合型	批发零售餐饮业	建筑业 交通运输仓储及邮政业 批发零售餐饮业 服务业 科教文卫业
	平遥县	旅游型	工业	服务业 科教文卫业 工业
	汾阳市	综合型	工业	工业 批发零售餐饮业 科教文卫业
	河津市	综合型	工业	金融房地产业
	霍州市	旅游型	采矿业	—
	太谷县	综合型	工业	工业 旅游业 科教文卫业

续表

等级	城镇	职能类型	优势职能	突出职能
地方性中心城市	灵石县	工矿型	工业	采矿业 工业
	文水县	综合型	工业	工业 交通运输、仓储及邮政业
	清徐县	城郊型	工业	加工制造业 交通运输、仓储及邮政业 金融房地产业
	祁县	旅游型	工业	工业 旅游业 服务业
	襄汾县	多样化产业型	工业	—
	绛县	工矿主导型	工业	—
	翼城县	综合型	工业	—
	交城县	综合型	工业	工业
	万荣县	多样化产业型	工业	—
	新绛县	旅游型	旅游业	—
	寿阳县	多样化产业型	采矿业	采矿业
	稷山县	多样化产业型	工业	工业 建筑业 批发零售餐饮业 科教文卫业
	乡宁县	工矿主导型	工业	采矿业 科教文卫业
	宁武县	综合型	采矿业	采矿业 工业
	曲沃县	交通枢纽型	工业	工业 旅游 批发零售餐饮业
	浮山县	多样化产业型	工业	工业 采矿业 服务业
	静乐县	多样化产业型	工业	轻工业 服务业 科教文卫业 公共管理业
	阳曲县	城郊型	工业	交通运输仓储及邮政业

等级	城镇	职能类型	优势职能	突出职能
地方性中心城市	岚县	多样化产业型	工业	工业 旅游业
	汾西县	农贸型	农业	公共管理业
	娄烦县	工矿主导型	采矿业	采矿业 工业
	古县	工矿主导型	工业	工业 公共管理业
	交口县	工矿主导型	工业	金融房地产业 服务业

（二）城镇职能强化路径

汾河流域城镇职能强化应遵循"职能转型，双向互动"的原则，实行"城镇带动区域，区域推动城镇"的发展方针，以流域中心城市职能培育（尤其是次级中心）和工矿城市职能转型为突破口，加速实现城镇—流域的统筹互动发展。

加快流域中心城市职能培育。当前，汾河流域城镇体系空间结构呈现"一核独大"的特征，太原市在流域城镇发展中有着不可替代的地位和作用，而流域内的次级中心发展相对滞后，严重影响流域城镇整体功能的发挥。因而，加强流域次级中心城市职能培育势在必行。建设流域次级中心城市，完善其职能可以从产业发展和人口吸纳两个角度入手，首先，应从中心城市政府的经济社会管理职能着手，赋予中心城市相应的许可权，同时加快户籍制度改革，鼓励符合条件并且有意愿的农民工市民化；其次，要加快流域中心城市对外交通建设，构建合理有效的交通网络体系，不断拓展提升中心城市的辐射能力，从产业结构、区域功能、空间结构等方面入手，通过产业重组、环境重整、形象重塑，促进流域中心城市发展水平的提高；再次，创新城市管理理念，建立符合市场经济和现代化建设规律的城市管理体制，提升管理水平；最后，打造中心城市文化品牌，提升中心城市文化品位，不断提高人的综合素质，同时积极培育具有区域特色的文化产业，打造文化品牌，提升中心城市的综合影响力。

积极推进流域工矿城市职能转型。工矿城市职能转型的根本目的是使工矿城镇摆脱对原有资源型产业的依赖，促进产业多元化，实现城镇的跨越式和可持续发展。为实现分类流域工矿城市的职能转型，应从以下四个方面入手：首先要创新产业组织形式，形成具有特色的产业集群，一个地区在更大范围内的竞争优势主要体现在产业的竞争优势上，以产业集群为主要载体参与区域竞争成为当今经济社会竞争的主要形式，工矿城镇应以自身具有的资源开发优势为主导，实行集约化经营，适度发展配套产业和相关服务业；其次，应逐渐实现产业发展的多元化，实现产业转型及其结构优化，从强化农业基础地位、推进工业新型化、服务业发展全面化入手，从根本上改变产业结构单一的状况，提升城镇经济发展效益和质量，增强城镇综合实力和后续发展潜力；再次，要充分发挥比较优势，科学合理地选择替代产业，充分发挥本地的比较优势，对传统产业中有市场、有效益、发展潜力大的产业实施技术改造，增加科技含量，进行深精加工，提高产品附加值；最后要大力发展循环经济，建设资源节约型和环境友好型社会，按清洁生产方式组织生产，改进工艺，大力推广节能、环保技术，努力提高资源、能源利用效率，积极推进已使用商品、废弃物的回收和再利用，实现资源利用的"减量化"，产品的"再使用"和废弃物的"资源化"再循环。

第六章
汾河流域城镇空间布局与空间联系

第一节　城镇空间分布的演进特征

一、城镇空间分布的演变过程

1949 年。1949 年 9 月 1 日，根据华北人民政府令，恢复山西省建制，设立山西省人民政府，太原为省会。1949 年年底，汾河流域设有太原 1 个省辖市，兴县专区、忻县专区、汾阳专区、榆次专区、长治专区、临汾专区、运城专区 7 个专区，具体包括 3 个专署驻地、28 个县、70 个乡镇，形成了汾河流域城镇体系初期的空间格局。这一时期，汾河流域城镇布局以点状布局为主，地域空间上变动较大，城镇经济规模总量小，城镇间缺乏联系，城镇体系的空间组织只是以点的形式散布，中心城市对区域发展没有形成辐射和带动作用。

1959 年。经历了新中国成立以来的 10 年发展，省会太原作为我国华北地区重要的交通枢纽，区位优势得到提升。相对于 1949 年，山西省行政区划进行了较大调整，汾河流域设有 1 个省辖市（太原），晋北专区、晋中专区、晋南专区、晋东南专区 4 个专区，具体包括 1 个省人民委员会驻地、2 个专署驻地、19 个县人民政府驻地、113 个人民公社。20 世纪 50 年代，汾河流域许多县被合并，后又恢复，政区变动较为频繁。依托主要交通干线与汾河的流域，城镇发展轴开始形成并发育，中心城市的辐射作用开始增强。

1979 年。1971 年以后，汾河流域专区改为地区，至此，汾河流域城镇空间分布格局已基本形成。1978 年以来，我国逐步进入社会主义市场经济建设时期，坚持改革开放，经济得到了明显的恢复和发展。汾河流域在行政上划分为 1 个省辖市（太原），忻县地区、吕梁地区、晋中地区、临汾地区、晋东南地区、运城地区 6 个地区，具体包括 1 个省政府驻地、2 个行署驻地、35 个县人民政府驻地、95 个人民公社。在此之后虽然城镇布局几经调整，但是总体格局相对稳定。截至 2013 年年底，汾河流域范围涉及 8 个省辖市、7 个县级市、32 个县及 8 个市辖区。

二、城镇密集区演变

采用 ArcGIS 空间分析平台的 Kernel 密度分析方法，基于汾河流域城镇市县辖区非农业人口数据进行计算。计算选取汾河流域城镇市县辖区非农业人口为主要指标，即采用各县市非农业人口密度来测度城镇体系的空间密度，Kernel 密度搜索半径为 125km，即默认当城镇间距小于或等于 125km 时才可形成城镇密集区，并参照以往的研究设定 Kernel 密度的 k 值大于等于 75 人/km² 时形成城镇密集区，当 k 值大于等于 150 人/km² 时形成城镇密集区的核心区。

按照上述参数设置要求，运用 ArcGIS10.0 软件进行分析和计算，在汾河流域行政区划范围内生成城镇密集区的范围边界，并区分出城镇核心区范围，进而可以分析出汾河流域城镇密集区的演变规律。

根据结果分析，新中国成立以来汾河流域密集区的发展和演变大致经历了如下四个阶段：①萌动与形成时期。1949—1980 年，这一时期的初期，我国京津唐、长江三角洲和辽中南城镇群已经出现城镇集聚现象，但此时汾河流域城镇体系尚未形成，处于低水平、自发式发展阶段；后期伴随着改革开放的发展和经济水平的提高，汾河流域城镇体系形成了以太原市为核心的城镇密集区（图 6-1）。②拓展时期。1980—2000 年，这一时期以太原为核心的城镇密集区快速扩散，将娄烦、交城、文水、祁县、太谷、平遥和寿阳包含到城镇密集区之内（图 6-2），并且这一时期，城镇核心区初步形成。③发展时期。2000—2010 年，这一时期，以太原为核心的城镇密集区稳定成形，密集程度不断提高，随着城镇化进程的不断推进和城镇联系的日益密切，高密度的城镇核心区不断扩大（图 6-3）。

北

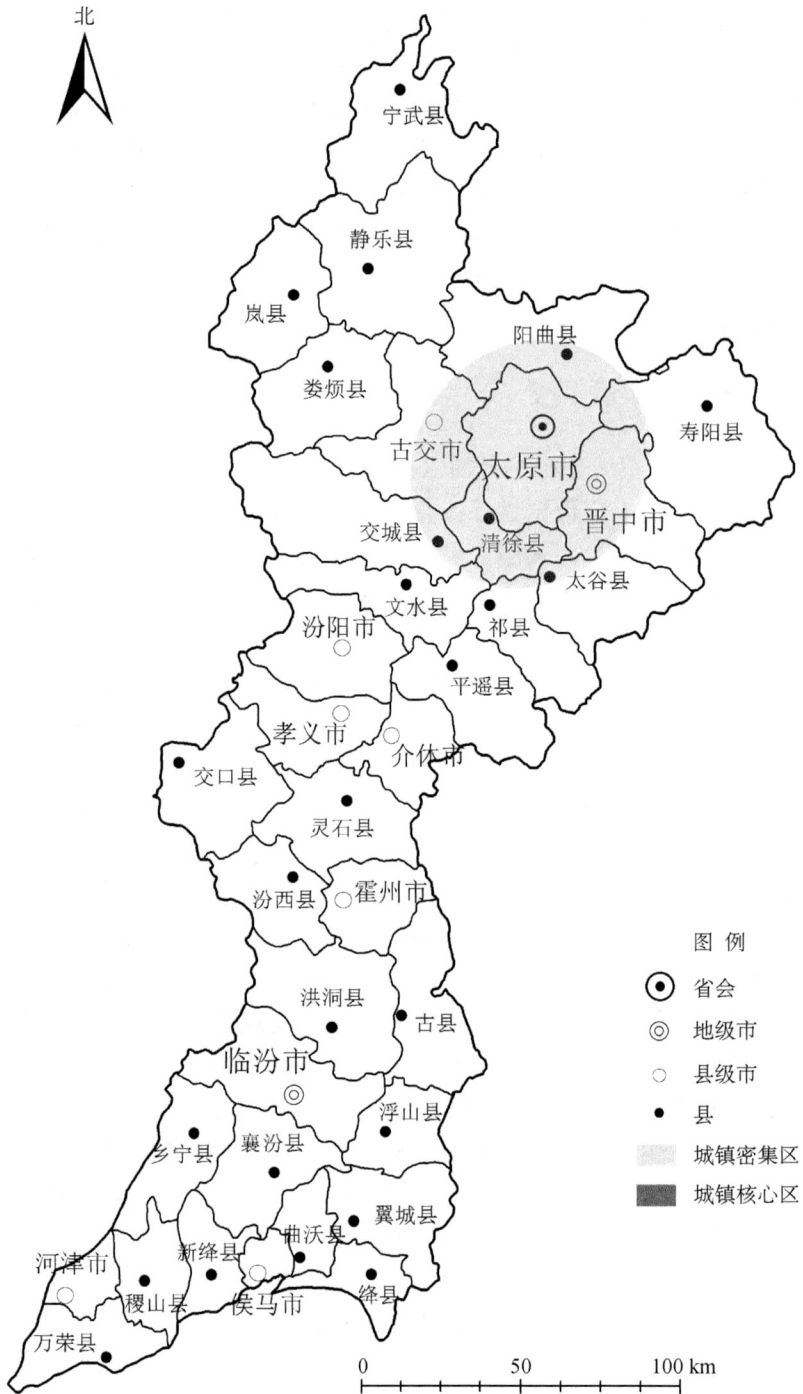

宁武县

静乐县

岚县

娄烦县

阳曲县

古交市

太原市

寿阳县

交城县

清徐县

晋中市

太谷县

文水县

祁县

汾阳市

平遥县

孝义市

介休市

交口县

灵石县

汾西县

霍州市

洪洞县

古县

临汾市

浮山县

乡宁县

襄汾县

曲沃县

翼城县

河津市

新绛县

稷山县

侯马市

绛县

万荣县

图 例

◉ 省会

◎ 地级市

○ 县级市

● 县

城镇密集区

城镇核心区

0   50   100 km

图 6-1　1980 年汾河流域城镇密集区范围图

北

宁武县

静乐县

岚县

娄烦县

阳曲县

古交市

太原市

寿阳县

交城县　清徐县

晋中市

文水县　太谷县

汾阳市

祁县

平遥县

孝义市　介休市

交口县

灵石县

汾西县　霍州市

洪洞县

古县

临汾市

浮山县

乡宁县　襄汾县

翼城县

河津市　新绛县

曲沃县

稷山县　侯马市

绛县

万荣县

图　例

◉　省会
◎　地级市
○　县级市
●　县
░　城镇密集区
▓　城镇核心区

0　　　　50　　　　100 km

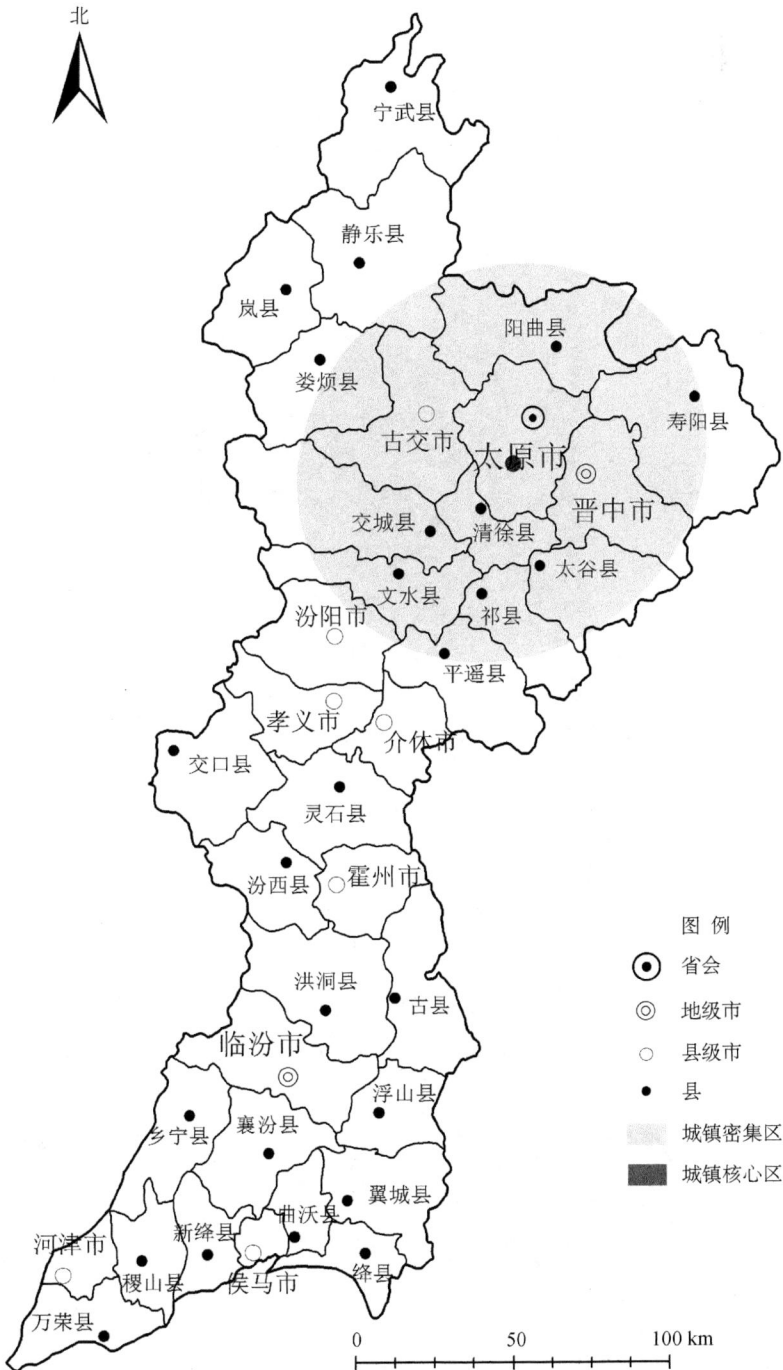

图 6-2　2000 年汾河流域城镇密集区范围图

北

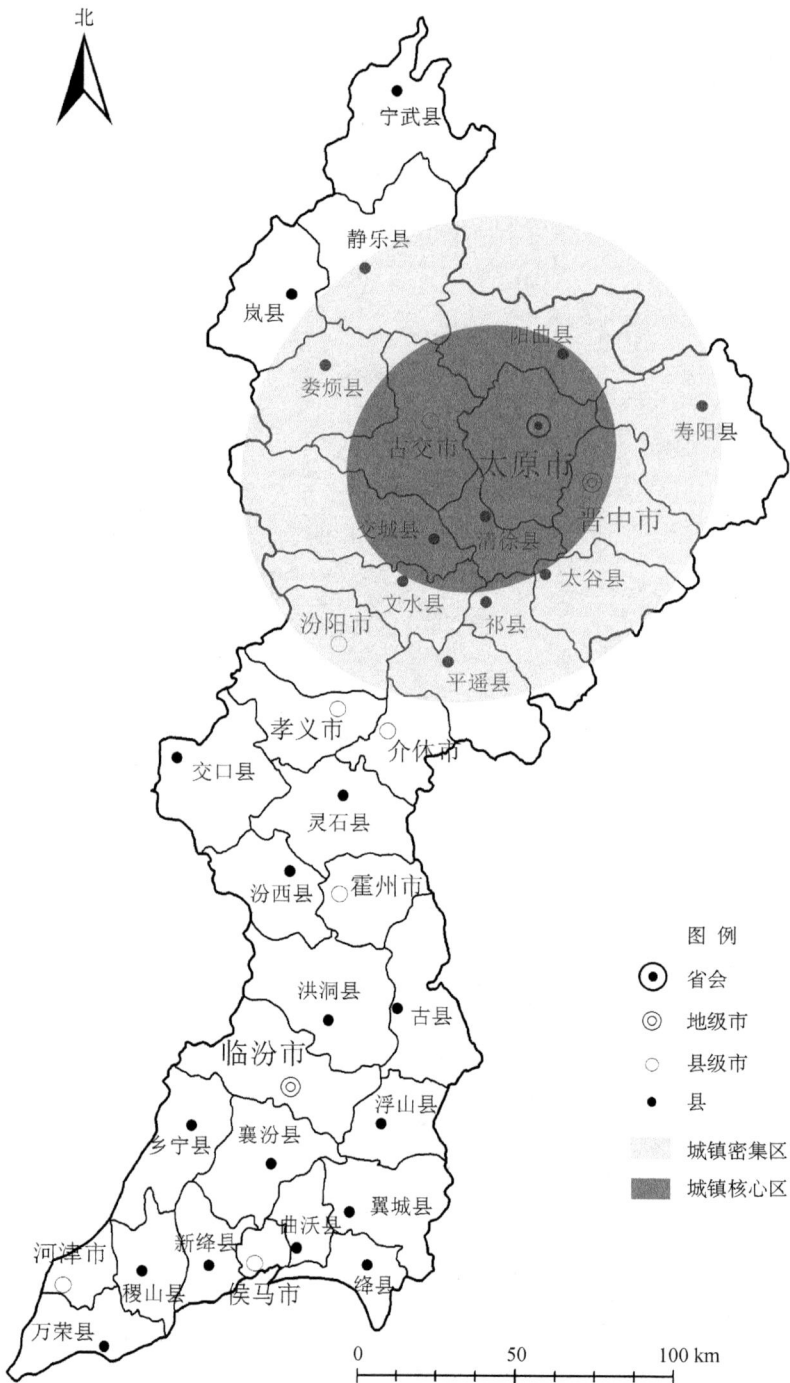

图　例	
◎	省会
◉	地级市
○	县级市
●	县
	城镇密集区
	城镇核心区

宁武县

静乐县

岚县

娄烦县

阳曲县

古交市

太原市

寿阳县

清徐县

文水县

太谷县

汾阳市

祁县

平遥县

孝义市

介休市

交口县

灵石县

汾西县

霍州市

洪洞县

古县

临汾市

浮山县

乡宁县

襄汾县

翼城县

河津市

曲沃县

新绛县

绛县

稷山县

侯马市

万荣县

0　　　　　50　　　　　100 km

图 6-3　2010 年汾河流域城镇密集区范围图

第二节 城镇空间分布与联系的现状特征

一、城镇空间分布的流域差异性特征

选取流域内城镇（街道）、建制镇作为统计对象，上游有 5 个县（市、区）城镇（街道）的数量最少，只有 22 个，城镇密度为 14.66 个/万 km²；中游共有 17 个县（市、区），城镇（街道）数量为 181 个，城镇密度达到 90.23 个/万 km²；流域下游共有 14 个县（市、区），城镇（街道）数量为 87 个，城镇密度为 76.97 个/万 km²。从城镇数量和密度来看，上游城镇数量最少、密度最低；下游次之；中游城镇数量最多，密度最大。

从流域上中下游城镇规模结构（表 6-1）来看，城镇规模结构均不完善。上游所有城镇均为小城市（镇）；中游有 1 个超大城市、3 个中等城市和 177 个小城市（镇）；下游有 1 个大城市、1 个中等城市和 85 个小城市（镇）。整体来说，流域内缺少大城市、中等城市，小城市（镇）数量较多，但普遍规模较小，发育极不充分，难以带动区域发展。

表 6-1 汾河流域上中下游城镇规模结构 （单位：个）

河段	城镇等级规模				
	超大城市	特大城市	大城市	中等城市	小城市（镇）
上游	0	0	0	0	22
中游	1	0	0	3	177
下游	0	0	1	1	85

二、城镇分布的空间指向性特征

汾河流域城镇空间分布区域差异显著，具有明显的空间指向性。首先，汾河流域内城镇分布具有明显的轴线指向性。汾河流域城镇分布密度为 8.36 座/万 km²，而在汾河干流两岸 10km 范围内城镇密度为 14.92 座/万 km²，可见，汾河流域城镇体系空间格局呈现明显的以汾河干流为轴的轴线指向性特征。其次，城镇分布具有明显的交通干线指向性。城镇是区域经济发展重要的增长极，其集聚和扩散功能的发挥均需要依托完善的交通路网，也是汾河流域城镇空间布局的重要取向。采用汾河流域交通图，借助 ArcGIS 对其进行矢量化处理，利用缓冲区分析和叠加分析（图 6-4）可以发现，汾河流域城镇体系内位于铁路、高速公路、国道三类交通干线 10km 缓冲区内的城镇数量分别为 22 个、26 个和 26 个，占整个流域比重的 61.1%、72.2%和 72.2%，由此可见，汾河流域城镇体系的空间分布具有明显的交通干线指向性。

北

图　例

· 城镇

▨ 交通干线10km缓冲区

0　　　　50　　　　100 km

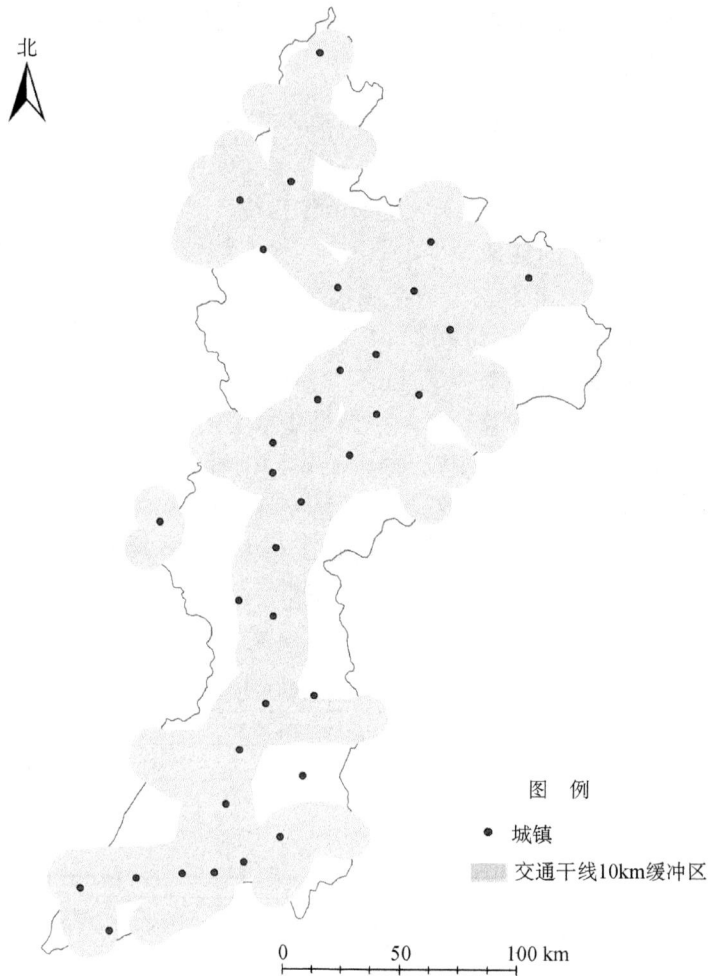

图 6-4　汾河流域交通干线 10km 缓冲区分析

三、城镇空间相互作用特征

为了研究城镇间相互作用强度，物理学中物体间相互作用的引力公式被引入地理学的研究当中。学者采用城镇人口规模、经济发展水平等相关指标作为表征城镇质量的特征值，将城镇之间的欧式距离作为半径，通过计算每两个城镇之间的吸引力强度来表征城镇间的相互作用强度。[①]参考已

---

① 王发曾、刘静玉、徐晓霞，等：《中原城市群整合研究》，北京：科学出版社，2007 年，第 187—192 页。

有研究对城市间相互作用的计算方法，采用空间相互作用强度 E 来测度城市间的相互作用强度。计算公式如下：

$$E = \frac{\sqrt{P_1 V_1 \cdot P_2 V_2}}{r^2} \tag{6-1}$$

式（6-1）中，P_1、P_2 分别表示两个城市的人口规模，此处为非农人口规模；V_1、V_2 分别表示两城市国内生产总值；r 表示城市间的欧式距离。根据上述城市间相互作用强度计算方法，计算出汾河流域城镇体系相互作用强度矩阵，结果见表 6-2。

由表 6-2 可知，在汾河流域城镇体系中，太原与其他城镇的相互作用强度最大，联系最为紧密，相互作用强度之和最大，为 5999.07，明显高于其他城镇，确立了太原在汾河流域城镇体系中功能上和组织上的核心地位。除太原之外，与其他城市相互作用总强度排名由高到低前十位的城镇依次是古交（1371.38）、汾阳（1304.64）、孝义（1287.62）、临汾（661.33）、晋中（535.99）、洪洞（526.54）、清徐（405.69）、介休（366.19）、平遥（313.64）。与太原相互作用强度值由高到低前十位的城镇分别是晋中（1385.97）、清徐（1136.60）、古交（1008.96）、交城（747.21）、孝义（524.17）、文水（341.72）、太谷（312.99）、汾阳（270.75）、介休（263.34）、祁县（255.79）。

汾河流域城镇体系城镇间相互作用大于 500 的有太原—晋中（1385.98）、太原—清徐（1136.60）、孝义—汾阳（1032.20）、太原—古交（1008.96）、孝义—介休（936.75）、太原—交城（747.21）、太原—孝义（524.17）；大于 200，小于 500 的有临汾—洪洞（430.93）、太原—文水（341.72）、太原—太谷（312.99）、临汾—襄汾（279.22）、太原—汾阳（270.75）、太原—介休（263.34）、太原—祁县（255.79）、介休—灵石（245.22）、太原—平遥（239.73）、古交—晋中（226.57）、太原—阳曲（215.25）；大于 100，小于 200 的有侯马—曲沃（198.44）、新绛—侯马（194.99）、太原—娄烦（194.30）、孝义—灵石（192.48）、太原—寿阳（142.44）、清徐—交城（137.76）、孝义—平遥（136.14）、汾阳—介休（134.81）、晋中—清徐（128.46）、太原—灵石（125.99）、太原—静乐（121.35）、晋中—太谷（119.41）、介休—平遥（112.78）、太原—临汾（111.30）；小于 100 的有 496 组，由此可见，汾河流域城镇相互作用强度的梯度差异较大。

表6-2 汾河流域城镇体系城镇相互作用强度

	万荣县	河津市	稷山县	新绛县	侯马市	曲沃县	翼城县	襄汾县	浮山县	临汾市	洪洞县	古县	霍州市	汾西县	灵石县	交口县	介休市
万荣县																	
河津市	79.88																
稷山县	16.85	71.24															
新绛县	8.63	26.75	36.41														
侯马市	9.95	30.16	25.01	194.99													
曲沃县	3.29	10.49	6.80	26.35	198.44												
翼城县	2.41	8.21	4.36	11.34	41.81	62.32											
襄汾县	3.57	14.35	8.36	20.89	55.09	38.04	42.97										
浮山县	0.75	2.84	1.29	2.58	6.86	5.62	17.49	13.31									
临汾市	9.13	38.94	17.84	32.53	73.47	47.96	80.00	279.22	82.25								
洪洞县	1.95	8.25	3.35	5.52	12.11	7.73	13.42	24.36	18.93	430.93							
古县	0.51	2.07	0.82	1.36	3.08	2.04	3.84	4.90	6.33	48.55	56.98						
霍州市	0.93	4.01	1.43	2.10	4.33	2.56	3.93	5.99	3.73	50.53	40.61	13.35					
汾西县	0.20	0.90	0.31	0.44	0.88	0.50	0.73	1.18	0.62	9.42	6.04	1.58	38.05				
灵石县	0.94	4.03	1.35	1.90	3.82	2.19	3.19	4.59	2.58	31.71	17.86	6.29	73.91	18.32			
交口县	0.15	0.70	0.22	0.28	0.53	0.29	0.38	0.60	0.26	3.68	1.59	0.44	2.59	0.99	5.62		
介休市	1.02	4.33	1.42	1.98	3.98	2.27	3.27	4.45	2.50	28.27	14.34	5.35	34.62	7.75	245.22	5.42	

续表

	万荣县	河津市	稷山县	新绛县	侯马市	曲沃县	翼城县	襄汾县	浮山县	临汾市	洪洞县	古县	霍州市	汾西县	灵石县	交口县	介休市
孝义市	1.54	6.61	2.13	2.89	5.72	3.21	4.51	6.24	3.28	38.40	18.29	6.38	37.76	9.74	192.48	11.69	936.75
平遥县	0.43	1.79	0.58	0.81	1.63	0.93	1.33	1.71	0.97	10.16	4.77	1.86	8.25	1.72	26.29	1.48	112.78
汾阳市	0.52	2.23	0.71	0.96	1.89	1.05	1.46	2.00	1.03	11.91	5.45	1.90	9.82	2.48	37.41	3.53	134.81
祁县	0.24	0.98	0.31	0.43	0.87	0.49	0.70	0.88	0.49	5.02	2.24	0.87	3.34	0.70	8.63	0.67	25.01
文水县	0.25	1.03	0.32	0.44	0.87	0.49	0.68	0.89	0.47	5.08	2.24	0.81	3.47	0.80	9.99	0.97	30.42
太谷县	0.26	1.06	0.34	0.47	0.95	0.54	0.76	0.93	0.52	5.18	2.25	0.88	3.05	0.63	6.87	0.59	16.52
交城县	0.25	1.04	0.33	0.44	0.87	0.49	0.68	0.87	0.46	4.86	2.10	0.77	3.00	0.67	7.62	0.80	19.86
清徐县	0.30	1.22	0.39	0.52	1.04	0.58	0.81	1.02	0.55	5.62	2.39	0.89	3.24	0.71	7.56	0.78	18.10
晋中市	0.72	2.91	0.92	1.25	2.51	1.41	1.96	2.39	1.29	12.75	5.29	2.01	6.49	1.37	13.23	1.38	27.54
太原市	6.50	26.96	8.30	11.04	21.73	11.99	16.27	20.79	10.54	111.30	45.49	16.26	57.61	13.14	125.99	16.84	263.34
古交市	0.20	0.81	0.25	0.34	0.67	0.38	0.52	0.64	0.33	3.39	1.39	0.51	1.70	0.37	3.50	0.41	7.20
寿阳县	0.15	0.60	0.19	0.25	0.51	0.28	0.39	0.47	0.25	2.41	0.96	0.37	1.07	0.23	1.98	0.22	3.67
娄烦县	0.05	0.20	0.06	0.08	0.16	0.08	0.11	0.15	0.07	0.78	0.31	0.11	0.38	0.09	0.79	0.13	1.50
阳曲县	0.07	0.28	0.09	0.12	0.23	0.13	0.17	0.22	0.11	1.12	0.45	0.16	0.52	0.11	1.02	0.13	1.97
岚县	0.04	0.16	0.05	0.06	0.12	0.06	0.09	0.11	0.05	0.57	0.22	0.08	0.26	0.06	0.51	0.09	0.92
静乐县	0.05	0.20	0.06	0.08	0.15	0.08	0.11	0.14	0.07	0.73	0.29	0.10	0.33	0.08	0.64	0.10	1.17

续表

	孝义市	平遥县	汾阳市	祁县	文水县	太谷县	交城县	清徐县	晋中市	太原市	古交市	寿阳县	娄烦县	阳曲县	岚县	静乐县
万荣县																
河津市																
稷山县																
新绛县																
侯马市																
曲沃县																
翼城县																
襄汾县																
浮山县																
临汾市																
洪洞县																
古县																
霍州市																
汾西县																
灵石县																
交口县																
介休市																

续表

	孝义市	平遥县	汾阳市	祁县	文水县	太谷县	交城县	清徐县	晋中市	太原市	古交市	寿阳县	娄烦县	阳曲县	岚县	静乐县
孝义市																
平遥县	136.14															
汾阳市	1032.20	53.27														
祁县	38.82	75.14	18.25													
文水县	72.21	43.70	52.39	33.54												
太谷县	25.04	27.14	11.11	71.12	14.99											
交城县	40.58	27.74	23.76	42.16	97.89	25.96										
清徐县	32.82	24.67	16.74	49.40	33.11	65.47	137.76									
晋中市	44.94	30.04	20.13	40.77	23.11	119.41	43.73	128.46								
太原市	524.17	239.73	270.75	255.79	341.72	312.99	747.21	1136.60	1385.98							
古交市	12.67	7.17	5.95	8.83	7.03	16.72	14.60	40.27	226.57	1008.96						
寿阳县	5.90	3.21	2.51	3.22	2.27	6.40	3.53	6.94	64.59	142.44	12.69					
娄烦县	3.16	1.07	1.59	0.89	1.36	0.98	1.97	2.25	3.76	194.30	1.86	0.57				
阳曲县	3.45	1.73	1.57	1.81	1.57	3.09	2.76	5.62	31.02	215.25	26.83	6.30	0.65			
岚县	1.86	0.62	0.89	0.49	0.67	0.56	0.92	1.11	2.24	69.18	1.03	0.40	3.09	0.42		
静乐县	2.28	0.83	1.07	0.70	0.88	0.87	1.29	1.74	3.98	121.35	2.03	0.76	2.37	0.97	3.88	0

北

宁武县

静乐县

岚县

阳曲县

娄烦县

太原市

古交市

寿阳县

交城县

清徐县

晋中市

文水县

太谷县

汾阳市

祁县

平遥县

孝义市

介休市

交口县

灵石县

霍州市

汾西县

洪洞县

古县

临汾市

浮山县

乡宁县

襄汾县

翼城县

河津市

新绛县

曲沃县

稷山县

侯马市

绛县

万荣县

图 例

◉ 省会

◎ 地级市

○ 县级市

• 县

━━ 大于500

── 200-500

── 100-200

0   50   100 km

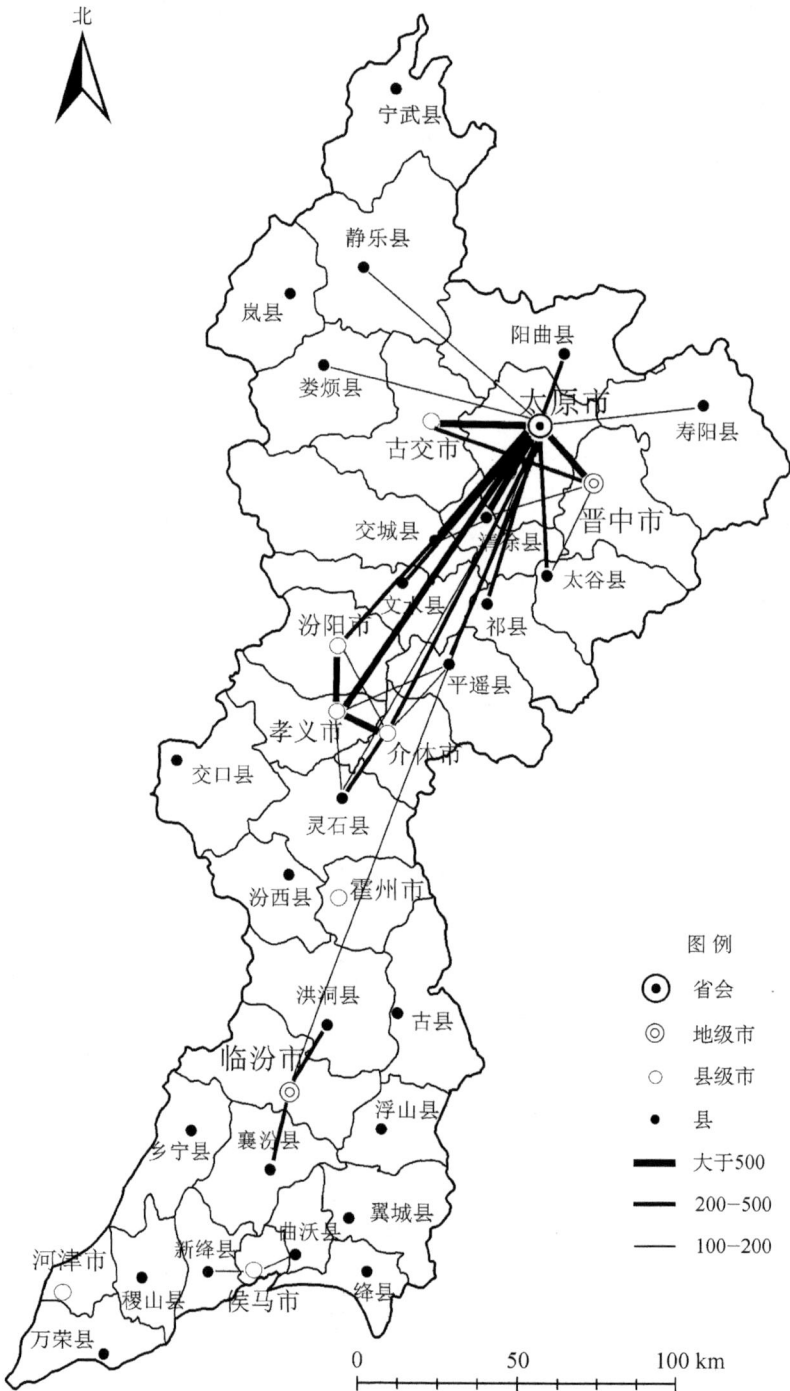

图 6-5　汾河流域城镇体系空间相互作用强度图

对汾河流域地图进行矢量化处理，将城镇间相互作用强度值按照大于500、200—500、100—200分为三组，分别用粗细不同的箭头连接起来，分析汾河流域空间联系轴带，由图6-5可知，汾河流域范围内，城镇空间组织在地域上形成了东西向的古交—太原—晋中与南北方向上的阳曲—太原—汾阳—孝义—灵石、洪洞—临汾—襄汾3条紧密联系的城镇走廊。从空间联系分区角度，整个汾河流域可以划分为北部以太原为中心、中部以孝义为中心、中南部以临汾为中心、南部以侯马为中心的4个城镇紧密联系区。

第三节　城镇空间组织模式

一、城镇空间布局模式

对城镇空间布局模式进行总结，大致可以划分为"单核向心增长模式""多核均衡增长模式""多核非均衡增长模式"三大类。[①]

（一）单核向心增长模式

单核向心增长模式用于描述区域范围内以某个中心城市为核心，周边若干城市均与中心城市保持紧密联系的城镇为基础组成的功能地域。典型的单核向心增长模式包括同心圆圈层式增长和放射形轴线式增长：①同心圆圈层式增长用于描述核心城市处于整个功能地域的中心位置，其他城镇由于其发展阶段和距离核心城市的距离不同，在空间上呈现以核心城市为中心的同心圆状分布。②放射形轴线式增长用于描述以核心城市为基础，以交通线等为依托，在核心城市的若干方向建立集中的城市发展轴线，与核心城镇保持密切联系的功能地域。

（二）多核均衡增长模式

多核均衡增长模式用于描述以两个或两个以上实力相当的城市为核心的地域空间组织模式。多核均衡增长模式主要包括双核模式、反磁力中心组合模式、平行长廊模式和多中心发展模式：①双核模式主要用于空间距

[①] 王发曾：《中原经济区主体区现代城镇体系研究》，北京：科学出版社，2014年，第195—201页。
陈玮玮、杨建军：《浙中城镇群体空间发展模式》，《现代城市研究》2006年第4期，第59—63页。

离上临近、发展条件相近的两个核心城市，通过建立优势互补的合作关系，形成双核共同带动整个功能地区发展的一体化发展态势。②反磁力中心组合模式，在离核心城市一定距离处集中培育一个与核心城市相当的反磁力中心，共同承担区域带动区域整体发展职能的一种增长模式。③平行长廊模式，在核心城市之间通过两边缘切线扩张的方式形成平行的发展轴线，培育新的核心城市或者组团城市增长带，这些新的核心城市或者组团城市增长带与原有的核心城市一起形成"走廊城市"结构，共同带动城市的整体发展。④多中心发展模式，多个规模不等、地域临近的中小城市形成具有一定地域分工、彼此间相互协作的城市聚集体，通过多中心带动功能地区发展的空间组织形式，此类模式多出现于中小城市密集的地区。

（三）多核非均衡增长模式

多核非均衡增长模式用于描述某区域以一个城市为主核、两个或两个以上的城市为次核，共同构建一个复合型增长核带动区域发展的模式。主要包括以下三种形式：①成长三角形模式用于描述以一个核心城市为主核，距离较近的两个城市为次核，共同构建三角形复合增长核，以主核带动次核，复合核心带动功能地域共同发展的增长模式。②成长多边形模式用于描述以一个核心城市为主核，距离较近的三个或三个城市为次核，共同构建一个多边形的复合型增长核带动功能地区共同发展的增长模式。③雁行模式用于描述以一个核心城市为整个区域的主要发展极，其他规模、职能不同的大中城市为"辅助发展极"，以发达的交通、通信网络为依托形成有机的区域经济网络综合体，带动功能地区发展的空间组织方式。

二、汾河流域城镇体系空间布局结构模式整合

根据区域城镇体系发展空间组织的基本规律，结合汾河流域城镇体系空间发展现状和发展态势，参考城镇空间发展的理论模式分析未来汾河流域城镇体系空间布局结构的整合。

（1）"单核"整合模式。太原市是我国中部地区重要的中心城市，受自身发展空间和发展条件的影响，为提高其综合竞争力、扩展其辐射带动作用，必须选择空间距离较近，且有合作基础的晋中市作为其构建大都市区的重要伙伴。近年来，随着太原城区与晋中城区（榆次区）的城市发展规模越来越大，两个城市间的建设逐步靠拢，尤其是沿着太榆路（省道S102）两侧的城市建设用地已呈现连片发展的趋势。根据《山西省"十一五"规

划纲要报告》，积极推进太原晋中同城化建设是促进山西省城镇化发展的重要内容。因此，太原市与晋中市应积极利用现有的交通联系通道、拓展新的交通联系通道和城际快速轨道，加强交流与合作，加快两市一体化发展进程，实现两市"规划统筹、制度同构、市场同体、产业同链、科教同兴、交通同网、设施同布、信息同享、生态同建、环境同治"，完善太原晋中同城化发展的功能组织，使太原晋中同城化地区成为带动汾河流域城镇化发展的核心增长极。

（2）"一廊道"整合模式。贯穿山西省南北的大（同）运（城）高速公路是全省物资流通的主干线，也是汾河流域城镇布局的主轴线，具备较强的发展实力和发展潜力。在太原晋中同城化、太原都市圈建设、晋南城镇群发展和孝汾平介灵城镇组群共同建设的带动下，大运高速沿线地带的发展潜力不断显现，城镇发展步伐加快，综合实力显著提高。随着大西高铁的建成，大运高速沿线城市廊道成为汾河流域城镇体系经济快速增长的核心区，也是区内重要的城镇密集区、经济核心区。

（3）"双核"整合模式。汾河流域城镇体系未来的空间整合亦可采取"多核"整合模式，太原晋中地区作为汾河流域城镇体系的核心增长极在区域城镇发展中的地位不可取代，但受城市综合实力、城市规模和城市竞争力有限的影响，其对汾河流域南部地区的影响和带动能力较弱，需要培育其他增长极作为辅助，带动汾河流域的发展。临汾市是汾河流域南部重要的人口和经济集中区，也是晋南城镇群核心城市之一，具备一定的区域影响力，促进其与襄汾、洪洞一体化发展，形成流域发展的次级核心。以太原晋中为主核、临汾为次核，可以有效弥补主核在流域南部影响力薄弱的不足，有利于带动汾河流域城镇体系的快速、协调发展。

（4）"多圈层"整合模式。目前，汾河流域内部正形成以太原晋中为核心的圈层发展结构。主要可以划分为核心圈、密切联系圈和外围辐射圈。核心圈，即太原都市区范围，包括太原市区、晋中市区、阳曲县和清徐县；密切联系圈，即太原都市圈中汾河流域内的范围，包括太原市区、晋中市区、清徐县、阳曲县、太谷县、祁县、平遥县、介休县、文水县、交城县、孝义市、汾阳市、寿阳县、古交市；外围辐射圈，即以太原晋中同城化地区为核心的太原都市圈以外的汾河流域内区域。汾河流域城镇体系的发展不仅要发挥太原晋中地区核心增长极的带动作用，还应联动山西中、南部的各具特色的城镇，将各城镇彻底融入汾河流域城镇体系当中，形成核心圈、密切联系圈和外围辐射圈联动发展的良性格局。

（5）"三组团"整合模式。汾河流域城镇体系内部可统筹构建三组团、层次分明的现代城镇体系：①以太原市为中心，晋中市—阳曲县—古交市—清徐县构成流域北部的"成长多边形"组团，为流域内的一级组团。②以汾阳市—孝义市—介休市—灵石县—平遥县5县市构成流域中部"成长多边形"组团。③以临汾市—洪洞县—襄汾县3县市构成流域南部的"成长三角形"组团，通过构建多组团、层次分明的新型城镇体系结构带动汾河流域城镇体系的快速发展。

（6）"四片区"整合模式。根据城镇发展的区位条件及定位不同，可将汾河流域城镇体系划分为4个片区，逐一进行综合考虑：①太原晋中片区，采取加快城市产业结构调整步伐，提升城市职能层次，构建区域一体化发展机制等措施，促进经济、空间、基础设施、资源利用和生态环境建设的一体化进程。②孝汾平介灵城镇组群片区，是省域重要的铝土矿开采、焦化、酿造、食品工业基地，以晋商文化为特色的旅游片区。③临汾片区，是全省重要的焦化、冶金、轻纺工业基地，优质高效麦棉生产基地，以根祖文化为特色的旅游经济区，黄河中游水土保持重点地区，重点改造焦化、冶金、煤炭、造纸工业，积极发展后续加工产业，抓好中部发展轴线建设，推进东西山区交通沿线中心城镇发展。④侯马片区，是全国重要的有色冶金基地，全省重要的机电、纺织、食品综合性工业基地、商品性粮棉基地，重点发展侯马市城市综合职能与现代化交通枢纽体系建设。通过不同区域的逐个整合，突出地方特色，推进各片区协同发展。

第四节　城镇密集区发育程度与空间组织

一、山西中部城市群的地位与范围

山西省是具有浓厚的资源型经济色彩的省份，城市发展受资源开发指向和交通指向的作用，形成"大集中、小分散"的总体布局特征，省域中部大运沿线五大盆地及晋东南中部长治、晋城盆地区域，城市分布密集，人口密度大，经济集聚程度高，基础设施条件好，但各城市间缺乏有机联系和协调发展，没有形成在全国或中西部具有一定规模、经济实力、竞争能力的城市群和有较强带动能力的核心区，外围城市与相关的大经济区或相邻省区也缺乏合理的分工和深层次的协作。

根据汾河流域城镇空间分布的前述研究，仅在山西中部、汾河流域中游，以晋中盆地为主的区域，就表现出城镇密集区的空间形态。在"十二五"时期，山西省提出"空间集中、高效集约，功能明确、分区引导"城镇空间组织战略，依托省域交通主骨架逐步形成"一核一圈三群"，分工明确、功能互补、布局合理的城镇空间布局体系。积极发展以太原都市区为核心，以太原盆地城镇密集区为主体，以阳泉、忻州、吕梁为腹地的太原都市圈，形成引领山西省城镇化发展的龙头。在《国家新型城镇化规划（2014—2016）》中提出山西中部城市群的概念。

作为一个城市群应具备以下三个条件，第一，必须是一个连续的区域，不能被非基本地域单元分隔。第二，组成城市群的地域应具有较高的城市化水平，若城市行政区总体水平达不到基本地域单元标准，但其市区与城市群地域相连，则可将其市区并入相应的城市群。第三，城市群应达到一定的面积、人口、城市规模，若一个或几个地域相连的基本地域单元达不到城市群的规模下限，也不应列为城市群。根据目前资料，代合治在《中国城市群的界定及其分布研究》一文中提出了城市群的划分问题。他认为，从城市群的面积、规模和城市数量来看，参照国外的研究成果，我国城市群的下限应为地域面积 1 万 km^2，总人口 500 万人，其中城市人口 150 万人，城市数量为 5 座，且其中应有特大城市或大城市。

就山西省已有的相关研究来看，对山西中部城市群空间范围的界定分歧较大，主要有三种不同的文本，分别是《山西省城镇体系发展研究》中的太原经济区范围，《太原经济圈规划研究》中的太原经济圈范围和《太原市城市总体规划专题研究》中的太原都市圈范围。其中，太原经济区范围最小，包括太原市区、晋中市榆次区、古交 3 市，阳曲、娄烦、清徐、交城、文水、祁县、榆社、太谷 8 县，土地面积 1.34 万 km^2，人口 529.5 万人，城镇驻地人口 345.3 万人，实际城镇化水平 67.7%；太原经济圈包括 3 个地级市的 16 个市县，即太原市的市区、古交、清徐、阳曲、娄烦，晋中市的榆次、寿阳、太谷、祁县、平遥、介休、灵石，吕梁市的文水、交城、孝义、汾阳，土地面积为 2.0 万 km^2，人口 733.2 万人，城镇驻地人口 440.7 万人，实际城镇化水平 60.1%；太原都市圈范围最大，包括太原市域全部、阳泉市域全部、晋中市的榆次区、寿阳县、太谷县、平遥县、祁县和介休市、忻州市的忻府区、定襄县、原平市和静乐县、吕梁市的交城县、文水县、孝义市和汾阳市，国土面积为 3.12 万 km^2，总人口为 976.25 万人，实际城镇化水平 56.9%。

城镇群或都市圈的划分一般遵循以下原则：①经济联系密切原则。城市群的拓展并非"摊大饼"式的四向蔓延，而是主要沿着区域尤其是中心城市的主要经济联系方向发展，因此山西省中部城市群的划分强调太原与周边县市之间是否存在实际的密切经济联系。②地理单元统一原则。山西省中部城市群本身是一个相对统一完整的城市群,同时也应尊重周边经济区的相对完整性,以及自然或者历史形成的由地形、生态、文化等复合而成的地理单元的相对一致性。③行政区划完整原则。山西省中部城市群划定必须依托一定的行政主体,应该保持行政区划的相对完整性。根据这一原则,《太原经济圈规划》中界定的范围相对较为合理,大致相当于太原1小时交通圈范围,在地理单元上基本上涵盖了整个晋中盆地,与山西省旅游资源分区中的晋中晋商民俗文化旅游区相吻合。但规模偏小,范围内仅2个地级市的16个市县,土地面积2.0万km²,人口733.2万人,城镇驻地人口440.7万人,在规模上仅相当于一个小型城市群,在城镇群体系结构上并不完整。

从中部城镇群范围来看,面积在3万—6万km²,占本省的比重在14%—40%;GDP大约为1300亿—4000亿元,占本省的比重在20%—50%;人均GDP大约为1.1万—1.9万元,与本省平均的比值在1.2—1.9。

从横向比较来看,山西中部城镇群已有的划分中明显没有考虑集聚规模问题,划分范围偏小,与中部其他城镇群不在一个量级。

根据上述问题,本书从山西省地形结构特点、区域联系、城镇群结构的量级和规模结构完整性、开发方向的一致性考虑,对山西中部城镇群范围进行了扩展。

作为山西省具有重点开发区域条件的盆地区,在晋中经济区范围内包括太原盆地、忻定盆地、阳泉洮河河谷地和吕梁三川河谷地,是晋中经济区人口与经济密集区域。

城市间的联系流通常包括人流、物流、信息流、资金流和技术流,它是城市之间联系的实际存在形式,这些联系流的强弱直接体现着城市之间社会经济联系的紧密程度,对于经济圈范围的划分具有重要的指导意义。根据太原市每日客运交通发车班次流量流向数据,测度中心城市与其周边城镇之间的人流联系,大致可以分为三个等级:第一等级为榆次、清徐、文水、交城、祁县、阳曲、忻府区、古交、平遥、汾阳。榆次与太原市区之间有公交车联系,其他市县与太原市区的发车频率都在150班次以上,远远多于其他县市,因而可以认为是与太原联系紧密的地区。第二等级为寿阳、离石、阳泉、娄烦、原平、太谷、岚县、孝义、介休、灵石,与太原市区的发车班次都在50—110次,可视为与太原联系较为紧密的地区。其他市县为第三等级,与太原的发车班次都在50次以下,与太原的联系比较松散。

时距不仅是时间和空间的概念，还可以延伸出产业布局、社会生活、文化联系等诸多内涵。因此，时距实际上是对经济圈空间范围的一种重要的界定方式，其主要依据是两条标准：一是物流配送半径原则，二是商务作息时间原则。由此可以衍生出多个小时经济圈范围。

"两小时经济圈"，其空间距离通常在 200km 左右。在这个范围内，中心城市与周边城市在一个工作日内可以自由往来办事或者"物流配货可当日送达"，资源与市场可以共享，在区域范围内形成一个联系比较紧密的经济圈。

按照盆地重点开发区、"一个半小时"通达圈和经济联系原则，山西中部城镇群或太原城镇群范围可扩展到北部忻州—定襄—原平组群、东部阳泉、西部离石—柳林—中阳组群，涵盖太原、晋中、吕梁、阳泉、忻州5市重点开发范围，包括 29 个县、市、区。其中，核心圈层为太原盆地城镇密集区，是太原城镇群建设的重心。山西中部城镇群区域面积 2.9 万 km²，总人口 1180 万人，城镇人口 746.3 万人，共有地级市 5 个，县级市 5 个，县城 13 个，建制镇 109 个，总体上达到了一个中型规模城镇群的标准。

2014 年，该区域土地总面积占全省的 20.5%，总人口占全省总人口比重为 33%，城镇人口占全省比重为 40%，GDP 占全省比重为 40.5%，是山西省域经济与社会事业最为发达的核心区域和最为重要的城镇密集地区。区域发展目标是，努力打造成为具有全国意义的重点开发区域，成为中部崛起新的增长极和开放程度高、发展活力足、核心竞争力强的城市群之一，成为山西经济转型发展的强大引擎和综合配套改革的先行区（表 6-3）。

表 6-3　山西省中部城镇群城镇数量统计表

名称	太原城镇群	其中	
		太原都市区	太原盆地城镇密集区
城镇数量/个	139	18	62
占全省比重/%	24.2	3.1	10.8
城市数量/个	10	2	5
占全省比重/%	45.5	9.1	22.7
县城数量/个	13	2	7
占全省比重/%	15.5	2.4	8.3
建制镇数量/个	116	14	50
占全省比重/%	24.7	3	10.7

其中，以太原盆地为主体的核心圈层处于汾河中游的晋中盆地，是全省最重要的城镇密集区，也是城镇群人口与经济集聚的主体区域。

二、山西中部城市群的发展基础

1. 资源富集程度高

一是区内矿产资源丰富，尤其是煤、铁、铝土资源在山西省占有重要的地位。探明煤矿资源 660 亿 t，占山西省的 28.85%；探明铁矿资源 16 亿 t，占山西省的 42.92%，丰富的矿产资源为发展资源型产业奠定了坚实的物质基础。其中，太原市煤矿资源勘探面积 1296.46km²，占整个含煤面积的 94.77%，资源储量 1757.7 亿 t，占山西省的 6.8%。探明铁矿资源储量为 6.6 亿 t、铝土资源储量为 6287 千 t，石膏资源储量为 6320.3 万 t。另外，建筑用灰岩储量为 1080 万 m³，其余石灰岩资源储量为 19 306.4 万 t，其中水泥用灰岩为 9194 万 t，玻璃用灰岩为 39 万 t，溶剂用灰岩为 10 012.6 万 t，电石用灰岩为 60.8 万 t，耐火粘土的资源探明储量为 1249.1 万 t。

二是历史文化底蕴深厚，拥有 65 处国家级文物保护单位，约占全省的 21.4%，境内晋商文化已经与黄河根祖文化、五台山佛教文化一起被定为山西省精品旅游资源。

三是风景名胜资源丰富，《山西省风景名胜区体系规划》中列有 31 处风景名胜区，约占全省的 30.69%。

四是科技资源雄厚，省会太原集聚了全省 50%的研发机构、60%的研发人员、80%的科研经费和 90%的科研仪器与科技文献图书；2009 年，仅太原市申请专利 4011 件，占全省的 58.8%。

2. 产业基础较为雄厚

有在新中国成立初期建立起来的重化工业基地，在黑色冶金、煤化工、重型机械、矿山机械、建材等领域的工业基础雄厚，在能源工业、重型机械工业、煤化工业、特种冶金工业、微波通讯工业、航空仪表工业等具有明显的竞争优势。传统工业的高新技术改造、信息化改造、环保化改造，必然成为未来产业发展的重要支撑之一。但是，经济结构明显偏重，主要体现在三个方面：第一，太原市和晋中市的轻重工业产值比都高达 1：9 左右，吕梁市、阳泉市重工业比重更高；第二，在全国具有较大影响力的企业和产业，基本都属于重型工业；第三，区内主要工业产品以重工业产品为主。

3. 单核结构特征突出

在空间上呈现典型的单核格局,即太原市区在区内一极独大。太原市区的国土面积仅为城镇群的 4.6%,却集中了城镇群 25.7%的人口、41.0%的城镇人口、45.2%的 GDP 总量、36.2%的规模以上工业增加值、51.8%的社会消费品零售总额,空间极化效应较为突出。并且近年来的发展趋势来看,太原市区中心聚集极化的趋势越来越显著,单核格局越来越突出,太原市区对城镇群内的城镇集聚功能在继续增强。

4. 地区经济与城镇化差异显著

城镇群的地区分异主要表现为经济发展和城镇化发展的阶段与水平差异悬殊。从人均 GDP 水平来看,城镇群内部明显以太原市区和忻州市区、阳泉市区、吕梁市区、孝义市为中心形成五个增长极核,其中太原市区已进入工业化后期,而文水县还处在初级产品生产阶段,其人均 GDP 不及前者的 1/6。从城镇化水平来看,太原市区和榆次区合计城镇化水平高达 91.7%,但其他地区城镇化水平只有 45.7%,而太原周边的阳曲、清徐、寿阳、交城、文水、太谷、祁县、平遥八县的合计城镇化水平更是仅有 31.2%左右。

三、山西中部城市群的发育阶段

国内关于城市群的发展阶段划分,比较有代表性的有三种方案:一是 1992 年姚士谋提出将全国划分为五大城市群(沪宁杭、京津唐、珠三角、四川盆地、辽中南)和八个城镇密集区两大发展阶段。二是李迅提出将全国划分为 4 个城市群(沪宁杭、京津唐、珠三角、辽中南)和六大城镇密集区(松嫩平原、中原、江汉平原、湘中、四川盆地、关中)两大发育阶段。这两种划分方案均将城市群看作城镇密集区的高级形式。三是方创琳依据城市系统演进的组织和自组织理论,将城市群形成发育分为发育雏形阶段、快速发展阶段、发育成熟阶段、趋向鼎盛阶段 4 个阶段。他运用城市群经济发展总体水平指数、城市群交通运输指数、邮电通信指数、城市群基尼系数、城镇密度指数、首位城市发育指数等 14 项指标,采用熵技术支持下专家民主决策模型对每个指标进行赋值,利用 2007 年数据,对全国 23 个城镇群发育程度进行了计算与比较,结果如表 6-4 所示。

表 6-4　中国城市群发育程度的等级划分

等级	城市群名称	个数/个
一级	长三角、珠三角、京津冀	3
二级	山东半岛、成渝、海峡西岸、辽东半岛、中原、武汉、长株潭、呼包鄂、南北钦防、关中	10
三级	哈大、江淮、晋中（山西中部）、银川平原、环鄱阳湖、滇中、黔中、兰白西、酒嘉玉、天山北坡	10

资料来源：方创琳、宋吉涛、蔺雪芹，等：《中国城市群可持续发展理论与实践》，北京：科学出版社，2010 年，第 42—43 页。

　　按照该研究，第一级三个城市群为处于趋向鼎盛阶段的城市群；第二级 10 个城市群为处于快速发展阶段的城市群，主要分布于我国中部地区；第三级 10 个为处于发育雏形阶段的城市群，集中分布于西部地区。山西中部城镇群处于该划分方案中的第三级，而中部中原、武汉、长株潭均处于第二级。可见从全国层面分析，山西中部城镇群发育仍处于雏形阶段，发展阶段滞后。

　　按照城市群综合紧凑度综合评价结果，与中部中原城市群、长株潭城市群、武汉城市群相比，山西中部城镇群紧凑度处于低紧凑度等级，发育程度低于中部其他三个城镇群。其中，产业集中程度和产业结构集中指数低是影响山西中部城镇群紧凑度的主要因素，加快山西中部城镇群产业空间集中化进程，加快产业结构调整是缩小山西中部城镇群与中部其他城镇群发展差距的主要路径。

　　都市区是与中心城市具有密切社会经济联系的、以非农业经济为主的县域单元间的组合，属于城市的功能地域概念。在一日的周期里，都市区为人们提供居住、工作、购物、医疗、游憩等基本功能，都市区也是城镇群形成发育的重要标志。

　　根据国内外都市区划分的标准，以及山西省 2001 年、2006 年和 2011 年的统计年鉴，确定了中心县和外围县的具体数值。结合我省实际发展情况，把满足全县非农业产值达到 75%以上和非农业劳动力比重达到 50%以上的县确定为中心市的外围县。太原都市区外围县基本情况如表 6-5 所示。

表 6-5　太原都市区外围县非农指标汇总

地级市	所辖县	2000 年		2005 年		2010 年	
		非农产值比重	非农就业比重	非农产值比重	非农就业比重	非农产值比重	非农就业比重
太原市	清徐县	0.7491	0.4031	0.8542	0.4196	0.8377	0.4631
太原市	阳曲县	0.7717	0.3803	0.7761	0.4189	0.834	0.4897

续表

地级市	所辖县	2000 年		2005 年		2010 年	
		非农	非农	非农	非农	非农	非农
		产值比重	就业比重	产值比重	就业比重	产值比重	就业比重
太原市	娄烦县	0.8228	0.3646	0.9423	0.4126	0.9354	0.4034
太原市	古交市	0.9552	0.5806	0.9688	0.6174	0.962	0.6385
晋中市	寿阳县	0.748	0.3541	0.7572	0.3896	0.8948	0.4343
晋中市	太谷县	0.7268	0.483	0.7675	0.4842	0.78	0.4983
晋中市	祁　县	0.6945	0.4217	0.7746	0.4759	0.7998	0.5273
晋中市	平遥县	0.8257	0.4098	0.8267	0.5012	0.8524	0.5596
吕梁市	文水县	0.6605	0.3759	0.7629	0.4443	0.7819	0.5077
吕梁市	交城县	0.8403	0.5288	0.9519	0.56	0.9513	0.6679

　　根据上述方法，2010 年太原都市区包括杏花岭区、小店区、迎泽区、尖草坪区、万柏林区、晋源区、古交市、榆次区、交城县。面积 5564km²，人口 367 万人。2000 年以来太原都市区范围没有扩张。由划分结果看，太原都市区面积偏小，外围清徐、阳曲、太谷等县均达不到都市区标准。

　　从都市区城市化的空间差异与空间扩展来看，太原大都市区城市化总体水平虽然较高，但城市化空间差异较大，在都市区非农人口中，有 80.1% 集中于中心市；城市总人口中有 71.3% 集中于中心市。这种城市化水平的地域差异反映在区域城镇体系的规模结构上，表现为卫星城、外围小城镇规模、基础设施与中心市之间存在着巨大的落差，外围城镇、卫星城规模普遍偏小。太原市域的清徐、阳曲、娄烦未能进入都市区，其城市化水平与都市区差异更大。由中心市、外围县市到边缘县，太原都市区城市化空间分异形成由高度城市化地域、中等城市化地域到初级城市化地域的演变。

　　城市化最明显的表现是景观城市化，即由农村地域向城市地域的转变。大都市区这种空间转变模式包括中心城市处延扩展型、飞地扩展型和一般城镇发展型三种模式。太原大都市区空间扩展主要为中心城市外延扩展型，近年来受交通指向作用显著，空间扩展模式由摊大饼式向轴线扩展模式转换。

　　都市区存在的问题是，第一，中心城市扩散力弱。在都市区形成和发展的初期，其主导力量来自中心城市巨大的能量扩散，而中心城市能量扩散的规模与速度又取决于自身集聚强度和城市产业结构的升级。只有在城市产业结构升级转换中，特别是在城市第三产业和新兴产业的集聚和发展中，才能导致城市内部空间结构重组，促进人口、资本在空间上的流动与扩散。第二，城市腹地经济总体水平低，自上而下的城镇化不足，非农劳动力占的比重低。太原市仍处于集聚发展阶段，中心城市与外围县发展落差较大，特别是外围县非农化水平偏低，制约着都市区的形成与扩张。

四、城市群发展动力与主要因素

（一）城镇群工业化阶段

根据一般的工业化阶段划定标准，山西中部城镇群已经进入工业化中期阶段，经过了采掘业与初级加工制造业的发展以后，在工业化中期阶段的主要任务就是积极发展先进制造业，改造传统产业，顺利进入工业化中期的"黄金阶段"。在新的工业化中期阶段，必须改变传统经济增长方式，走低耗能、低耗水、低污染、高附加值的新型工业化道路，以此完成工业化中期过程。

（二）城镇群科技竞争力

作为国家城市化发展主体形态的城市群，不仅是国内新增投资和生产能力的重点区、国际产业和资本转移的集聚区、农村劳动力转移的吸纳区，还是创新环境的培育和生长区、区域集体学习的试验和示范区、学习能力和创新能力的融合区。通过"科技投入""科技产出""科技潜力"等科技竞争力方面对山西中部城镇群、中原城市群、武汉都市圈、长株潭城市群、关中城镇群的科技竞争力的各个方面进行横向比较发现，山西中部城镇群总体科技竞争力较弱，在五个城镇群中排名倒数第一，特别是科技产出最低，但是科技素质是位居第一，科技潜力较大。

（三）城镇群外向型经济发展

城市群作为最具竞争力的一种空间组织形式，其主要驱动力是外向型经济。根据国内研究现状，本书选取外贸进出口额、外商直接投资、外贸出口额、人均外贸总额、出口依存度、国际投资开放度六个指标进行综合与比较。山西中部城镇群相对于中西部其他城镇群而言，外向型经济发展相对落后，进出口总额总量少、实际利用外资额比较少，国际投资开放度不高。因此，加大改革开放步伐，强化外向型经济发展是提升山西中部城镇群区域竞争力的重要选择。

（四）城镇群产业园区发展

开发区、产业园区是城镇群经济发展的重要动力之一。横向比较，山西中部城镇群开发区实力有限且无序发展，增长引擎功能仍较弱。群内各县市对实施工业园发展战略还没有形成统一认识，也没有形成推进工业园发展的合力。因此，需要按照"七条路径"和"板块化发展、园区化承载、集群化推进"的模式，以中心城市为龙头，以城镇群为依托，产业园区为支撑，优化产业结构与布局，形成带动城镇化发展的强劲动力。其重点如下：第一，优化提升太原都市区产业结构；第二，整合协调太原盆地城镇密集区产业布局；第三，提升外围城镇组群的产业支撑。第四，推进产业园区、产业集群与城镇建设的一体化发展。

五、城市群的优势与空间组织

（一）宏观区位比较

宏观区位是区域经济与城镇发展的重要条件，承东启西的区位优势是中部地区城市群所共同具备的区位特征。在我国"两横三纵"生产力布局格局下，中原城镇群处于东西向陆桥通道与南北向京哈、京广轴带的十字交会处，武汉都市圈处于东西向长江通道与南北向京哈、京广轴带的十字交会处，区位优势更为突出。长株潭位于京广经济带、泛珠三角经济区、长江经济带的结合部。山西中部城镇群位于中部地区北部，是连接我国北部地区京津唐核心区、山东半岛经济发达地区与西北地区联系的重要通道，起着承东启西的作用。随着西部大开发的新干线太中银铁路、青岛—银川高速公路的建设运用，"东引西联"节点区位的潜在优势将逐步转化为现实优势：交通区位逐步提升为中部地区北部东西联系的重要战略节点；资源区位处于国家级煤炭战略资源区位的中心位置；省域层面具有中心与门户复合区位优势。

（二）城镇群发展优势

城市群的发展必然会受到城市群的区位、资源、产业基础、城市等条件的影响，武汉都市圈、中原城市群、长株谭城市群和山西中部城市群具有共性的发展优势，也有独特的发展特色。相对而言，山西中部城镇群具有如下优势：第一，国家政策资源优势，"山西省国家资源型经济综合配套改革试验区"是我国设立的第9个综合配套改革试验区,为城镇群突破区域分割的制度障碍和行政区划壁垒,以及一体化发展机制提供了重要的政策平台,是山西中部城镇群实现转型、跨越发展的重要支撑。第二,地处煤炭资源腹地的优势,为城镇群发展煤化工的高端加工业及为此煤炭服务的现代服务业提供了必要的发展条件和动力因素支撑。第三,历史文化旅游资源优势,为城镇群的产业结构升级提供了重要的动力支撑。第四,重化工业的产业优势,成为未来产业发展的重要支撑之一。

(三)城镇群发展定位

中部地区城镇群定位与思路上具有一些共同的特征:第一,城镇群定位凸显承东启西的战略区位和东引西联的战略思路;第二,城市群都把自己的发展定位放在中部崛起的大战略中考虑,希望成为中部崛起的战略支点,成为带动区域发展的增长极;第三,中部城镇群定位突出了高新技术产业与先进制造业基地的功能;第四,在发展战略选择上着眼于中心城市与城市群的培育和壮大;第五,在城镇群发展方式上,突出科学发展观和"五个统筹"的发展理念。

山西中部城镇群定位的区域定位是环渤海与中西部地区联动发展重要枢纽区,促进中部崛起的北部战略支点。产业功能定位是全国重要的新型材料与先进制造业生产与技术创新基地;全省外向型经济与高新技术产业的龙头、高等教育与科技创新中心、现代服务业的核心增长区。特色与形象定位是资源型经济转型发展综合配套改革先行区。

(四)城市群空间组织

以太原盆地为中心,带动和联合周边城市,东迎西拓、南展北引,初步形成"一核四极、两轴一环"的城镇空间发展格局。

"一核",即由太原市区、晋中市区、清徐县城、阳曲县城构成的太原都市区,是全省城镇体系的组织核心,经济转型发展的增长极核。"四极",即阳泉(阳泉市区与盂县、平定县城)、忻定原(忻州市区与原平市、定襄县城)、离柳中(吕梁市区和柳林、中阳县城)和介孝汾(介休、孝义、汾阳)四个城镇组群,是城镇群城镇体系的四个战略支点,经济社会转型发展的次级增长极。"两轴",即大运发展轴和新兴的省际太中银发展轴,是城镇群重要的区域联系通道区和城镇、产业集聚带。"一环",即太原盆地内的城镇发展环,是太原盆地城镇密集区重要的城镇、产业集聚带。

六、城镇群一体化发展路径

山西中部城镇群城镇群发展的关键问题是必须正确处理好区域内各个经济主体之间的关系。一是中心城市与周边城市的关系。二是区域功能定位与产业定位的关系。三是打造组合优势与发挥城市特色的关系。四是区域内竞争与合作的关系。五是政府推动与市场主导的关系。

山西中部城镇群建设推进重点如下：①强化规划统筹引导，以实现低碳生态化、高效能、高品质发展为目标，以区域一体化规划为统领，优化空间资源配置，支撑和促进城镇群发展方式转变。②推进太原—晋中同城化，打造城镇群核心区域，引领山西中部城镇群向中部地区最具活力和区际竞争力城市群迈进。③圈层推进，重点突破，有序发展，实现由发展中城市圈向较发达的城市圈的转变。④转型升级、引导分工、集群推进，强化城镇群发展的产业支撑。⑤引导区域交通网络与城市—区域空间发展良性互动，促进城镇群紧凑、有序和一体化发展。⑥划定区域绿地、推进绿道建设，提升城市（镇）景观风貌，实现保护生态、改善民生、发展经济的完美结合。

以太原盆地为主体的核心圈层是全省最重要的城镇密集区，也是城镇群人口与经济集聚的主体区域。太原盆地城镇密集区的建设，应采取"极化带动网络化"的推进策略，集中力量，发展太原—晋中和介孝汾主次两大极核，建设清徐、交城、文水和介孝汾工业城镇发展带和太谷、祁县和平遥旅游城镇带，加强城镇间快速高效的联系通道建设，积极推进区域一体化进程，扩张共建领域、提升共享水平，构建"双核两带网络化"的城镇空间结构。在巩固与强化太原—晋中主核心的同时，以构建一体化的新型区域中心城市为目标，以城市功能、空间、基础设施、资源利用与环境保护一体化为核心，推进太原盆地南部介休、孝义、汾阳三市的功能整合、人口集聚、经济转型、设施共享和环境重建，努力建成新的人口与产业集聚极核，形成百万人口规模级的晋中南复合型区域中心。

坚持区域经济一体化发展要求，整合区域产业，优化产业布局，培育发展清徐、交城、文水和介孝汾工业原材料与重加工业产业带，太谷、祁县和平遥等东部文化旅游与轻工产业带，按照突出城市特色和优势产业、提高产业关联度的原则，重点培育共性和互补性强的 6 大产业群，即金属材料及其制品产业集群、装备制造业产业集群、高新技术产业集群、焦化产业集群、农特产品加工产业集群、文化旅游产业集群。产业集群和工业园区要依托城镇，城镇公共服务设施和市政基础设施实现共建共享，最大程度发挥产业集群和工业园园区集聚辐射效应。

完善区域通道，重点加强与环渤海的联系，提升太原交通枢纽地位。强化城镇密集区内部城际快速交通联系，整合与外围高速公路、铁路，形成城镇密集区的环形高速公路和环形轨道交通。加快实施"引黄南供"等调水工程，缓解区域城镇与经济发展的水资源约束。加强生态环境恢复，提高城乡环境品质，构建以汾河水系为骨架，以山、林、耕地、水库等自然要素为基础，与城镇群空间体系相平衡的区域自然生态体系，奠定城乡生态安全空间格局。

实现城镇群协调发展，必须高度重视制度创新，只有通过建立一套完备的协调制度体系，城镇群有序、协调和一体化发展才能得到根本保障。应以统筹城镇格局、统筹规划指导、统筹设施建设、统筹园区产业、统筹户籍社保、统筹公共服务、统筹土地管理、统筹资金投入、统筹社区管理、统筹区域协作为导向，按照促进生产空间集约高效、生活空间宜居适度、生态空间山清水秀的要求，创新机制，积极打造一体化发展的交通圈、物流圈、旅游圈、生态圈。

加快构建一体化发展的工业城镇带、旅游城镇带和汾河生态带。一是构建以太原盆地西部清徐、交城、文水、汾阳、孝义、介休为主的工业城镇带，形成上下游产业紧密衔接的产业链和板块化、园区化、集群化推进的产业发展态势。二是构建以太原盆地东部榆次、太谷、祁县、平遥、介休、灵石为主的旅游城镇带，加快推动晋商文化旅游产业快速发展。三是构建太原盆地中部的汾河生态带，大幅提升山西中部城镇群的生态文明程度。

加快构建一体化发展的大交通圈。围绕构建一体化综合交通网络，以高速公路建设为重点，铁路、国省道建设全面推进，进一步促进太原盆地、忻定原、离柳中、阳泉等地区内部和相关城市间的交通联系，实现城镇群内全部"一小时通达"。一是在全面加快高速路网建设的同时，进一步加强一批国省道建设，形成与高速公路有效衔接的辅道体系；进一步打通高速公路断头路，实现高速公路全线对接；进一步加快高速公路连接线建设，不断提高高速公路通达率。二是完成大西高铁建设，提升太中银铁路，建设中南部铁路通道，加强阳泉铁路及公路物流枢纽建设，扩容改造吕梁、介休、原平、阳泉、修文五个铁路编组站，建设以煤炭集运为主的大型货运枢纽。

加快构建一体发展的大物流圈。充分依托煤炭物流业和综合交通网络，全力构建社会化、专业化、规模化、集约化的现代物流体系。一是进一步发挥太原—榆次在华北地区的综合物流枢纽作用，建设汇集公路和铁路集装箱运输、航空货运、城乡配送等多功能于一体的现代物流体系。二是进一步发挥忻定原、离柳中、介孝汾、阳泉等次级物流中心的作用，培育和扶持一批大型现代物流企业，构建现代物流配送体系。三是加快物流业信息化建设，推动物联网技术在物流业领域的应用，实现大型工商企业、物流园区、交通枢纽和物流配送中心实现联网，建立方便快捷的物流电子商务体系，全面提升太原都市圈的物流运输能力。

加快构建一体发展的大旅游圈。依托城镇群内丰富的旅游文化资源，坚持科学规划开发，统一宣传促销，打破行政壁垒，实行整体连片开发；积极探索试行旅游资源一体化管理，积极试行群内旅游景点"一票通"，开发建设富有区域特色的各类旅游主题精品线路，形成与"晋北宗教古建游""晋南寻根觅祖游"遥相呼应、南北贯通的山西旅游大发展格局。

加快构建一体发展的大生态圈。按照生态文明建设要求，坚持节约优先、保护优先、自然恢复为主的方针，加快构建城乡生态环保体系。一是构建城乡生态建设区，严格控制各城市盲目扩张，促进城市环境与自然环境有机融合，避免城市过度集中连片发展，保证各城市间留有必要的绿色空间。二是构建生态水源涵养区。加强对娄烦、古交、交城、芦芽山、管涔山、关帝山及汾河上游水库等地区实施生态涵养，有效提升其生态水源涵养功能。三是构建生态保育区。通过对太原市区、阳曲、寿阳、晋中市等实施土质改善和植被培植，加强地质遗迹的保护，努力恢复山地植被景观。四是构建生态修复区。协调寿阳、古交、汾阳、孝义、灵石等的煤焦产业发展与生态环境保护，降低煤焦产业对生态环境的破坏力，提高植被生长环境的质量，有效恢复这一地区的生态环境。

第七章
汾河流域城镇发展的水土资源保障

第一节　城镇化发展的用水保障

一、城市用水量及用水结构变化的基本特征

（一）城市用水量变化的基本特征

1. 城市总用水量呈现波动发展的趋势

1999—2011 年，汾河流域城市总用水量呈现波动发展的态势。整体来说，可以大致分为两个阶段，即 1999—2003 年的用水量波动下降阶段和 2003—2011 年的用水量稳步回升阶段（图 7-1）。

城市用水量的最高峰出现在 2000 年，当年用水总量达到 44 201 万 m³，随后逐年下降，到了 2003 年，下降到最低值 33 617 万 m³，这主要是因为城市节水力度不断加大，城市用水总量下降；2003 年以后，城市用水总量稳步回升，到了 2011 年，城市用水总量达到 43 584 万 m³，这主要是受生活用水量和生产用水量共同影响造成的；2009 年以前，生活用水量逐步提高，2009 年以后城市用水总量的提升主要受经济快速增长，生产用水量增加而带来的影响。

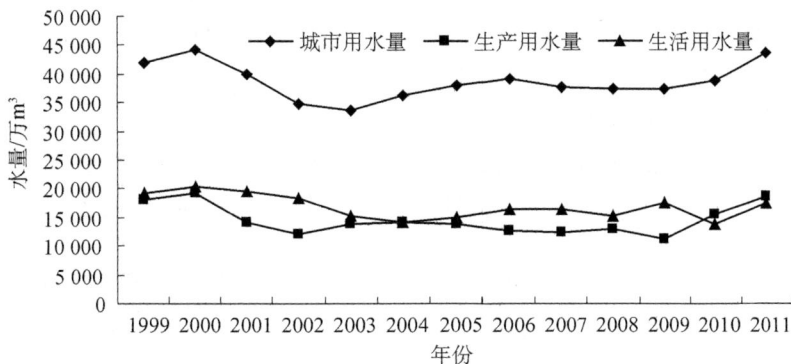

图 7-1 汾河流域历年城市用水量变化曲线示意图

2. 城市人均综合用水量

如图 7-2 所示，1999—2011 年，汾河流域城市人均日综合用水量大致分为两个阶段，分别是显著下降和平稳发展阶段。1999—2001 年为显著下降阶段，人均日综合用水量由 1999 年的 394.7L/（人·d）下降到 2001 年的 270.1L/（人·d）。这主要是由于采用的人口统计口径出现变化，1999 年与 2000 年采用的是非农业人口作为统计口径，2001—2011 年采用的城镇人口作为统计口径，非农业人口统计范围明显小于城镇人口，1999 年、2000 年的城市人均日综合用水量明显高于 2001 年以后的研究时段。2001—2011 年城市人均日综合用水量呈现平稳发展的特征，基本上都集中在 220—230 L/（人·d）。

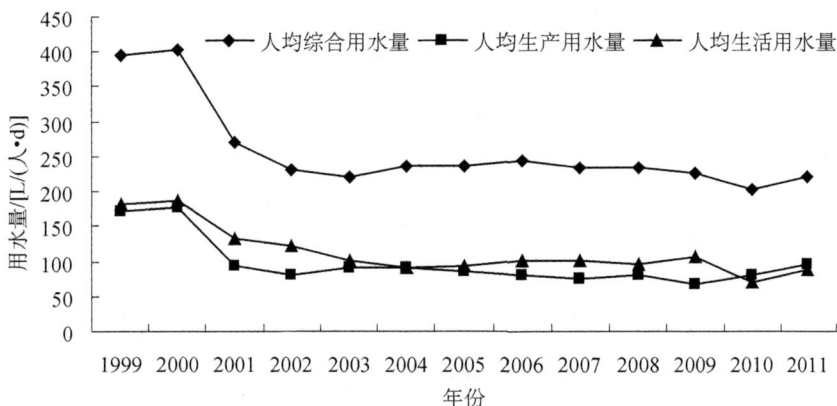

图 7-2 汾河流域城市人均日用水量变化曲线示意图

3. 城市生活用水量变化特征

城市生活用水量占城市用水量的比重呈下降趋势（图 7-3）。1999—2011

年，汾河流域城市生活用水量占城市综合用水量的比重呈现波动下降的趋势。1999—2001 年，城市生活用水量比重比较稳定，集中在 46%—49%；2002 年时，生活用水量比重达到最高峰，占城市综合用水量的 52.95%，随后呈现波动下降的趋势，到 2010 年其所占比重降到最低，约占 35.39%，年均下降 2.20 个百分点；到了 2011 年，这一比重有所回升，约占 40.16%。

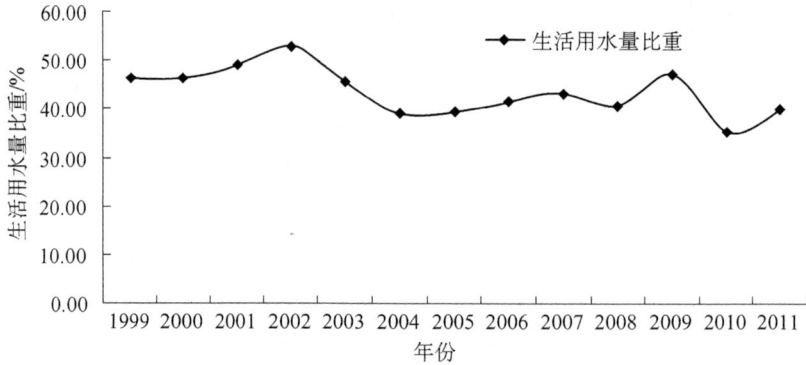

图 7-3　1999—2011 年汾河流域城市生活用水量比重年度变化图

研究时段内，城市生活用水量呈现波动下降的趋势，生活用水量变化率年际变化较大（图 7-4）。

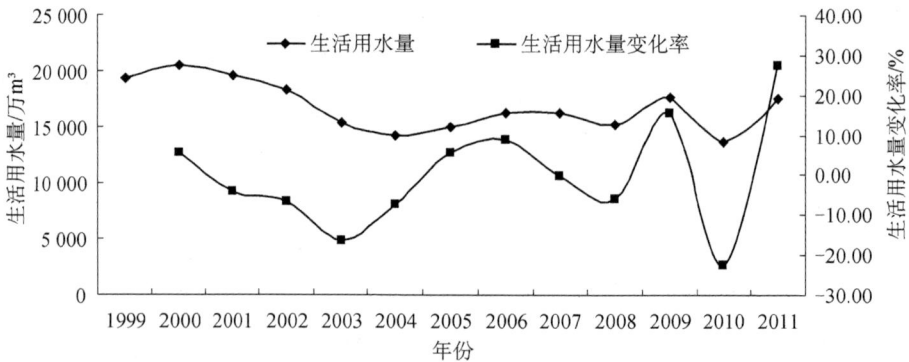

图 7-4　1999—2011 年汾河流域城市生活用水量年度变化图

城市用水人口的变化趋势。在研究时段内，城市用水人口呈现逐年上升的态势，除去人口统计口径的影响，2001—2011 年，城市用水人口从 405.97 万人增长到 538.44 万人，年均增长率达到 2.86%。城市用水人口的大幅度增长必然会带来城市生活用水量的增长。

城市人均生活用水量呈现波动下降的特征（图 7-5）。其中，1999—2000 年，城市人均日生活用水量较高，主要是受用水人口采用非农业人口的影

响；自 2000 年以后，城市人均日用水量呈现明显的下降趋势，尤其是 2000
—2003 年下降较为显著；自 2003—2009 年，汾河流域城市人均日用水量
基本保持稳定，基本维持在 92—107L/（人·d）；2010 年以后，城市人均
日用水量呈现较为明显的波动发展。总体来说，研究时段内，汾河流域城
市人均日用水量呈现明显下降的特征。

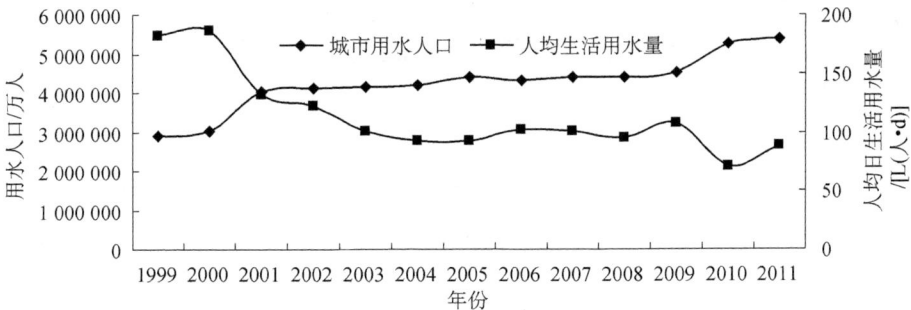

图 7-5   1999—2011 年汾河流域城市用水人口及人均日生活用水量年度变化图

4. 城市生产用水量变化特征

1999—2011 年汾河流域，城市生产用水量总体呈现"先减后增"的变
化趋势（图 7-6），1999 年，城市生产用水量为 18 226 万 m³，2000 年增
长到 19 281 万 m³，达到研究时段内城市生产用水量的最高值；2000 年以
后，汾河流域城市生产用水量呈现明显的下降趋势，2000—2002 年下降幅
度最大，下降了 7079 万 m³；2002—2009 年，汾河流域城市生产用水总量
变化不大，整体较为稳定；2009 年以后又呈现明显的增长态势，2009—2011
年，由 11 151 万 m³ 增长到 18 753 万 m³，增长幅度达到 68.17%。城市生
产用水量的这种波动式的发展反映了经济发展的周期性特征，同时也说明
了这一时期生产用水的节水力度和重复利用率的提高。

从城市生产用水占综合用水量比重的年均变化情况来看，其与城市生
产用水量年均变化情况类似，呈现先下降后上升的变化趋势。1999 年、2000
年的生产用水量比重较高，均约占综合用水量的 43%；图 7-6 中 2001 年、
2002 年生产用水量比重出现第一个波谷，这一时期生产用水量有明显下降，
占综合用水量的 34%—35%；2003 年，这一比重有所上升，达到 40.77%，
随后的 6 年，城市生产用水量比重呈现缓慢下降的特征，到了 2009 年，这
一比重降至最低，约占综合用水量的 29.89%；2010 年以后，城市生产用水
比重明显上升，与城市生产用水量变化趋势一致，到了 2011 年，这一比重

提升至 43.03%。城市生产用水量比重的变化反映了近年来汾河流域生产性产业的用水量变化规律，随着生产用水量比例的变化，城市生产用水总量也出现相应变化。

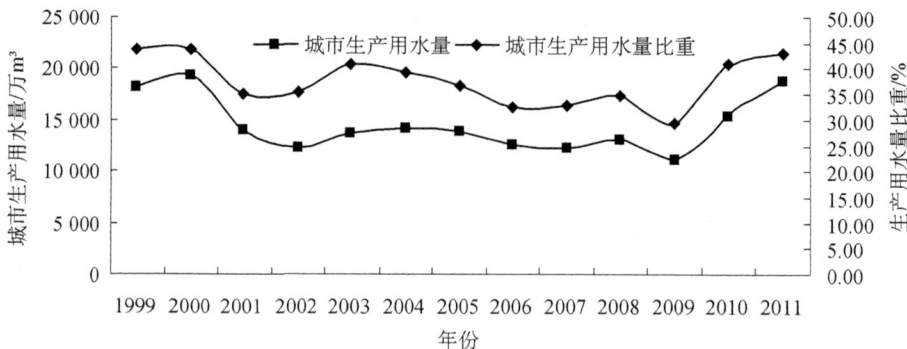

图 7-6　1999—2011 年汾河流域城市生产用水年度变化图

（二）用水结构变化特征

研究时段内，汾河流域城市用水结构呈现由生活主体型向生产主体型转变的特征。

回顾 1999—2011 年，汾河流域用水结构呈现由生活主体型向生产主体型转变的趋势。如图 7-7 所示，2009 年及以前，汾河流域生活用水量呈现高于生产用水量的特征，其间虽然二者均呈现波动性变化，但生活用水量一直高于生产用水量，只在 2004 年时，二者基本持平。自 2010 年开始，汾河流域生产用水量不断提升，明显超过流域生活用水量，在近十几年的发展中首次成为影响区域综合用水总量变化的最主要因素。城市生产用水量的快速提升与流域经济的加速发展密不可分。

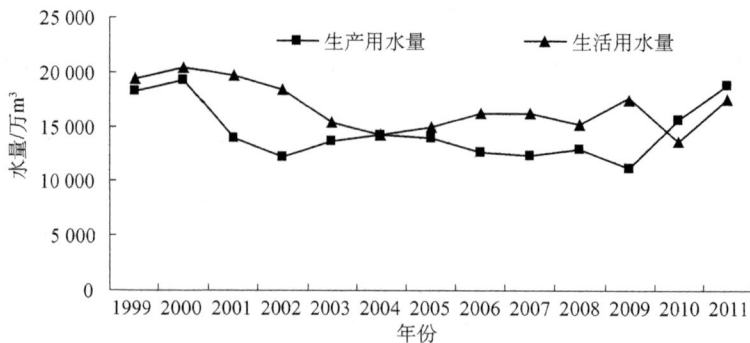

图 7-7　1999—2011 年汾河流域城市生产用水、生活用水量变化

二、城市用水量与城市化水平的相关关系

（一）城市用水量与城市化水平的相关关系分析

综合考虑 1999—2011 年汾河流域城市化水平与城市用水量之间的关系，对其进行回归分析，对城市用水量与城市化水平的散点图进行曲线拟合，见图 7-8。

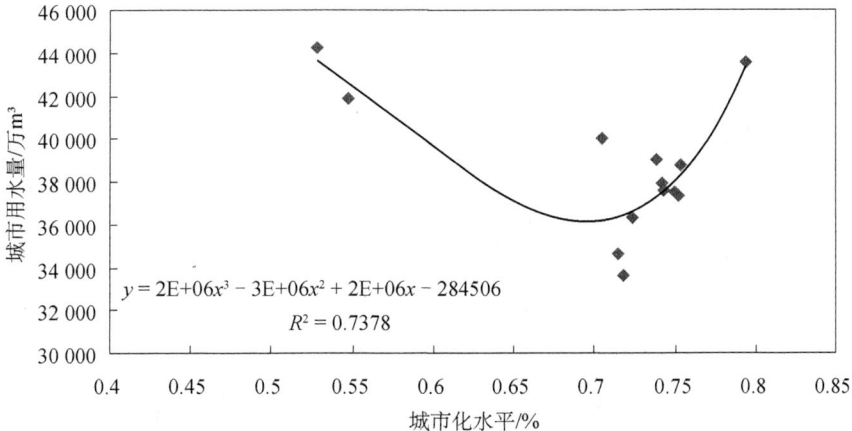

图 7-8　1999—2011 年汾河流域城市化水平与城市用水量模拟图

该模型拟合优度一般。其三次拟合曲线变化规律如下：当城市化率在 50%左右时，城市用水量较高；在快速城市化阶段，节水措施和力度不断加大，城市用水量有所下降；当城市化水平达到较高水平时又带动了城市用水量的提升。

城市化水平的提高必然伴随着经济的不断增长、人口规模的不断扩大，而提供必需的城市用水量是保障城市发展、城市化进程的前提。定量计算每提高 1%的城市化水平，需要提供的城市用水量，对于保障城镇化进程的推进具有一定的指导意义。采用 2001—2011 年为研究时段，每两年对比，计算城市化水平每增加一个单位建设用地扩张的规模，并取多年均值，作为过去 2001—2011 年城市化每增加 1%，需要增加的城市用水量。经过计算，汾河流域城镇化水平每提高 1%需要新增建设用地 3.99 亿 m³。

（二）城市人均用水量与城市化水平的相关关系

根据 1999—2011 年汾河流域城市化水平与城市人均综合用水量之间的关系，采用回归方法进行模拟，其模拟情况见图7-9。

该模型为三次曲线方程，在城市化水平较低时，即在50%—55%时，城市人均综合用水量相对较高，随后在城市化水平维持在70%左右时，城市人均综合用水量相对稳定。整体来说，汾河流域人均综合用水量基本上呈现高位稳定、快速下降和低位稳定三个阶段。

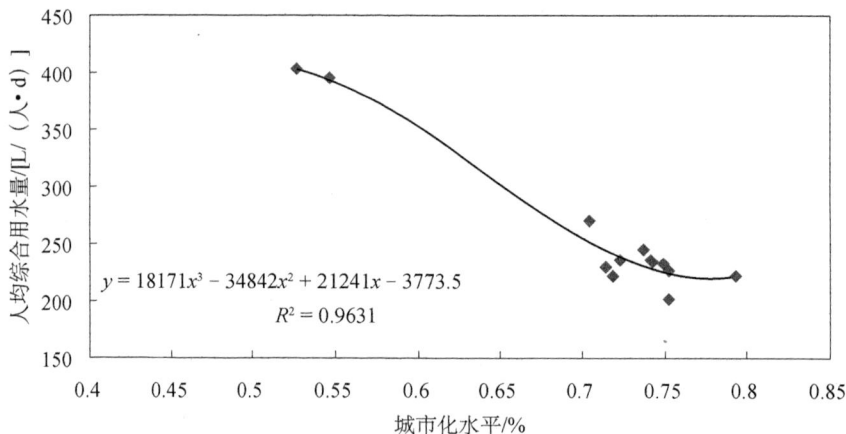

图7-9 1999—2011年汾河流域城市化水平与城市人均综合用水量模拟图

（三）城市生活用水量与城市化水平的相关关系

分析 1999—2011年汾河流域城市化水平和城市生活用水量的统计数据，作出城市生活用水量随城市化水平变化的散点图，然后对其进行回归分析，得出汾河流域城市生活用水量随城市化水平提高的变化规律，其拟合曲线为对数曲线，其拟合方程关系式如下：

$$y=31931\ln x+25417 \tag{7-1}$$

式 7-1 中，x 为城市化水平；y 为城市生活用适量；$R^2=0.8021$。

由图 7-10 可知，随着城市水平的提高，城市用水量的实际增加量与模拟曲线略有偏差。大致可以分为三个阶段：当城市化水平小于约74%时，城市生活用水量随城市化水平的提高增长较慢；城市化水平在 74%—76%时，城市生活用水量随城市化水平提高增长较快；城市化水平高于76%时，城市生活用水量随着城市化水平的提高增长又趋于缓慢。这是由于早期城市化水平较低时，城市经济基础较为薄弱，人民生活水平较低，所以城市用水量增加不大；随着城市化水平的不断提高，城市经济有所发展，人民的生活水平也随之提高，城市生活用水量增长较快；当城市化水平达到较高程度，城市节水力度不断加大，节水政策也较为完善，同时人民的节水意识也不断提升，城市生活用水量的增长逐渐放缓。未来汾河流域城市生活用水量会随着城市化水平的提高缓慢上升。

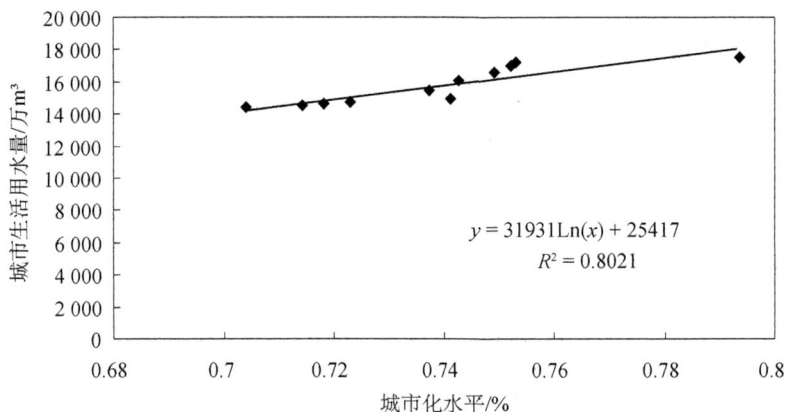

图 7-10 2001—2011 年汾河流域城市化水平与城市生活用水量模拟图

（四）城市生产用水量与城市化水平的相关关系

根据 1999—2011 年汾河流域城市化水平与生产用水量的统计数据，作出城市生产用水量随城市化水平变化的散点图，对其进行回归分析，其回归曲线见图 7-11。从总体上看，其回归曲线符合多项式回归模型，其回归方程为该三次曲线模型拟合相对较好，拟合曲线变化规律：城市化水平低于 76% 时，城市生产用水量出现缓慢下降的趋势；城市化水平高于 76% 之后，城市生产用水量呈现明显上升趋势。实际情况是城市化水平在 70%—76% 时，城市生产用水量呈现波动变化的特征，但整体呈现略微下降的态势；城市化水平高于 76% 之后，城市生产用水量大幅度提升，与拟合曲线的总体趋势相符。

$$y = 3\times10^7 x^3 - 7\times10^7 x^2 + 5\times10^7 x - 1\times10^7$$
$$R^2 = 0.8011$$

（7-2）

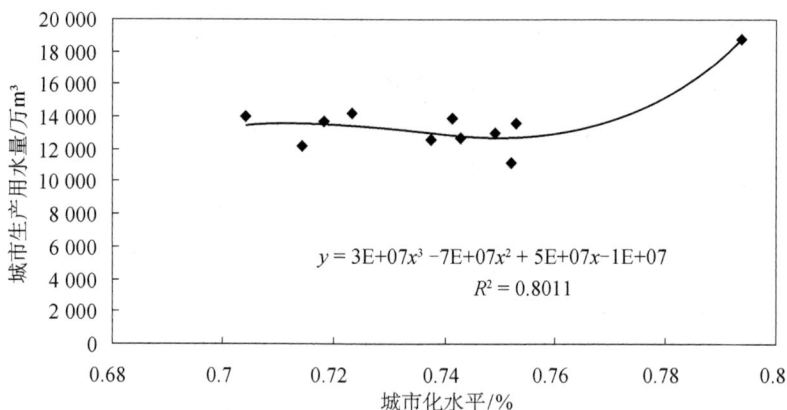

图 7-11　1999—2011 年汾河流域城市化水平与城市生产用水量模拟图

三、城市用水保障程度预测

（一）汾河流域城市用水量预测

1. 汾河流域城市综合用水量预测

对于汾河流域城市用水量的预测主要采用人均综合用水量法，依据城市用水人口规模的发展变化与单位人均综合用水量指标，预测未来流域范围内城市用水的总需求量。在对过去十几年汾河流域用水人口规模变化进行分析时，不难发现，流域内城市用水人口规模呈现稳定增长的态势；依据汾河流域城市人均综合用水量指标，因其具有良好的稳定性，发展变化的趋势也比较显著，可以用于未来人均综合用水量预测，同时城市人均综合用水量参照全国城市人均综合用水量指标。[①]参照国家有关的政策法规及规范标准，根据 1999—2011 年汾河流域城市总用水量和人均综合用水量的变化，预测汾河流域 2020 年、2030 年的城市用水总量，预测结果见表 7-1。

表 7-1　汾河流域城市总用水量预测结果表

年份	2011	2020	2030
城市用水人口/万人	448.09	487.83	536.14
人均综合需水量/（m³/a）	97.30	94.03	90.53
城市需水总量/亿 m³	4.36	4.59	4.85
新增需水量/亿 m³	0	0.23	0.49

① 方创琳、宋吉涛、蔺雪芹，等：《中国城市化进程及资源环境保障报告》，北京：科学出版社，2009 年，第 166—178 页。

根据 1999—2011 年汾河流域城市实际人均综合用水量指标的变化特征，预测城市综合用水量需求时，以 2011 年为基准年，以城市人均综合需水量 90.30m³/a 为基准，按照发展趋势确定定额指标，在预测期内逐渐降低，预测 2020 年、2030 年人均综合用水量分别是 94.03m³/a、90.53m³/a，城市总用水量预测值分别是 4.59 亿 m³ 和 4.85 亿 m³。

2. 汾河流域城市生活用水量预测

预测未来城市生活用水量，利用人均生活用水量和城市用水人口的预测值计算，对汾河流域 2020 年、2030 年城市生活用水量进行预测，预测结果见表 7-2。

根据 1999—2011 年城市实际人均生活用水量指标的变化特征，预测城市生活用水量需求时，以 2011 年为基准年，以城市人均生活用水量现状 39.05m³/a 为基准，按照其发展趋势确定定额指标，其值在预测期内缓慢下降，2020 年、2030 年的人均生活需水量分别是 33.96 m³/a、29.07 m³/a，流域内城市生活用水量的预测值分别为 1.66 亿 m³ 和 1.56 亿 m³。

表 7-2　汾河流域城市生活用水量预测结果表

年份	2011	2020	2030
城市用水人口/万人	448.09	487.83	536.14
人均生活需水量/（m³/a）	39.05	33.96	29.07
城市生活需水量/亿 m³	1.75	1.66	1.56
新增生活需水量/亿 m³	0	-0.09	-0.19

3. 汾河流域城市生产用水量预测

预测未来城市生产用水量，利用人均生产用水量和城市用水人口的预测值计算，对汾河流域 2020 年、2030 年城市生产用水量进行预测，预测结果见表 7-3。

表 7-3　汾河流域城市生产用水量预测结果表

年份	2011	2020	2030
城市用水人口/万人	448.09	487.83	536.14
人均生产需水量/（m³/a）	41.96	46.82	52.89
城市生产需水量/亿 m³	1.88	2.28	2.84
新增生产需水量/亿 m³	0	0.40	0.96

根据 1999—2011 年城市实际人均生产用水量指标的变化特征，预测城

市生产用水量需求时，以 2011 年为基准年，以城市人均生产用水量现状 41.96m³/a 为基准，按照其发展趋势确定定额指标，其值在预测期内缓慢上升，2020 年、2030 年的人家生活需水量分别是 46.82 m³/a、52.89 m³/a，流域内城市生产用水量的预测值分别为 2.28 亿 m³ 和 2.84 亿 m³。

（二）未来汾河流域城市用水量保障程度分析

根据 1999—2011 年汾河流域人均综合用水量、人均生活用水量和人均生产用水量指标的变化特征预测汾河流域 2020 年、2030 年的城市综合需水量、城市生活需水量和城市生产需水量。不难发现，未来一段时间，城市综合需水量、城市生产需水量有明显提升，城市生活需水量则呈现下降的态势，符合流域产业加速发展和节水设施不断完善的现实特征。

未来汾河流域城市用水保障程度逐步降低。汾河流域城市多年平均水资源总量为 7.24 亿 m³。根据山西省多年平均水资源数据估算，山西省多年平均水资源可利用量约占多年平均水资源总量的 67.7%[①]，也就是说，汾河流域城市多年平均水资源可利用总量约为 4.90 亿 m³。由上述预测可知，汾河流域城市综合需水量呈现比较明显的上升态势，到 2020 年，城市需水量预计会达到 4.59 亿 m³，到 2030 年城市需水量预计会达到 4.85 亿 m³，若从供需平衡的角度来看，汾河流域城市多年可利用水资源量基本上可以满足流域内城市生产、生活的要求，但如果包括 15% 的生态用水需求，到 2020 年，城市需水量将达到 5.28 亿 m³，2030 年城市需水量将会达到 5.58 亿 m³，届时，汾河流域城市发展的用水缺口将分别达到 0.38 亿 m³ 和 0.68 亿 m³。用水缺口的不断增大必将影响汾河流域城市的可持续发展。

四、用水保障对策与措施

（一）强化社会和公众节水意识，建立健全节水法规和政策

城市节水是保证城市化顺利发展的重要措施之一，搞好城市节水需要强有力的政府推动与广大用户的积极配合。进一步加大节水宣传力度，在广大民众中树立节水意识，使节水意识更加深入人心，是促进节水的有效途径。对居民进行节水观念的教育，让居民了解水资源危机的严重性，介绍节约用水的方法、强化节水和保护水资源的意识，改变居民用水观念和

[①] 胡英娟：《山西省农业用水现状调查分析》，《山西水利》2014 年第 12 期，第 1—2 页。

用水行为，提高节水的自觉性。

要从建立健全法律法规的角度约束用水人、用水单位的用水行为。1980年至今，我国已经制定了一系列的法律、法规作为我国的用水规范，如《中华人民共和国水法》《城市供水条例》《城市节约用水管理规定》等，极大地推动了城市节水事业的发展。我国水资源按照《中华人民共和国水法》的规定，实施统一管理制度。相关主管部门的权利和职责得到进一步明确，针对用水过程中存在的问题，需要进一步加大执法力度，做到有法必依、执法必严、违法必究。严格执法方面主要从两个角度入手，一是执法队伍建设，包括执法人员的法律知识、业务技能的培训和执法人员素质的提高；二是加强执法制度建设，为执法提供制度上的保障。

此外，加强节水制度和标准建设及建立多元化的节水投入机制也是建设节水型社会的重要途径。节水制度和标准建设要求调整和完善行业用水标准和产品用水定额，同时建立节水器具、节水设备的认证制度和市场准入制度，规范节水器具的流通市场。建立多元化的节水投入机制可以从国家、地方和用户三个层面分别制定相应机制，国家层面可以将节水工程作为重要的基础设施纳入国家发展计划；地方层面应将节水投入明确纳入地方财政预算当中；用户层面主要是确定投资主体，遵循"谁投资、谁受益"原则。

（二）控制水的需求量，多管齐下实现用水"零增长"

我国是世界重要的人口大国，水资源的供需矛盾日益严重，面对日趋严峻的水安全态势，我国要以有限的水资源满足经济社会的可持续发展，就必须控制水的需求量，通过节约用水来缓解水资源短缺的问题，同时减少废水排放量、减轻水污染。2009年，北京师范大学水科学研究院和水利部水利水电规划设计总院共同研究的"我国水资源利用效率评估及其方法研究"项目对比分析了国内外农业、工业和总体水资源利用效率，研究结果表明中国在12个比较国家中，总体水资源利用效率处于中下水平，与水资源利用先进国家存在较大差距。国外的一些国家和城市的经验说明可以从控制城市用水需求量的角度入手，在需求量得到控制的前提下，能够使有限的水资源支撑城市经济和社会的可持续发展。尤其是从我国目前用水紧张的现状角度考虑，加强城市用水需求控制具有十分重要的意义。采用一系列节水战略措施，最大限度地降低国民经济各部门的用水量，构建节水型社会，争取在保障经济可持续发展的前提下，实现用水量的"零增长"。

（三）提高工业用水重复利用率，着力发展节水型工业

提高工业用水重复利用率主要可以从三个方面入手：一是调整和优化产业结构，建立节水型产业体系，压缩耗水量大、产出低的行业，重点发展高新节水产业和第三产业，减少城市经济发展对水资源的需求总量，减轻生态环境压力。二是提高工业用水重复利用率，大力推广节水新技术、新工艺，依靠科技进步实现用水关系的信息化、数字化、智能化，通过采用先进设备和工艺技术，减低万元产值耗水量，提高工业用水重复利用率。三是实行清洁生产，减少工业废水排放，降低水消耗，当前我国工业生产过程中极易产生工业废水污染，仅采用一般的末端治理，很难从根本上解决废水排放的问题，从长远看，必须推动企业实行清洁生产，才能从根本上缓解工业企业污水排放的问题，使其能够在生产全过程中控制工业污水的产生，并通过制定工业企业清洁生产的工艺标准，衡量企业实施清洁生产的程度，对于实行清洁生产的企业，政府应当在税收、用地等方面给予一定的支持。

（四）全面普及城市生活节水器具，积极推广中水回用技术

城市生活用水量的增加一方面是因为城市人口增长，另一方面是因为生产的发展和人民生活水平的提高。据统计，做饭、洗衣、冲洗厕所、洗澡等用水占家庭用水的80%左右。早在1987年，国家计划委员会等五部委就联合下发《关于改造城市房屋卫生洁具的通知》〔2391号〕，由此开始了我国城市推广节水型房屋卫生洁具工作。1992年建设部第17号令《城市房屋便器水箱应用监督管理办法》颁布后，推广节水型房屋卫生洁具就成了全国节水管理部门的一项重要的经常性的工作。今后要加快对国家明令淘汰的用水器具的改造步伐，使浪费水的生活用水器具逐步得到改造。在新建、改建、扩建工程项目中一定要做到"三同时、四到位"，即建设项目的主体工程与节水设施同时设计、同时施工、同时投入使用；取用水户要做到用水计划、节水目标、节水措施、管理制度四到位。同时，城市节水管理部门还应充分利用各种宣传媒体和宣传方式，向市民介绍节水型生活用水器具的选购常识和安装调整知识，尤其是各类进水阀的调整方法知识。

积极推广中水回用也是全面建设节水型社会的重要措施之一。主要应从以下四方面着手：①要加大政府的宣传引导，扩大中水回用知晓率，利用多渠道向市民宣传中水知识，宣传科学用水，节约用水和水污染防治的先进典型，教育和引导群众自觉履行保护水资源、水环境的义务，在全市上下形成节约用水、合理用水、防治水污染、保护水资源的良好社会氛围。

②科学规划设计，建设中水使用设施，将中水回用纳入城市水资源综合规划，对新建大型宾馆、饭店、文化体育设施以及机关、科研单位、大专院校、住宅小区，要求建设中水设施，对未按规定设计中水设施的建设部门不得办理建设工程许可证，中水设施验收不合格的，供水企业不得供水。③加大资金投入，完善污水回收处理，引进国外先进技术和设备，修建污水处理工程设施，提高污水变中水的回收利用。④建立激励机制，提高中水利用率，对建立中水设施的单位给予政策补贴，出台污水资源化的优惠政策，用经济手段推动对中水设施建设的重视和对中水的利用。

（五）合理调整供水价格，实行阶梯水价政策

长期低廉的水价严重制约了供水行业的健康发展，也会对供水服务安全造成影响，面对供水成本的节节攀升以及供水行业普遍亏损的现实状况，将水价调整至合理水平是促进供水行业健康发展的前提。首先要实施水价成本公开与成本监审，推行水价成本公开，可以大大提高水价调整的科学性和透明度，为水价成本监审奠定坚实基础。成本公开可以让老百姓清清楚楚地了解供水企业的成本状况，维护自身合法权益，也可以督促供水企业加强内部管理和自我约束，主动降低生产成本，提高服务水平和质量。其次是构建合理的水价形成和调整机制，包括明确水价定价机制、确定合理的水价调整周期、落实完善水价听证制度、建立水价补贴补助机制等。最后是要明确政府在供水中的责任归位，具体包括加大对供水管网建设、水源地保护和用户水表更新改造等方面的投资；健全政府对低收入群体的用水补贴机制；规范水费使用管理，鼓励用水户对供水单位的水费收支进行监督；由政府主导推行阶梯水价和实行分质供水等。

第二节　城镇发展的建设用地保障

一、人口城镇化与土地城镇化的协调关系分析

（一）城镇建设用地变化的基本特征

1. 城市建设用地规模不断扩大

1999 年，汾河流域特大城市、大城市、中等城市、小城市数量占流域城

市总量的比重为 11.1%、0%、22.2%、66.7%，到了 2011 年，相应等级规模城市数量的比重变化为 11.1%、11.1%、33.3%、44.4%。从汾河流域城市等级规模总体发展的情况来看，大城市和中等城市的数量和比重逐渐上升，小城市数量和比重逐渐下降。城市等级规模的变化整体上符合城市等级规模金字塔规律，即特大城市和大城市的等级较高，城市数量相对较少；中小城市等级较低，城市的数量和所占的比重份额较大，与城市发展客观规律较为吻合。

2. 城市建设用地总量不断增加

选取汾河流域所有县级市作为研究对象，根据《中国城市建设统计年鉴》相关数据，绘制 1999—2011 年汾河流域建设用地面积变化图。由图 7-12 可以看出，汾河流域城镇建设用地面积呈现线性上升的趋势。1999年，汾河流域城镇建设用地面积总量为 270.95km²，这一数据到了 2011 年上升至 442.85km²，年均每年增长建设用地面积为 14.33km²。其中 2002—2007 年和 2009—2011 年城市建设用地增长速度较快。

3. 建设用地弹性系数较低，且中小城市弹性系数较大

城市建设用地规模扩张的最主要原因就是城市人口数量的增加，人口增长率的高低理论上决定了城市建设用地增长率的变化。学术界通常用城市建设用地系数，即年均城市建设用地增长率与年均城市人口增长率的比值来反映城市建设用地增长与城市人口增长的合理性，当两者接近于 1 时，说明城市发展是一种正常理性的增长。

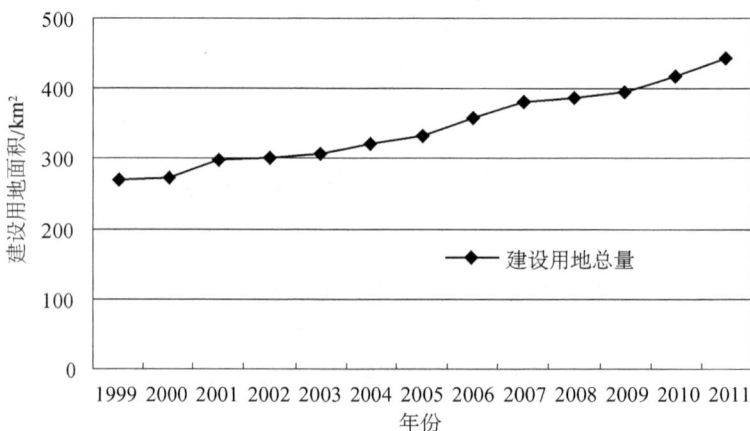

图 7-12　1999—2011 年汾河流域城市建设用地变化曲线示意图

汾河流域城市建设用地弹性系数整体较低，城市建设用地与城市人口

增长的匹配性较差，说明汾河流域城镇建设发展相对于人口增长来说稍有滞后。从各等级规模城市来看，特大城市和大城市的建设用地弹性系数较低，中小城市的建设用地弹性系数较高，城市建设用地增长率明显高于城市人口增长率，呈现较为明显的粗放性利用特征（表 7-4）。

表 7-4 1999—2011 年汾河流域不同规模城市建设用地弹性系数变化表

指标	流域城市	特大城市	大城市	中等城市	小城市
年均用地增长率/%	4.17	3.43	5.06	4.97	5.80
年均人口增长率/%	5.27	4.95	6.64	0.28	4.12
用地弹性系数	0.79	0.69	0.76	18.02	1.41
匹配性判别	较好	较差	较好	很差	较差

（二）城市建设用地总量与城镇化水平之间的相关关系

城市建设用地的扩张除了与城市人口规模的扩大有关之外，还与城镇化水平的提高有着密切的关系。运用 SPSS 软件，对 1999—2011 年汾河流域的城镇化水平与建设用地数据进行分析，通过回归分析中的曲线估计中的 Quadratic 曲线和 Cubic 曲线，拟合寻求建立两者之间的关系模型（图 7-13、图 7-14），结果见表 7-5。

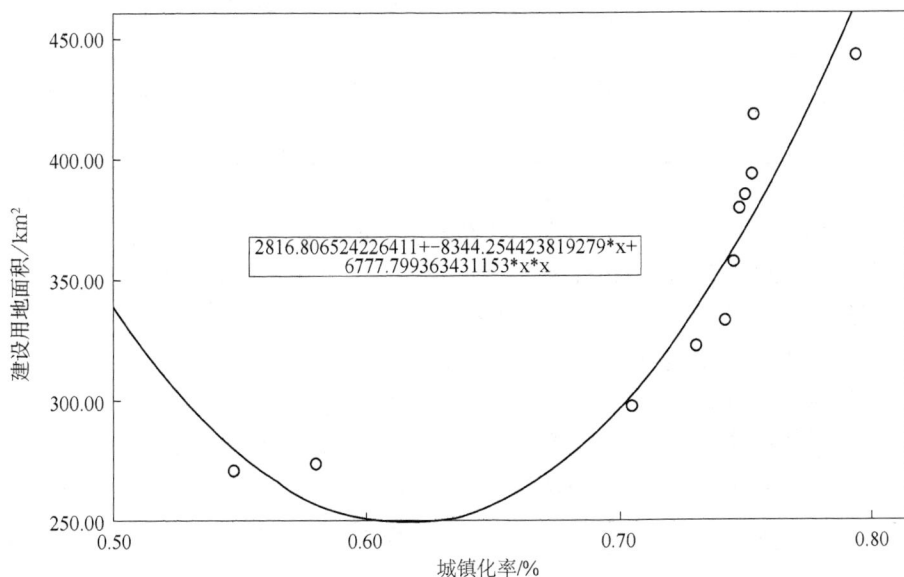

图 7-13 Quadratic 曲线模式城镇化水平与建设用地关系

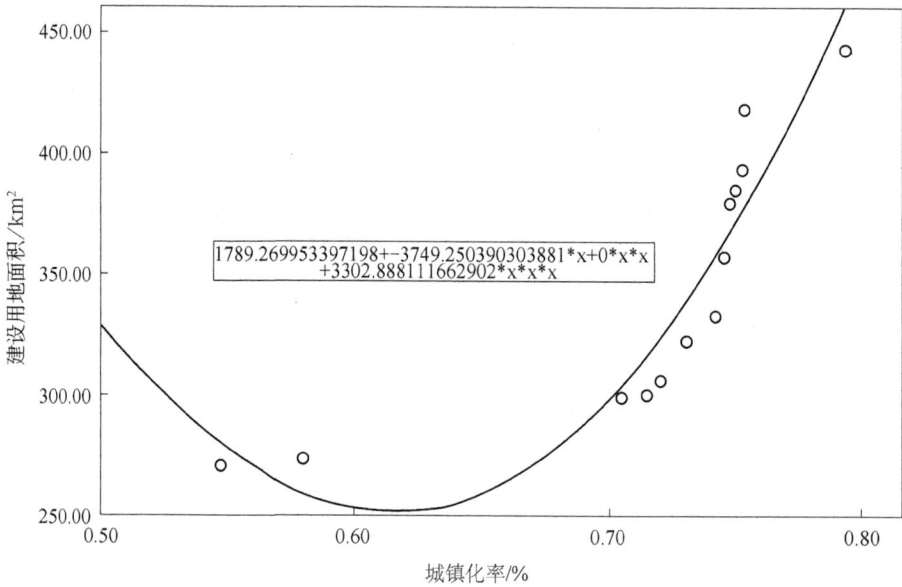

图 7-14　Cubic 曲线模拟城镇化水平与建设用地关系

表 7-5　城镇化水平与建设用地关系模拟结果及参数检验

曲线方程类型	模型检验结果					参数估计			
	R^2	F	Df1	Df2	Sig.	costant	b1	b2	b3
Quadratic	0.876	35.463	2	10	0	2.817E3	-8.344E3	6.778E3	
Cubic	0.876	35.290	2	10	0	1.789E3	-3.749E3	0	3.303E3

　　由于拟合数据的时段较短，拟合结果并不十分理想，运用上述曲线在短时间内不能反映城市建设用地的增长和城市化水平之间的关系。主要原因是在 2000 年以前，城市化水平增量较小，而城市用地扩张较为粗放，新增用地数量增长较快，二者之间的相关关系产生很大变化。从该具体时段来看，二者关系呈线性关系变化。

　　如图 7-15 所示，2000 年以前，汾河流域城镇化水平较低，土地利用粗放，二者关系严重偏离汾河流域城镇化水平和建设用地扩张的规律，不能代表二者关系的普遍性，因此，选择剔除 1999 年和 2000 年两期数据，采用 2001—2011 年的数据表征汾河流域城镇化水平变化与建设用地扩张之间的相关关系。

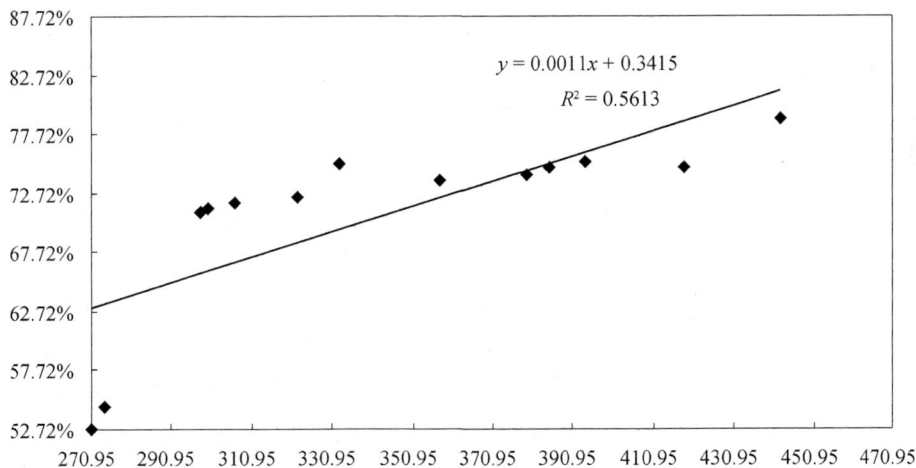

图 7-15　1999—2011 年汾河流域城市建设用地面积和城镇化水平关系模拟示意图

　　对比 1999—2011 年（图 7-15）与 2001—2011 年（图 7-16）两个研究时段的拟合结果，不难发现，明显是 2001—2011 年的城市化水平与建设用地扩张的拟合结果较好，R^2 为 0.7993，比 1999—2011 年的 R^2 提高 0.238。可见，进入 2001 年以后，汾河流域城镇化水平变化与建设用地扩张的关系进入了一个相对稳定的发展阶段。

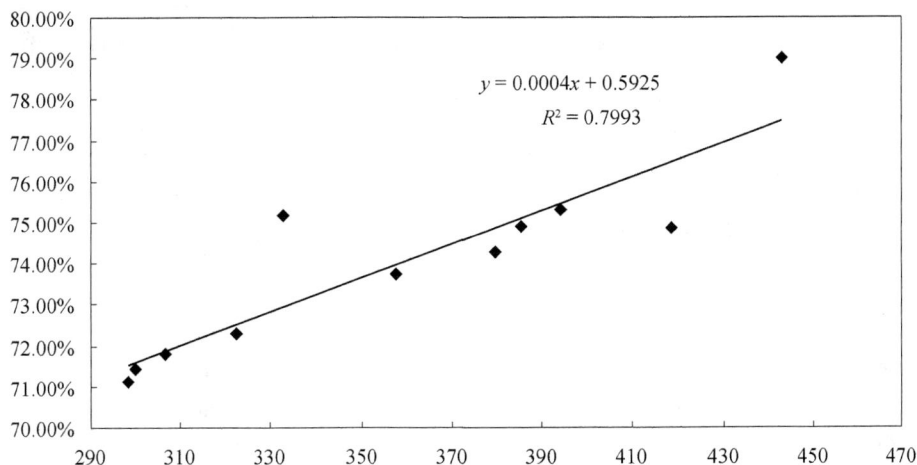

图 7-16　2001—2011 年汾河流域城市建设用地面积和城镇化水平关系模拟示意图

　　城镇化水平的提高必然伴随着经济的不断增长、人口规模的不断扩大，而提供必需的城市建设用地量是保障城市发展、城市化进程的前提。定量计算每提高 1% 的城市化率，需要提供的建设用地数量，对于保障城镇化进程的推进具有一定的指导意义。采用 2001—2011 年为研究时段，每两年对比，计算城镇化水平每增加一个单位建设用地扩张的规模，并取多年均值，作为过去 2001—2011 年城镇化每增加 1%，需要扩张的用地规模。经过计算，汾河流域城镇化水平每提高 1%需要新增建设用地 2304km²。

（三）城市人均建设用地与城市化水平之间的相关关系

根据 1999—2011 年《中国城市建设统计年鉴》数据资料，借鉴相关文献采用城市非农业人口计算人均建设用地（城市建设用地和城镇人口的比值）来分析讨论 1999—2011 年汾河流域城市人均建设用地的变化情况。

1. 人均城市建设用地面积逐年增加，但仍低于国家控制指标下限

采用城市建设用地面积与城镇人口的比值计算人均城市建设用地面积，1999 年、2000 年两年采用的是非农业人口（城镇人口数据缺乏），由于非农业人口规模小于城镇人口，1999 年和 2000 年两年的人均建设用地面积较高，分别为 93.14m² 和 91.20m²。2001 年以后，均采用城镇人口作为计算依据，不难发现，虽然人均建设用地面积波动发展，但整体呈现逐年增加的趋势。根据《城市用地分类与规划建设用地标准》（GB50137-2011）的规定，全国城市人均城市建设用地指标应在 85.1—105.0m²/人，虽然近年来汾河流域城市人均建设用地面积不断增长，但仍低于国家控制指标的下限（表 7-6）、（图 7-17）。

表 7-6　1999—2011 年汾河流域城市人均建设用地变化统计表

年份	建设用地总量/km²	人口/万人	人均建设用地面积/（m²/人）
1999	270.95	290.89	93.14
2000	274.06	300.49	91.20
2001	298.17	405.97	73.45
2002	300.02	412.07	72.81
2003	306.58	416.56	73.60
2004	322.43	421.72	76.46
2005	332.85	440.74	75.52
2006	357.77	434.69	82.30
2007	379.51	439.87	86.28
2008	385.26	440.02	87.55
2009	393.94	451.62	87.23
2010	418.40	526.34	79.49
2011	442.85	538.44	82.25

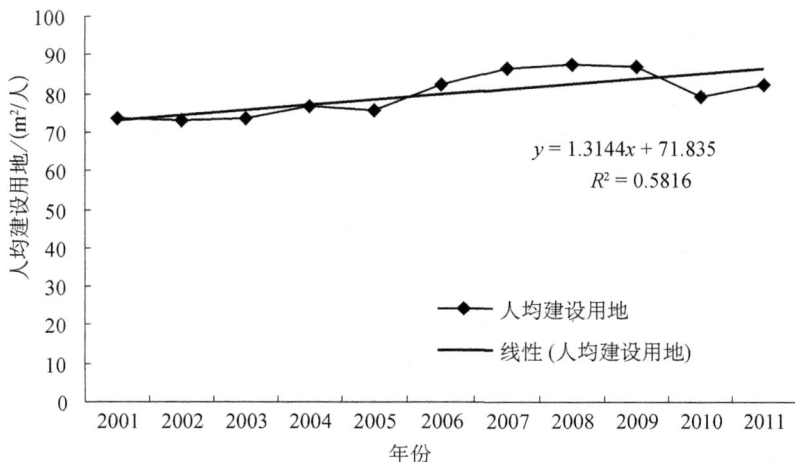

图 7-17　2001—2011 年汾河流域人均建设用地面积变化趋势

2. 中小城市人均建设用地增幅明显快于大城市

按照城镇人口统计口径计算的汾河流域不同规模城市人均建设用地面积变化见图 7-18。

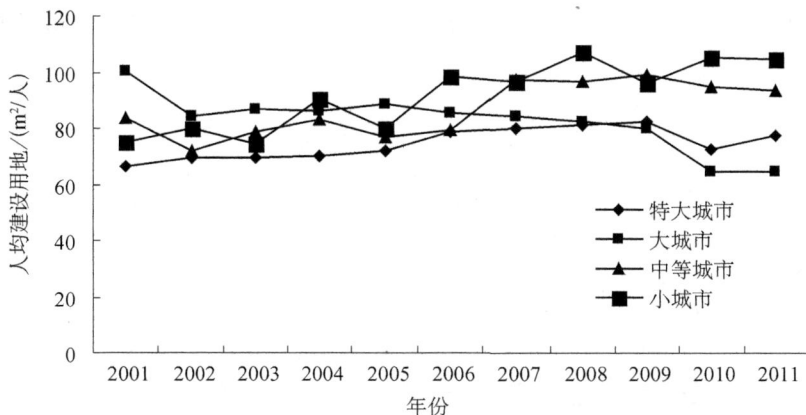

图 7-18　汾河流域不同规模城市人均建设用地面积变化趋势图

汾河流域人均建设用地面积从 2001 年的 73.45m²/人提高到 2011 年的 82.25m²/人，年增长率为 1.14%。按照城市规模对流域内城市进行划分，分别探讨不同等级规模城市，即特大城市、大城市、中等城市和小城市人均建设用地面积变化的趋势。

特大城市人均建设用地面积从 2001 年的 66.62m²/人提高到 2011 年的

77.78m²/人，年均增长率为 1.56%。特大城市人均建设用地增长较快除去城市发展需求合理的新增用地以外，另外一个主要原因是特大城市普遍经济实力较强、能够提供较多的就业机会，在区域内更容易吸纳流动人口，流动人口作为指定城市用地需求的主要参考指标，直接影响人均建设用地的增速。

大城市人均建设用地面积从 2001 年的 100.51 m²/人提高到 2011 年的 64.61m²/人，年均增长率为-4.32%。

中等城市人均建设用地面积从 2001 年的 83.47 m²/人提高到 2011 年的 93.41m²/人，年均增长率为 1.13%。

小城市人均建设用地面积从 2001 年的 74.99 m²/人提高到 2011 年的 104.78m²/人，年均增长率为 3.40%。我国《城市用地分类与规划建设用地标准》（GB50137—2011）中规定，人均建设用地面积范围为 85.1—105.0m²/人，流域内小城市人均建设用地指标已经接近于我国控制的上限标准。流域内小城市建设用地扩张迅速符合我国小城镇建设用地扩张特征，小城市新增建设用地、占用耕地多成为一个不容忽视的重要问题，小城市的建设用地面积增加是造成汾河流域城市建设用地总量和人均建设用地量不断增长的主要原因。

3. 城市人均建设用地与城市化水平之间的关系

采用 2001 年以来汾河流域城镇化水平和城市人均建设用地数据为依据，模拟二者之间的变化关系（图 7-19）。从二者关系来看，随着城市化水平的逐步提高，人均城市建设用地面积也在不断提高，但二者的相关性并不显著（$R^2=0.4085$）。可见，汾河流域各城市建设用地扩张并未形成明显规律，尤其是小城市建设用地扩张迅速，已经接近国家控制标准的上限，这主要与城市建设用地指标规模制定盲目贪大有关，尤其是中小城市及乡镇等，虽然人口规模偏小，但在规划中均采用国家建设用地指标的上限，甚至突破国家规定的用地指标上限。用地粗放，导致城市经济建设中的土地利用水平低。

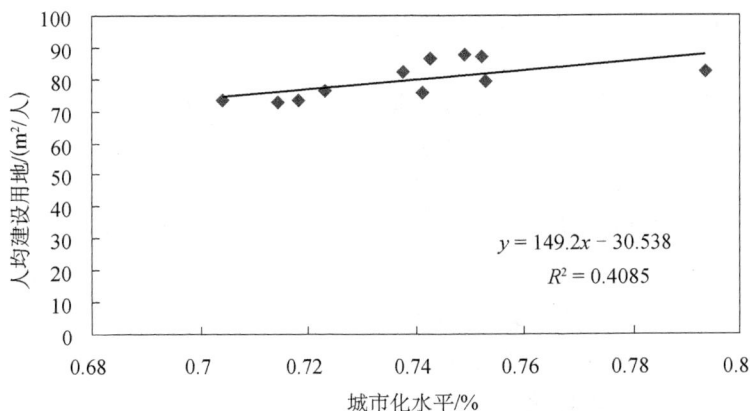

图 7-19　汾河流域城市化水平与人均城市建设用地的耦合关系

二、建设用地保障程度预测

（一）城市建设用地需求量预测

按照节约集约的城市建设用地发展原则，未来汾河流域城市化进程中的城市建设用地采取集约发展模式。采用时间序列预测模型、灰色 GM(1，1) 预测模型分别预测汾河流域城镇 2020 年、2030 年建设用地需求量，为判断未来城市化进程中的城市建设用地保障程度提供依据。从预测结果来看，采用时间序列法预测的城市建设用地比较接近实际，选取汾河流域内典型的工贸城市——孝义市作为案例，预测结果见表 7-7。

表 7-7　孝义市建设用地综合预测一览表　　　　（单位：km²）

年份	2000	2005	2010	2015	2020	2025	2030
孝义市	10.8	12.6	17.14	20.33	23.85	27.38	30.91

到 2020 年，孝义市城市建设用地总量将达到 23.85 km²，2010—2020 年城市建设用地年均增长率为 3.36%，10 年需新增城市建设用地约 6.71 km²。

到 2030 年，孝义市城市建设用地总量将达到 30.91 km²，2020—2030 年城市建设用地年均增长率为 2.63%，10 年需新增城市建设用地约 7.06 km²。

对比 2010—2020 年和 2020—2030 年孝义市城市建设用地发展预测，可以发现，未来孝义市城市建设用地扩张速度明显放缓，说明随着汾河流域城镇化进程的推进，各城市建设用地逐步进入理性增长和集约利用阶段。

（二）城市建设用地保障程度分析

未来城镇化发展中新增建设用地的主要来源是耕地、农村居民点和独立工矿建设用地，据此，收集孝义市耕地、农村居民点用地和独立工矿用地统计资料，作为孝义市城市建设新增用地的供给量，对城市发展用地的供需状况进行分析，从数量上判断城市建设用地的保障程度。

孝义位于山西省腹地偏西，吕梁山脉中段东麓，太原盆地西南隅，地势西北高、东南低，整个地区因地质结构不同而分为西部的低中山区，中西部的丘陵和台塬区，以及东部的平原区，以孝义市耕地、农村居民点用地和独立工矿用地统计资料为依据绘制孝义市耕地、农村居民点及独立工矿用地分布图（图7-20）。

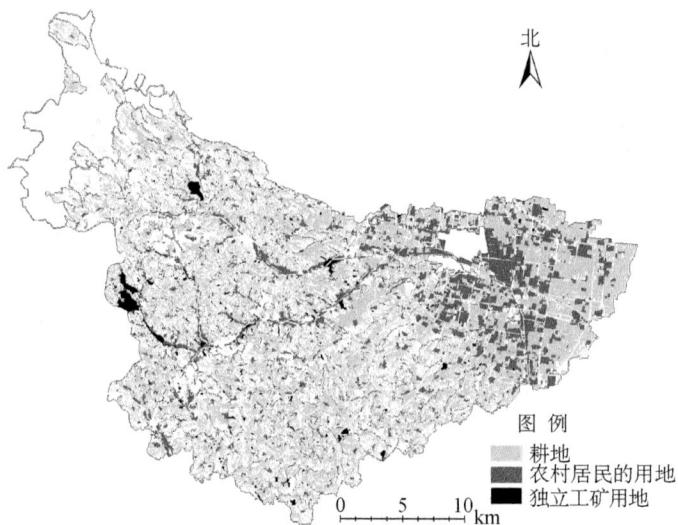

图 7-20　孝义市耕地、农村居民点及独立工矿用地分布图

利用 ArcGIS10.0 对孝义市耕地、农村居民点及独立工矿用地面积进行统计，得到现有孝义市耕地面积为 405.43km²，农村居民点用地面积为 112.49 km²，独立工矿用地面积为 13.89 km²。根据孝义市土地利用总体规划（2006—2020 年）的总体要求，到 2020 年，全市耕地保有量目标达到 362 km²，其中基本农田保护面积不低于 299 km²，据此，未来孝义市建设用地后备资源量为 169.81 km²。因此，未来孝义市建设用地保障程度较高。

三、保障城镇建设用地的路径与对策

（一）强化规划引领作用，科学制定并严格执行土地利用规划

强化规划的引领作用，党的"十八大"对城镇化发展战略作了新的部署，应加快规划的修改调整，科学合理地编制土地利用规划，认真落实《国务院关于促进节约集约用地的通知》，逐步完善土地利用规划，加强规划的科学性和可操作性，加大政府宏观调控力度。同时要做好土地利用总体规划与经济社会发展规划、土地利用年度计划、城乡建设规划、产业发展规划的衔接，让各类规划适应当前城镇化建设需要。

发挥规划对城镇土地利用的管制与引导的作用，合理布局农用地、城乡建设用地和生态用地，确保城镇空间资源的有效配置和城镇土地合理利用，促进城镇土地利用格局的优化，引导城镇化协调有序发展。在规划的编制中要改变现有政府绩效考核体系，将任期内城市土地节约集约利用变化情况纳入绩效考核体系，规范地方政府用地行为，打破政府恣意占用耕地的情形。[①]

加强对土地利用规划管理，确保土地利用规划的实施。提高认识，加强领导，切实做好规划实施管理工作。各级土地行政主管部门要充分认识规划在土地管理工作中的基础地位和"龙头"作用，充分认识做好规划实施管理工作的重要意义，切实加强规划实施管理，保障土地利用和管理目标的实现。各级土地利用规划批准后，要积极组织规划实施，将编制好的土地利用规划及时公示，组织学习、解读，提高规划工作地位，加强对土地利用规划实施的监管。新建项目一律控制在土地利用规划范围内，禁止擅自调整和修改报批建设用地。确需调整土地利用规划的，要按照法定程序，重新报批。对不符合规划的建设项目，不得批准用地。建立违反城镇规划的责任追究制度，防止随意调整规划，使规划落到实处。加大执法力度，要加强对土地利用规划实施情况的监督，对违反土地利用规划的行为要依法严肃查处，并依法追究责任人的责任，确保规划顺利实施。

---

① 孔令仙：《我国新型城镇化建设中土地利用存在的问题及解决对策》，《渤海大学学报》2015 年第 1 期，第 69—73 页。

（二）积极推行用地"三个集中化"战略，统筹城乡土地节约集约利用

当前，城市区域化和区域城市化发展趋势明显，城乡土地资源危机逐步显著。从城乡整体出发，针对社会和谐发展的新形式、面临的新问题，对区域空间资源进行配置与协调，实现城市土地利用与合理布局成为目前城乡发展的迫切需求。而城市化是实现土地集约利用的重要途径，居民向城市、小城镇和中心村集中；挖掘建成区存量用地潜力，延缓乃至控制城市外延；通过搬迁改造使工业企业向园区集中，推行精明增长的城市化发展策略，不断增强城市化中的土地资源保障能力。

积极推行城市建设用地的"三个集中化"战略，即"城市人口向城区集中""工业用地向园区集中""农村人口向城镇和中心村集中"。[1]

"城市人口向城区集中"，要求注重城市土地挖潜和集约利用，从城市内部入手，进行建设用地的整理可以促进城市内部用地的合理布局，提高建设用地使用效率，延缓城市建设用地的无序扩张。针对城区土地挖潜，可以采用以下几方面措施：首先，要对不同空间尺度城市土地利用潜力进行评价，构建土地利用潜力评价指标体系，从不同尺度对城市建设用地节约集约利用水平进行评价，揭示城市土地节约集约利用的真实水平和进一步开发的能力，优化城市土地资源集约利用结构；其次，要加强城市土地整理工作，主要从旧区改造和城中村整治两个角度入手，旧区改造主要采取再开发、修复、保护等手段对土地进行整理，使这部分土地发挥应有的生态、经济和生活等功能，对城中村进行改造使其纳入城市土地利用体系中，扩大城市土地承载能力，提高土地利用的集约程度，改善城市居住环境；再次，提高建成区内闲置土地的土地利用效益，严格控制闲置用地的用途流转，不断提高土地利用效益，对旧城区和企事业单位利用低效的土地进行改造，增加建筑密度和居住人口密度，提高单位面积的土地使用效率，达到扩大土地供给的目的；最后，采用多种方式盘活土地存量，如结合企业的搬迁和改制、政府与投资者合建联建等。

"工业用地向园区集中"，提高大城市周边地区和各类开发区的土地利用效率是促进土地节约集约利用的重要方面。转变过去依靠土地招商的落后观念，借鉴发达地区产业用地的原则，研究并制定适合本地区发展的新

---

[1] 贺艳华、周国华：《紧凑城市理论在土地利用总体规划中的应用》，《国土资源科技管理》2007 年第 3 期，第 26—30 页。

的产业用地标准，指导开发区有选择地引入开发商，避免区域城市之间的恶性竞争，促进土地的节约和集约利用。对于穿插在城市中对城市功能布局、生态环境有较大影响的工业用地，采取集中整治、"退二进三原则"，通过土地市场流转，调整城市土地利用结构，发挥其最佳经济效益。

"农村人口向城镇和中心村集中"，专门制定土地挂钩试点、集中居住区用地、财政以奖代补等政策，健全农村宅基地整理与置换机制，认真落实拆迁补偿和农民安置优惠政策，在土地挂钩试点政策实施上，优先安排集中居住区建设的用地，有效地破解土地难题，加快居住区建设步伐。贯彻集约用地的有关政策，特别是通过拆旧房、危房、空房加快整合空闲地、老宅基地、废弃地；在拆迁补偿、安置方面，严格按照有关政策不折不扣地执行，鼓励自然村向城镇中心村集聚。

（三）鼓励用地指标调剂，促进城镇发展

2009 年 9 月，国土资源部下发了《国土资源部保增长保红线行动后续阶段重点工作安排的通知》。该通知指出，鼓励各省将前期工作不足、资金不落实而无法开工的项目用地，及时调剂给其他项目使用，确保有限的用地指标得到有效使用。鼓励用地指标参与市场交换，需要设定指标评价体系，对一定期限内没有建设或者建设效益低的要收取指标占用费，或者强制其退出该指标，从而实现城市建设用地的区内流动，使建设用地指标能控制区域用地总量，推动区域发展。

以耕地的占补平衡为出发点，建立异地调剂和指标交易制度。按照《中华人民共和国土地管理法》第 31 条规定："国家实行占用耕地补偿制度。"对耕地的补偿方式可以采用"先补后占"或"边补边占"两种方式，原则上要求耕地所在地的县市在行政区域范围内进行补充，但某些地市受自身条件限制，耕地后备资源不足，实现就地补充确有困难，也可考虑异地补充。

（四）建立健全土地利用管理制度，推动规划有效实施

建立土地规划许可制度。土地利用规划一经批准，具有法律效率，任何单位和个人不得违反。各类建设项目必须符合土地利用规划的要求。不断完善以土地利用规划为基础的土地用途管制制度，城乡建设、土地开发等各项土地利用活动，必须符合土地利用规划中所确定的土地用地，取得土地规划许可。

建立规划实施监管和评估制度。建立健全规划实施监督检查制度，实

行专项检查与经常性监督检查相结合。严格执行规划公告、修改规划听证等各项制度，加强对规划实施管理的公众监督、舆论监督和人大监督。实行规划信息可查询制度，充分尊重群众对规划的知情权，要利用规划信息系统，建立规划查询窗口，随时接受公众查询。建立健全规划评估制度，适时规划评估有利于督促各方落实规划目标、任务和政策措施，有利于及时总结规划实施效果，并根据变化调整修订规划，增强规划对经济社会发展的调控作用。

规范的规划修改和调整制度。严格规划修改和局部调整的程序，提高规划修改和调整门槛。参照有关规定，对土地规划每三年或五年定期进行修改和调整，修改和调整结果应经同级人大常委会审查同意后报原批准机关审批；每年对规划所做的局部调整，可以由原批准机关授予土地行政主管部门审批，并报原批准机关备案。

第八章
汾河流域滨河城市空间形态与文化特色

第一节　滨河城市空间形态的一般解析

城市的诞生多傍河而起，河流对城市的意义往往是"边界"性的。河流水系与城市的关系研究中，较早的应属麦克哈格于 1969 年出版的《设计结合自然》一书，书中提出对河流沿线各自然生态因子分层叠加、综合归纳分析的方法，强调保护与开发并重的原则，对后来城市河流沿线建设具有极为重要的指导意义；20 世纪 70 年代，掀起保护生态环境的高潮，许多城市在建设中首先强调河流环境的综合整治，采取了水体净化、污水处理等举措；而后，源于生态学体系下的景观生态学、生态工程学等相关学科的诞生，开始大力推广自然河道恢复、生态治理与工程措施的结合，更是将河流沿线的生态建设推至一个新高度。[①]在经济方面，河流沿线进行土地使用的重新配置，布置现代化的居住、办公、商业、文化娱乐和休闲设施，可以成为城市活力的新增长点。

随着城市的发展，城市规模的扩大，有的城市选择了"单侧发展"，使城区越来越远离河流，这样的发展模式有可能导致城区的拥挤、环境恶化等问题；而双侧发展，即跨河发展，可以使城市发展的空间大大拓展。[②]李俊

---

① 彭薇颖：《西南地区流域开发与人居环境建设研究——基于水系属性的西南流域滨河城市空间结构研究》，重庆大学硕士学位论文，2008 年。
② 王傲兰：《实施跨江发展，迅速壮大沿江城市》，《宏观经济研究》2001 年第 2 期，第 45—46 页。

峰、焦华富、梁梦鸽探讨了城市跨江河发展的一般模式和过程[1]，分析了城市跨江河发展的影响因素和驱动机制，认为城市跨江河发展可分为独立跨越、组合跨越、兼并跨越和联合跨越四种模式，其中，独立跨越和兼并跨越较为常见；城市跨江河发展一般经历初始、生长、加速和稳定发展四个阶段。小江河流域城市的跨江河发展为渐进过程，多为城市自组织结果，而大江河流域城市的跨江河发展主要集中在加速发展期，多为他组织结果；城市跨江河发展受自然、经济、社会、政治、科技等多种因素影响；跨江河发展过程受需求力、保障力、引导力和驱动力等共同驱动，其中，政策引导下的体制创新、区划调整下的空间整合、园区带动下的区域发展、交通引导下的空间组织是当前城市跨江河发展最为重要的引导和驱动因素。跨河拓展的新区，一方面由于城市化的阶段性，与老城区在建设规模、公共服务、基础设施等各方面存在显著的差距，加上河流的天然阻隔，造成两岸城市形态的巨大差异，犹如城市空间发生"断裂"；另一方面，与老城区的一衣带水，使两岸的城市空间在生态格局、城市文脉、功能互补等各方面都存在着千丝万缕的内在联系，由此，跨江河城市的耦合组织也应得到规划者的重视。[2]从生态、空间、功能三方面着手，促进新老城区的优势互补与加速融合，引导城市发展的物质流、资金流、信息流等诸要素在新老城区间合理配置，以利于城市的生态和谐与经济繁荣，激发城市活力，推动城市的可持续发展。

一、滨河城市空间模式与演变过程

我国的大量滨河城市在历史发展中基本都经历了由近河城市向滨河城市迁移的过程，这些由近江城市发展而来的滨江城市，又面临向跨河城市发展的趋势。从现实角度看，滨河城市受河流制约与引导，一般都形成沿河带状的城市形态和半同心圆形的城市结构，出现城市岸线拥挤、基础设施不能充分有效利用等问题。只有适时跨河发展，才能使城市空间结构向合理的方向演化。因此，这里的滨河城市空间模式主要是针对跨河发展的类型划分，但是目前汾河流域的城市空间模式仅有独立跨越一种，随着城市规模的扩大及区域之间联系更为密切，有可能在未来发展演变出其他空间模式。从河流两岸的城市分布及关系、适应阶段来看，四种模式各有不同。

---

① 李俊峰、焦华富、梁梦鸽：《滨江城市跨江发展模式、过程及驱动机制》，《地理研究》2012 年第 12 期，第 2162—2172 页。
② 薛松、张麒、段进：《跨越与耦合:滨河城市空间发展新模式探索——以六安市淠河滨水区城市设计为例》，《现代城市研究》2014 年第 1 期，第 57—61 页。

（一）独立跨越模式

独立跨越模式，是指城市源于河流一岸，随着城市人口规模的扩大以及经济发展的需要，城市需独立跨越河流到对岸进行发展而形成的一种模式。该模式多发生在小江河流域的城市，河流对岸有广阔的发展空间，如果对岸的土地为其他城市所有，通过行政区划的适当调整实行跨江发展。小江河流域的城市，由于跨江发展的门槛较低，城市在发展过程中往往通过城市自组织逐步跨越河流的阻隔。大江河流域的城市，一方面河流的宽度造成门槛较高，往往在城市经济、科技水平都较高的时候才开始实行跨河发展；另一方面，河流多为城市的行政界线，往往需要通过行政区划调整，才能使城市有跨越河流发展的空间。国内外很多城市为独立跨越模式，如韩国首尔跨汉江、英国伦敦跨泰晤士河、上海跨黄浦江、沈阳跨浑河等。汾河流域的大部分城市的发展均体现了此过程。

（二）兼并跨越模式

兼并跨越模式，是指河流一岸城市由于发展的需要向对岸进行发展，而河流对岸为其他城市所有，因此这种跨越式发展需要通过行政区划调整等手段进行兼并来推动。这种模式多发生在以大江、大河为行政界线的滨江城市，兼并城市规模较大、经济实力强，被兼并城市实力相对较弱、规模较小。例如，杭州在1996年，将萧山的西兴、长河、浦沿3个镇划归杭州市区，成立滨江区；2001年，行政区划再次作出重大调整，撤销萧山市改设为杭州下辖的萧山区，从此，杭州全面进入跨钱塘江发展时代。①而对于小尺度的河流来说，这种类型比较少见，汾河流域尚未出现这种情况，由于行政区划调整过程比较复杂，未来出现这种情况的可能性也不大。

（三）组合跨越模式

组合跨越模式，是指在河流两侧布局相互独立的城市或城镇，受政治、经济、历史、交通等因素的影响，几个独立的两岸发展的城市或城镇被组合成一个整体，成为跨江河城市。该模式一般发生在大江、大河上，组合

---

① 王伟武、金建伟、肖作鹏，等：《近18年杭州城市用地扩展特征及其驱动机制》，《地理研究》2009年第3期，第685—695页；王兴平：《我国跨江大城市的跨江扩展》，《城市规划学刊》2006年第2期，第91—95页。李俊峰、焦华富、梁梦鸽：《滨江城市跨江发展模式、过程及驱动机制》，《地理研究》2012年第12期，第2162—2172页。

的几个城市（镇）规模、经济发展水平相近，这与兼并发展模式有一定差异。例如，1927年国民政府自广州迁都武汉后，把原武昌、汉口、汉阳三城划为一大区域，合并为"京兆区"，成立武汉特别市；新中国成立以后，汉口、武昌、汉阳三镇统一建制，设立武汉市。[①]

（四）联合跨越模式

联合跨越模式，是指河流两岸城市为促进经济发展而划出一定地理范围，通过某种政府间协调机制所形成的经济高度协调的有机体，以谋求城市经济共同发展的一种模式。联合跨越模式多发生在河流两岸均形成相对独立的城市，由于两岸城市发展不均衡，一岸城市由于发展需要拓展生长空间或利用岸线资源，而另一岸城市具有较好的资源或较大的发展空间，两岸城市为实行优势互补而实行跨界联合发展。[②]联合跨越发展在我国并不多见，但随着区域一体化的发展，城市之间为加强合作与交流，未来在经济发达地区城市合作发展会成为城市群发展的一种普遍现象。

二、滨河城市跨河发展的影响因素及驱动机制

（一）影响因素

滨河城市的发展受自然、经济、社会、政治、科技等多种因素影响，河流沿城市的边缘经过的情况比较少见，更多的情况是河流穿城而过，因此滨河城市常常需要跨河发展。城市发展水平处于较低阶段时，自然地理因素特别是河流的宽度对滨河城市跨河发展影响较大；随着经济的发展以及技术水平的提高，自然地理因素对滨河城市发展影响越来越小，经济和技术手段往往能够弥补或减少自然条件对城市发展的影响，而政策、社会等因素对城市滨河发展的影响越来越大。

1.自然地理因素

河流的宽度、两岸的地形地貌及地质条件是影响城市滨河发展最为重

---

① 李俊峰、焦华富、梁梦鸽：《滨江城市跨江发展模式、过程及驱动机制》，《地理研究》2012年第12期，第2162—2172页。

② 李俊峰、焦华富、梁梦鸽：《滨江城市跨江发展模式、过程及驱动机制》，《地理研究》2012年第12期，第2162—2172页。

要的自然因素。河流宽度直接影响滨河城市跨河发展的进程。总体上，河流越宽，跨河发展的技术难度越大，成本也越高。随着城市发展水平和技术水平的提高，城市的经济实力能够支撑跨河交通的建设，河流宽度对城市发展的阻碍作用开始减小。可见，河流宽度仅仅在一定时期内对滨河城市跨河发展形成障碍。地形地貌因素对城市跨河发展影响较大，如果河流对岸地形复杂，无法满足城市建设的需要，则城市不能跨河发展。汾河流域三面环山，流域内部高差较大，又由于大部分山区县市经济发展水平较低，县城地域范围较小，因此跨河的情况只在少数大中城市发生。

2. 经济因素

由于跨河发展必须修建大量桥梁，对城市的基础设施建设方面有较高要求，因此，城市跨河发展时需考虑成本与发展实际。只有在经济发展到一定水平，城市的财力有一定富余的情况下，才有条件选择跨河发展。研究表明，当城市人口年均增长率超过3%，经济增长率达到10%，持续大约25年时（持续时间可随具体增长率而调整），城市增长模式就应从外溢式向跨越式转变。[1]

3. 政治政策因素

政治因素对城市跨河发展的影响主要表现在：一是政治需要，引导着城市跨江发展，如武汉是由于国民政府迁都至武汉，才将汉口、武昌、汉阳合并成现在的武汉市。二是城市或区域经济发展需要，利用行政手段推动城市跨河发展。在我国许多城市"划江而治"，行政区划不仅对区域经济发展是一种刚性约束，还对城市化所要求的空间集聚、中心城市发展所要求的地域扩散亦有制约作用。"划江而治"的行政体制是城市跨江扩展主要的障碍因素之一，可能会产生下列问题：一是双方竞争式开发，二是双方只开发不治理，三是双方都不开发。[2]因此，适时地进行行政区划调整，对促进城市资源的优化配置、提高公共效率具有重要的现实意义。

4. 社会文化因素

社会因素对城市跨河发展的影响主要体现在思想文化、社会心理及社会基础设施等方面。思想文化因素在古代对城市跨河发展影响较大，一方

---

① 赵燕菁：《高速发展条件下的城市增长模式》，《国外城市规划》2011年第1期，第27—33页。
② 葛本中：《从"划江而治"到跨江发展——论行政区划调整与长江沿岸城市发展》，《城市发展研究》1995年第4期，第41—44页。

面，"负阴抱阳，背山面水"的思想观念，对城市选址有较大影响，这一思想阻碍了城市跨河发展；另一方面，"法天象地"的思想又推动着城市跨河发展。此外，心理因素对城市跨江发展的影响有长期性、间接性和隐蔽性，有时也具有决定性。城市河流两岸的居住环境、基础设施的完善程度、公共服务质量水平，以及到市中心的交通时间和距离的差异性，在一定程度上也影响城市居民是否选择跨江居住。

5.科学技术因素

城市发展早期，由于科学技术发展水平较低，城市与对岸的联系多以轮渡为主，受河流的宽度、水文特征及天气状况影响较大，城市大都采用单岸布局形态。尽管城市有跨河发展的想法，但受跨河通道的限制，跨河发展过程非常缓慢。随着跨河交通技术水平的提高，城市开始逐步跨越宽度不大的河流。随着跨河交通技术的进一步提高以及城市经济的发展，河流不再成为城市空间拓展的瓶颈，很多城市开始跨河发展，并把河流作为城市重要的景观带打造。此外，由于科技水平较低，城市防洪设施滞后，在一定程度上也限制了城市向对岸发展。可见，技术因素对城市跨江发展产生重大影响。

（二）城市跨河发展的驱动机制

城市跨河发展受多种力的作用和驱动，包括需求力、保障力、引导力和驱动力等方面。政策引导下的体制创新、区划调整下的空间整合、园区带动下的区域发展、交通引导下的空间组织是当前城市跨江发展重要的引导和驱动因素，各驱动力相互作用、相互影响，共同推动着城市跨河发展。

国外城市跨河发展的原因主要有三个。一是产业发展驱动，特别是第二次世界大战以后，许多城市都发展与水运关系密切的产业，如船舶修造业、拆船业等新兴产业，对城市用地提出新的要求，城市单侧用地不能满足产业发展需要，城市用地开始向对岸扩展。例如，荷兰的鹿特丹，是世界最大的港口，位于欧洲莱茵河与马斯河汇合处，随着城市的发展，港口工业、航运业等产业发展迅速，马斯河北岸的供给能力不能满足产业发展需求，促使城市跨过马斯河向具有丰富岸线的南岸广阔地区发展。二是城市化进程加快，城市规模的扩大、城市空间结构的优化驱动。例如，韩国首都首尔，在 20 世纪 60 年代，由于人口大规模的拥向城市人口剧增，城市必须走跨汉江扩展道路。三是城市变迁时城市规划引导，如澳大利亚的堪培拉、巴西的巴西利亚、哈萨克斯坦的阿斯塔那城市，国家首都在迁址时，制定了跨江（河）发展的规划。

国内不同城市选择跨河发展的主导驱动力有较大差异，但总的来说，城市化水平的快速提高导致城市用地紧张是许多滨河城市跨河发展的共同因素。

通过对国内外典型城市的分析发现，城市跨河发展作用力体系主要由需求力、保障力、引导力和驱动力等组成。[①]在全球化和城市化双重影响下，许多城市发展存在诸多问题，如城市产业结构失衡、空间布局不合理、城市基础设施滞后、环境污染严重等，这些问题要求城市寻求新的发展空间；对岸地区的区位条件、土地资源和岸线资源条件，为城市跨河发展奠定非常好的基础和保障条件；在跨河发展过程中，城市规划引导着发展方向和空间构架，区划调整为城市跨河发展提供拓展空间；城市基础设施建设特别是交通设施引导着城市产业发展。城市规划、区划调整、城市基础设施共同影响城市形态的形成与发展。跨河发展中的各种政策措施对城市跨河发展作用巨大，各种政策给新区建设带来大量的建设资金，推动着城市基础设施的建设，吸引众多企业来对岸投资，直接影响和推动对岸地区的城市形成和发展。总的来说，城市跨河发展受多种力的作用和影响，政策引导下的体制创新、区划调整下的空间整合、园区带动下的区域发展、交通引导下的空间组织是主要驱动因素。

三、城市滨河空间对城市形态的影响

从城市形象的角度而言，城市滨河区是构成城市公共空间的重要部分，兼具自然景观和人工景观。在形态上，灵动的河流给予城市生机和活力，为跨河城市增添了全新的景观视角，同时也是形成跨河城市景观特色的重要因素和主要组成部分。开阔的水面展现了优美的城市形态，因此，滨河区是城市的"门户"和"窗口"。滨河区开发有助于重塑城市形象，在寻求城市特色与个性时，滨河区的开发不失为一条有效的途径。

从生态角度而言，河流与城市相互依存，有利于形成城市中物种多样性较高的区域。河心沙洲和河流两岸的绿地，为动植物提供了生长、栖息和繁衍的场所及生存的环境。保护河流及其流域的物种多样性，对维持城市生态系统的协调和发展有重要的支持作用。此外，河流对局部小气候的调节与沿岸绿化所创造的优良环境也是维系城市生态环境的一个重要方面，

① 李俊峰、焦华富、梁梦鸽：《滨江城市跨江发展模式、过程及驱动机制》，《地理研究》2012年第12期，第2162—2172页。

可有效降低城市过度开发建设所带来的负面影响。

从经济发展角度而言，河流可为其沿岸地带提供不同于城市腹心地区的景观优势，为城市发展旅游事业带来收益。同时，滨水地带所特有的优越的自然条件，以及对其合理的利用和设计，可使河流附近的土地升值，进而带动沿岸地区房地产开发。

从城市文化角度而言，由于河流是城市形成和发展的重要因素，因而江河流域通常是历史文化积淀最为丰富的地区，展现着城市的悠久历史和文化特色。如能充分加以利用，可对跨河城市景观特色的形成，旅游经济的发展起到很好的促进作用。[①]

地形是城市布局和规划的主要自然要素，其中河流又是自然因素中最重要的地形条件。古河道往往形成城市的街道网络，因此河流在很大程度上决定着城市的空间规划结构是否具有特色。[②]滨河城市的滨河空间规划体现了河流水系对城市形态的影响。许多滨河城市在建城之初，就将河流作为组织城市空间布局的重要元素，并以河流作为城市规划的指导思想。汾河流域的很多城镇都由汾河穿城而过，滨河的区位使城市的景观有很大的营造空间。在汾河中游，由汾河水库至平遥，已经建成线状的滨河景观带，在支流的一些地区，如岚县也在市区范围内修建了滨河景观带，丰富城市景观，营造出适宜城市居民活动、休闲的公共空间。总体来看，河流对城市总体形态的影响体现在河流与城市形态的关系、对城市发展轴线的影响，以及形成新的开敞空间三方面。

（一）河流与城市形态的关系

河流的流经大致有直线形、曲线形、分叉形、含岛屿形等河道形态，在河流转弯处、分流合流处等河道走向发生变化的地方，往往会形成城市。

河流水系常常成为影响城市用地结构的重要因素，并成为城市用地扩展轴线，是城市生活、经济活动的主要空间。目前，由于汾河径流量减少，各地汾河流段多修筑了人工堤坝，其航运功能丧失，仅有部分河段仍有灌溉的功能，其余多为景观用地。从美观的角度而言，自然的河岸蜿蜒曲折，但是人工筑堤会显得比较死板。

---

① 吴丹、郭非：《城市滨河区的空间形态设计方法探寻》，《中华建筑》2008 年第 10 期，第 31—32 页。
② 韩振华：《苏联城市建设理论中的旧城改建和环境保护》，《国外城市规划》1991 年第 2 期，第 32—35 页。

彭薇颖指出滨河城市常存在三种状态城市的图—底关系。[①]

（1）线状：空间特点是狭长、封闭、有明显的内聚性和方向性。线状空间多建构于窄小的河道上，由建筑群或绿化带形成连续的、较封闭的侧界面，建筑形式统一并富有特色，两岸各式各样，因地制宜的步道、平台、阶地和跨于水上的小桥，整体上给人一种亲切、平稳、流畅的感觉。

（2）带状：空间特点是水面较宽阔，连接两岸建筑、绿化等构成的侧界面的空间的限定作用较弱，空间开敞。堤岸兼有防洪、道路和景观的多重功能。岸线是城市的风景线和步行游道。较大河流经过城市，沿河流轴向往往形成带状空间。

（3）网状空间：网状空间的特点是城市中的河道纵横交织、如同网状，形成极富魅力的水域空间，阡陌纵横的水路空间与城市道路互相穿插，形成各异的桥梁遍布整个城市。

（二）形成城市发展轴线

城市滨河段是滨河城市的重要形态轴。跨越发展轴常常和跨越水域的交通轴联系起来。城市两岸通过各种方式的跨水域交通进行复杂的联系和交流，创造两侧人流和物流的通道。跨越发展轴多位于城市中心区附近，因为城市中心区的位置是城市经济活动的重心，是跨越发展动力源泉。

（三）构成城市的开敞空间

由于河流的开敞性，河流及两岸用地具有自然山水的景观情趣和公共活动集中、历史文化因素丰富的特点，并具有导向明确、连续性强、渗透性强的空间特征，往往成为自然生态系统与人工建设系统交融的城市绿色开放空间体系的重要组成部分。结合人文景观、滨水绿化设计的滨河公园、林荫漫步道、滨河步道往往成为最受人欢迎的城市公共开敞空间。例如，太原市、临汾市、岚县等地，就利用滨河的优势，将滨河绿地打造为城市重要的开放空间和绿地系统，将河流的作用渗透到城市的每一个区域，通过广场、桥梁、码头、小品等要素的组织，成为城市景观轴的重要组成部分。

从城市滨河形态塑造来看，由于河流宽度与人们的视觉体验有关，也

[①] 彭薇颖：《西南地区流域开发与人居环境建设研究——基于水系属性的西南流域滨河城市空间结构研究》，重庆大学硕士学位论文，2008 年。

影响着城市的空间开放感和两岸整体感，这成为城市滨河空间尺度架构的重要依据。杨春侠采用识别距离分析研究方法[1]，认为不同河流宽度引起的不同视觉效果，并从人们对滨河城市空间开放感与两岸整体感的体验作了如下归纳：当河宽不足 100m 时，难于看清景观细部，两岸有成为一个整体的感觉。空间封闭感较强；当河宽约在 100—1200m 时，视域中天空和水体的比例则随之增多，开放感会越来越强烈，景观细部渐渐模糊，两岸的整体感也较前者减弱；当河流宽度达到 1200m 以上时，仅能看清景观的轮廓，两岸的整体感就显得很弱，视域中水面与天空占据了很大的面积，空间的开放感也十分强烈。当河流宽度一定时，由于两岸景物高度的差异，也会引起空间感受的不同体验。

四、河流水系与城市生态功效

滨河城市的公园、绿地的分布形态常以水域为核心，呈现沿岸绿化、公园的带状分布格局。由于河流是城市景观、生态的核心部位，通常在城市建设中，滨河开敞空间与绿化、公园设置相结合，营造宜人的城市生态环境。

一般而言，水系对城市具有三方面的生态功能。

（一）通过水的循环作用调节空气的温、湿度，促进城市气候调节

由于河流水体的升温和降温的速率都远远慢于陆地，因此可以在水陆上空产生凉爽、清新、湿润的"水陆风"。滨河城市由于河流从中央穿越，因此水陆风对城市气候的调节作用十分明显，可借由与河流相垂直的公共开敞空间、绿地廊道等，将水陆风引入两侧城市腹地，起到调节城市微气候的作用。山地型滨河城市中河流的气候调节作用更为明显。在这类城市中，利用城市中央河流与两侧陆地的高差，以及河流水体与陆地的温差效应，可以形成白天从两岸坡地向河流汇聚，夜间由河流向两岸扩散的"山谷风"，促进城市全天候的空气环流。

（二）通过水的流动性降解污染

水是城市生态系统中最重要的自然生态因子。是城市生态环境的主要

---

[1] 杨春侠：《城市跨河形态与设计》，南京：东南大学出版社，2006 年。

体现指标。城市环境的好坏往往首先在水环境中体现出来，而滨河城市中的河流由于位于城市的中央，因此河流水体质量在衡量城市环境时显得更为重要，但这也正是滨河城市的生态优势所在。水体的流动性还使之有较强的自净能力，可以降解污染。利用河流生态特性，可以有效促进滨河城市环境质量的提升。

（三）维持生物多样性

河流是生物多样性存在的主要基地，它为城市提供了大量的水生动植物生存的自然环境，河心洲和两岸的绿地也为多种动植物提供了栖息、生存和繁衍的场所。植物茂盛又使动物尤其是鸟类的数量和种类大增。

五、河流水系与人文景观营造

城市空间景观轴往往串联着城市主要的节点和区域，通常是由穿越城市的道路、城市中主要的公共建筑物和绵延一定长度的沿街绿带所形成的城市主要骨架。对于两岸已密切联系的滨河流城市，常常以平行、垂直河流流向的主轴和其他景观轴构成城市景观体系的结构框架。河流的存在，为滨河城市增添了全新的观景视角，同时河流也是滨河城市景观特色的重要创造因素和主要组成部分。

（一）增加城市观景视角

"对岸景"和"纵观景"都是滨河城市有别于其他城市的新的衍生物。当视线方向与河流走向成直角，从一侧岸地向对岸眺望时，为"对岸景"[①]。它以河流为基底，可以观赏对岸的建筑、树木、山体等，同时也能欣赏河中的小岛、船只、桥梁等美景。河流景观使宏观的自然山水伸入微观的人居环境，它完善了城市的总体景观格局，在古今城市建设中，人们都非常注重对山形水势的巧妙利用，把这些自然形态和人工建设的城镇空间和谐地组合在一起，相互因借、相互衬托，追寻人与自然的和谐发展，并由此形成城市空间的艺术特色和个性，使"园林城市""山水城市""生态城市"等现代城市理念得以实现。不仅提高城市可识别性，同时还有助于形

---

① 王薇、李传奇：《城市河流景观设计之探析》，《水利学报》2003 年第 8 期，第 117—121 页。

成城市个性空间，是滨河城市特色塑造的良好素材。河流水面开阔，城市的重要设施往往沿水在两岸展开，商业区、娱乐休闲区、港口区等重要建筑、开放空间大多借助水面塑造独特的景观形象，临水建筑、滨河广场、亲水平台等也因河流的参与而独具魅力。河流的存在，又形成了河岸、桥梁、岛屿等特殊的形态要素，它们也构成了滨河城市区别于其他城市的特色景观。同时，河流自身也往往是滨河城市的特色景观，水质良好、水景优美的河流，往往吸引人们驻足观赏。

（二）形成独特文化景观

在具有悠久历史的滨河城市中，河流是城市生成和发展的动因，故河流周围常常是历史文化积淀最为丰富的场所，有利于构筑城市历史文化追忆空间，再现城市历史风貌，并由此提高城市文化品位。例如，太原汾河公园的"汾河晚渡""雁丘""生命之源"，临汾的"九州广场""萱楼"等美景，就是结合了当地历史文化资源及汾河的自然景观特色而产生的，这种城市文化形象都是因河流而具有独一无二的特质，是其他许多城市不具模仿的识别特征。

第二节　太原市滨河空间形态特征分析

一、太原市滨河空间形态形成的自然经济本底

太原是山西省省会，是太原都市圈核心城市、山西省政治、经济、文化、交通和国际交流中心，同时也是国家历史文化名城、国家园林城市。太原具有 4700 多年历史，2500 多年建城史。从区位来看，"控带山河，踞天下之肩背"，"襟四塞之要冲，控五原之都邑"；从地形来看，太原市三面环山，黄河第二大支流汾河自北向南穿城而过。汾河对于太原市的作用有一个变化的过程，在快速城镇化阶段之前，汾河为太原市的发展提供水源和排蓄洪功能，由于河流成为交通的障碍，所以河西与河东地区的联系不紧密，跨河的交流较少，城市功能由于汾河的存在而产生了分异，工矿区域主要集中在汾河西岸。进入快速城镇化阶段之后，受限于自然基底情况，城市开始沿汾河向南扩张，在这一过程中，汾河作为公共空间、绿色空间，开始科学规划和塑造景观，成为城市的重要发展轴带。进入 21

世纪之后，依托汾河滨河空间，太原市逐渐南延进行组团式扩张，形成了滨水娱乐、滨水文化、滨水生态三个主题带，承担城市现代商务服务业的重要功能。

汾河太原城区段滨河地带的演化大致可以分为三个阶段。

第一阶段，快速工业化之前汾河滩地与太原市民的生活联系非常密切，是太原市民散步、健身和休闲游憩的理想场所，完全自然的河滩成为城市绿色生态长廊，"汾河流水哗啦啦""汾河晚渡"等都成为市民不可磨灭的记忆与对城市意象感知的重要组成部分。

第二阶段，在经历了太原市快速工业化及城市化的发展时期之后，汾河水体受到严重污染，滨河快速路的修建切断了汾河与市民的联系，河岸林地被城市的膨胀蚕食，消失殆尽，滨河生态环境遭到严重破坏。对汾河美好的感知与体验从市民的记忆中游离出去，市民转向汾河上游寻找休闲的净土。①在这一城镇化工业化的快速发展阶段，由于水土流失和工业污染，汾河河道淤积、河水污染，严重影响了城市的形象和发展。

第三阶段，改善汾河太原城区段的生态环境，重塑功能成为新的主题，汾河滨河空间在大规模改造之后完成蜕变，成为太原市重要的公共绿地空间。针对城市依河而居却无水可用的现实，紧紧围绕"水"这条主线，1997年以来，太原市委、市政府从改善市区人民生活环境和实现城市可持续发展的目标出发，对汾河太原城区段进行治理美化，使美化后的汾河完整体现太原的地域特征和汾河悠久的文化内涵。1998年10月，太原市委、市政府对北起胜利桥南至南内环桥约6km的汾河太原城区段进行综合治理，治理分水利整治工程和绿化美化工程两部分。截至1999年底，水利整治工程已基本完工。2001年12月28日，国家建设部授予该项目"中国人居环境最佳范例奖"②，并推荐联合国申报人居环境有关奖项。2002年5月30日，联合国人居署决定授予太原汾河景区为"2002年联合国迪拜国际改善人居环境最佳范例称号奖"。汾河景区从规划设计到施工建设积极贯彻了以人为本的理念，围绕"人·城市·生态·文化"这一主题，着眼大幅度改善太原市的呼吸系统，改变太原市缺水少绿的面貌，提高生态质量建设，集防洪、排污、园林绿化、运动休闲、商贸等功能为一体的开放型城市滨水空间，把河道治理、环境保护、城市绿化有机结合起来，进行环境综合

---

① 王东宇、李锦生：《城市滨河绿带整治中的生态规划方法研究——以汾河太原城区段治理美化工程为例》，《城市规划》2000年第9期，第27~30页。
② 杜海霞：《太原汾河县区简介》，2014年11月12日，http://www.svgov.cn/content/2014—11/12/lonttnt_5127845.htm，2017年6月5日。

整治，保持了城市发展与环境建设的协调发展。①汾河公园景区的建成使汾河沿岸园林化，汾河北部湿地化，汾河公园休闲化。②

从空间和建设时段上来看，滨河景观带分为五段，从北至南依次为汾河湿地公园北延段、胜利桥至南内环桥段、南内环桥至南中环桥段、南中环桥至祥云桥段、祥云桥南延段。其中第三、四段分别是配套太原长风文化商务区的建设和龙城新区、晋阳湖新区、山西科技创新城的建设，说明汾河景区滨河空间已经成为提升城市生活品质和综合竞争力的重要因素。完工后的景区将从中北大学老龙头景区向南延伸直至汾宾街，贯穿整个太原城区。

二、太原市城市空间演变过程

在新中国成立以前，太原市建成区集中在汾河东岸约 9km² 的方形旧城里，旧城区向北 3km 处有日本侵华时期兴建的钢铁厂、兵工厂等零星工业飞地。从主城区的空间拓展轨迹来看，太原市建设用地呈现出"飞地扩张—带状形成—带间填充"循环往复的方式（图 8-1）。

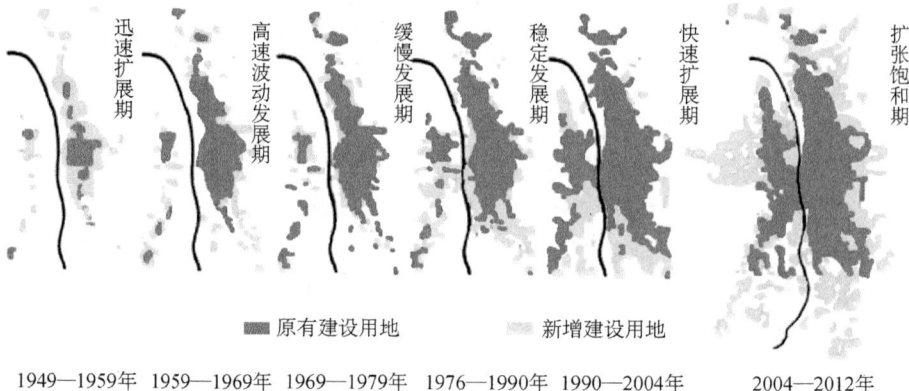

迅速扩展期　高速波动发展期　缓慢发展期　稳定发展期　快速扩展期　扩张饱和期

■原有建设用地　　■新增建设用地

1949—1959年　1959—1969年　1969—1979年　1976—1990年　1990—2004年　　2004—2012年

图 8-1 太原市城市空间演化过程示意图

资料来源：郭海荣、白明英：《资源型区域城市化与城市发展研究》，太原：山西经济出版社，2001年，第 278—283 页；太原市城市规划设计研究院：《太原市城市空间发展战略规划研究》，研究报告，2015 年，第 11、19 页。

太原市城市空间拓展的过程，根据城市建设用地扩展速度、扩展方式、

---

① 赵玮：《"地域化"城市景观设计——以太原汾河公园为例看城市景观设计》，《山西高等学校社会科学学报》2005 年第 7 期，第 43—45 页。
② 李佩璘：《太原汾河公园景区再观再思》，《山西建筑》2009 年第 9 期，第 68—69 页。

方向大致可以划分为五个阶段。

（一）迅速扩展阶段：1949—1959 年

这一阶段，太原市经历了短暂的国民经济恢复后，进行了大规模的工业化建设，工矿建设吸收大量的农业人口为非农业人口，建设用地年均增加 8.15km²。尤其是第一个五年计划期间，太原进入大规模的经济建设时期，国家 156 项大型工业骨干项目有 10 项在太原选址建厂，包括太原钢铁厂，太原重型机械厂等。这一阶段，先后形成了北郊国防工业区、城北钢铁工业区、河西北部机械工业区、河西中部精密机械和轻纺工业区、河西南部化学工业区，至此，太原市的现代城市框架已基本定型。在城市用地方面，工业用地为先导的城市"飞地"。在交通方面，改造了旧太原城东西不通、南北不畅的"丁"字形街道系统，对城市空间扩展产生强烈的导向性，使建成区沿交通线轴向发展，形成轴化特征，将原来破碎的小块同主城区连为一片，此特征以汾河以东为主；汾河以西以小块工业用地增加为主，用地形态比较松散。

（二）高速波动阶段：1959—1976 年

这一时期城市建设处于低谷，河东和河西地区各自呈带状发展，河东的扩展速度快于河西，两带之间仍有较宽的非建设用地。1970 年之前，迎泽大桥是汾河两岸之间唯一的联系。这一阶段城市空间演化具有如下三个特征。

第一，空间地域扩张极其波动。"大跃进"和"人民公社化运动"使城市非农产业迅猛增长，新的飞地不断出现，汾河以西逐渐连片成带，主城区四周蔓延，这种地域扩张属于突发性的、超经济扩张；随后的三年自然灾害使城市建设几乎处于停滞状态，城市建设从高峰跌到了低谷；进入国民经济调整、巩固时期，城市经济开始复苏，但是由于"文革"的影响，城市建成区缓慢扩展，仅限于河西北部，主城区汾河以东部分地段，大部分建成区几乎未发生变化。

第二，地域沿建成区向外蔓延。这一阶段的城市建设主要是上一阶段城市建设的延续，沿建成区向外蔓延。靠近城市中心的地域优先城市化，城市中心密度增大，城市布局更为紧凑。地域扩张仍以工业用地为主要力量。

第三，城市内部布局混乱。由于"大跃进"的影响，工业遍地开花，城市分区被忽略，工业与居住混杂，城市用地布局不合理，迫使城市在发展过程中花费大量人力物力进行调整。

（三）稳定发展阶段：1976—1990 年

"文革"结束后，尤其是党的十一届三中全会以后，党的工作重心转移到经济建设上来，城市发展恢复了正常。1978—1990 年城市用地从 130.03 km² 增加到 153 km²。这一时期，整个城市用地多向填充，汾河西侧主要向东南方向延伸，汾河以东向南延伸，城市整体布局较紧凑，功能分区合理，城市发展有较大余地。这一阶段南内环桥和胜利桥建成，近郊村庄大规模城市化。交通线路的延伸成为城市化地域扩张的导向，随着新源里小区、金刚里小区、老军营小区、兴华小区的建成，居住用地继续增加，与其他用地类型相比，增加速度最快，已成为城市空间扩展中最活跃的因素。

（四）填充式快速扩张阶段：1990—2004 年

经过十几年的经济建设，太原市的经济实力有了较大提高，城市发展进入了一个崭新的阶段，汾河东西两岸出现合并的趋势，城市空间演化有两个主要特征。

第一，城市空间填充式增长明显。随着城市的生产、生活和服务功能进一步加强，工业用地沿原工业区向外围扩展，建立了高新技术产业开发区，城市用地结构也发生了相应的变化，服务功能在城市各项功能中的地位上升，居住用地主要在汾河两岸增加，20 世纪 90 年代以后，先后建设居住小区 23 个，建筑面积达 377.79hm²，大大改善了太原市民的居住和生活环境。汾河东侧主要是填充扩张为主，并稍向东延伸。

第二，在垂直方向上城市空间的增厚。这一时期城市建设迅速发展，除水平方向上表现为用地量的增加外，在垂直方向上还表现为高层建筑的增多和地下空间的开发，城市要素的空间密度加大，中心城区由城市混合中心向以第三产业为主的商业、金融、信息咨询、文化娱乐中心转变，城市建设用地中三产和居住用地的比重增加。城市用地在这一时期基本未向外围扩展[1]，2003 年建成区面积达到 197.2 km²。

---

[1] 郭海荣、白明英：《资源型区域城市化与城市发展研究》，太原：山西经济出版社，2001 年，第278—283 页。

（五）城市空间功能分区阶段：2004 年以后

随着汾河太原城区段治理美化工程的完成，汾河不再是阻碍市区汾河东西岸人民交流的障碍，反而成为了市民的休闲、游憩、交往的空间，沿河环境改造成效显著，吸引大量住宅在汾河东西岸建成，城镇化质量显著提升，城市空间延伸围绕汾河河岸进行南北方向的扩张。汾河东西两岸的一体化趋势增强，城市整体以汾河为中轴向南扩展。到 2014 年，太原市建成区面积达到 284 km²。

2010 年汾河西岸建成了长风商务区，河西区域初步形成了等级高、类型全、规模大的商务中心，改变了太原市城市建设以汾河东岸为主的形势。伴随着南部高新区、大学城的建成和投入使用，城市南部空间扩张形成规模。2013 年太原市改造建成了全长 48.56km 的环城快速路，开始了城市立体交通时代，实现了圈层式空间拓展的跨越发展。

整体而言，太原市的城市用地扩展速度相对缓慢。1932—1997 年太原市城市建设用地年均增加 2.44%。1978—1998 年，太原市市区建设用地增加量也低于全国特大城市平均水平，尽管城市规模有一定扩展，但市区人口增加速度快，使太原市人均建设用地不断下降，随着人口向市区集中，市区土地利用集约化程度有所提高。太原市城市空间扩展在改革开放以来表现为轴向扩展和跳跃式扩展为主，而改革开放以后填充式扩展为主要形式。进入 21 世纪，开始构建依托 CBD "双中心" 的多中心发展模式。这种模式弥补了内部填充对城市空间结构调整和环境改善造成较大的压力，同时加快了郊区的城镇化进程。[1]2013 年之后伴随着中环路的贯通，城市的圈层空间结构初步呈现。随着城区工业和各开发区向郊县迁建，新一轮的 "飞地扩展" 的趋势有所显现。

在这一城市空间演变的过程中，太原市城市空间扩展陆续遇到一系列需要跨越的门槛：城墙—铁路—河流—铁路—高速环路，每跨越一次门槛，城市的空间结构和尺度都有明显区别。[2]但从城市形态演变的历程来看，太原市城市空间结构的基本骨架在 20 世纪 50 年代已基本定型。"十五" 时期，产业转型使大量国企搬迁出市区，"十二五" 时期，第三产业、园区高速成长，房地产开发迅速发展，政府城市建设力度大大增长，随着长风商务区、汾河公园等一大批重大项目相继

---

① 郭海荣、白明英：《资源型区域城市化与城市发展研究》，太原：山西经济出版社，2001 年，第 278—283 页。

② 太原市城市规划设计研究院：《太原市城市空间发展战略规划研究》，研究报告，2015 年，第 19 页。

完成，人口和经济向城区集聚的趋势一直未能扭转，而汾河沿线更是受到地产开发的青睐更为集聚。

三、太原市跨河发展的影响因素及驱动机制

（一）影响因素

1.自然地理因素

太原市突出的自然地域特征就是"两山夹一川"，汾河贯穿南北。当城市化水平较低的时候，跨河发展比较困难，汾河对太原市的主要功能在于提供水源及排洪，由于发电、化工等企业需要大量水源并且应与城市居住区有一定隔离，所以太原市跨河发展仅仅把一部分重工业区布局在了汾河西岸。这一时期，汾河更多的是成为了一条"边界"。但是当城市化水平提升后，城市人口增多、城市用地扩展，受到地形的影响，东西方向扩展受限，只有南北扩展才有可能，因此汾河也慢慢由"边界"变为"中心"。又由于原生的汾河生态功能被快速城市化和工业化破坏，人们逐渐意识到宝贵的水体是城市最重要的公共空间，承载着城市的生态、经济、文化、游憩等功能，因此，太原市真正的跨河发展可以说是以汾河公园景区的建立为开端开始的。

2.经济因素

截至 2016 年年底，太原市城区段跨汾河的桥梁已经达到 18 座（包括在建的摄乐桥），但是在城市发展初期，由于修建桥梁需要的资金和技术投入较大，到 20 世纪末，也仅有自北向南的胜利桥、漪汾桥、迎泽桥、管线桥和南内环桥五座联系汾河两岸的主干桥梁。可见，城市经济发展水平与跨河发展的规模成正相关的关系。

3.社会文化因素

由于长期以来太原市的汾河西岸地区集中布局着太重、太化、第一热电厂等重化工企业，而汾河东岸以迎泽大街为中心则广泛分布着商业、行政事务、科教文卫等众多单位。因此，太原市居民普遍认为汾河东岸比汾河西岸居住条件好，这一观点长期以来也制约了河西地区的发展，随着河西地区重工业企业的搬迁以及西山的绿化工程展开之后，2010 年左右一些新建居住区才有向汾河西岸集聚的趋势。

（二）跨河发展的驱动机制

在不同发展阶段，太原市跨河发展的驱动力也有较大差异。在新中国成立初期形成的东西岸发展主要是基于城市功能分区的影响，西岸主要布局重化工企业，东岸为科教商贸及政府管理部门。在 20 世纪末期汾河沿岸开始大规模地进行生态修复及公共空间建设之后，城市的工业基地职能逐渐淡化，综合职能逐渐提升，第三产业取代第二产业成为城市经济的主要推动力，因此，原有大企业迁出，西岸生态条件改善，生活设施完善，商业服务网点密度和等级逐步提升，东西两岸的经济社会联系逐渐加深，慢慢过渡到稳定发展阶段。在稳定发展阶段，与政府有关的相关因素的作用逐渐减小，取而代之的是市场机制、技术进步及全球化的影响更为显著。

四、太原市滨河景观的特征

太原市滨河景观整体呈现两个特征。一是沿汾河呈带状分布，水面较宽阔、空间开敞；堤岸兼有防洪、道路和景观的多重功能；岸线是城市的风景线和步行游道。二是与城市众多东西向干道十字相交，成为城市纵向绿色景观走廊，滨河区域空间开阔、交通便利，吸引游人体验。

在汾河景区的一期工程中，汾河作为多功能、开放性的城市带状滨水公共空间体系，在布局结构上形成了收放有序的连续空间序列，并合理组织各项功能，实现可持续发展。整个用地被 4 座大桥分为三个区段，其长久以来形成的地域空间感已经基本上为市民所接受和熟悉。利用 130 万 m² 的水面，在汾河东西两岸与水面共同设置了风格迥异的景观，异质化的设计为城市创造宜人的公共生活空间体系创造了条件，增加了亲水的可能性。

汾河各河段的自然生态发展空间都保留了人、生物、文化和环境的和谐共生空间，保证汾河滨水区的可持续发展。在规划的三段蓄水水面中有选择地保留自然沙洲，围绕有鸟类等生物栖息的沙洲与两岸的滨河绿地组成三个河段的三个自然生态发展空间。自然沙洲的保留一方面可以延滞洪水径流速度，另一方面也可以减少河水的蒸发量①，这一点对于严重缺水的太原市意义重大。

---

① 赵前：《基于生态观的黄土高原城市滨水区景观设计》，西安建筑科技大学硕士学位论文，2003 年。

五、汾河对太原市的生态功效

汾河自然生态系统的恢复和创造成为城市改善品质的最大契机。除去滨河空间对城市一般性的生态功效外，汾河对太原市主要有三类生态功效。

（一）聚水区域的生态功效

汾河景区设立了多座橡皮坝，形成了多个聚水区域。汾河太原城区段聚水的区位是建立在原汾河河床的基础上，汾河河床是由冲积、淤积的沙层组成，其下部是汾河大断裂的准断裂中心所在，城区段聚水增加了汾河谷地地表水入渗的条件与机遇，这对提高城市地下水水位，增加地区地下水水量，缓解地下降水漏斗均有正向效应。汾河太原城区段聚水的两侧，基本上是由宽约 60m 的人工草地地带与城市地域连接。城市林木，尤其是草地对保持城市的生态环境，减少环境污染，已有较多的研究。城市水域面积越大，所接纳空气中的污染物的微粒与粉尘就越多，这些微粒及粉尘"落水生根"，不像城市其他地表，在风的作用下，微粒和粉尘形成跳跃式的多次污染。可见，汾河太原城区段大规模聚水和两侧的人工草地带，对于减少城市空气中的微粒及粉尘等固体污染物，能够起到积极的控制作用。[①]

洪水调蓄方面，太原市位于暖温带半干旱地区，其河流洪峰的特征，直接受制于河流上游地区的降水特征，河流的洪峰流量明显地表现出相应特征，即汇流时间短、洪峰流量大、速度迅猛等。实践证明，湖泊是调节洪峰的最好措施之一。汾河太原城区段聚水人工湖的空间，对防洪、滞洪、缓解洪峰流量等，均起到极为重要的调节作用，能够较好地确保太原市城市生态安全。[②]

（二）水源涵养、土壤保持和防风固沙

汾河景区拥有 16.1km 蓄水工程（从北向南，由胜利桥至小店桥，其中包括 3 个段落即 3 个期次的蓄水工程）、16.9 km 人工湿地（南北向，由胜利桥向北至中北大学），连带东干渠、西干渠、涧河、北沙河、南沙河、

---

① 赵艺学、曹海霞、宋丽芝：《汾河太原城区段聚水对城市生态环境的影响》，《城市规划》2003 年第 3 期，第 279—281 页。
② 赵艺学、曹海霞、宋丽芝：《汾河太原城区段聚水对城市生态环境的影响》，《城市规划》2003 年第 3 期，第 279—281 页。

玉门河、虎峪河、九院沙河、风峪沟等河流渠道，且北有汾河二库、南有晋阳湖，区域水源涵养水系初成。到 2012 年，景区共种植树木花卉等 230 多种，占全市公园总面积 10%，占全市绿化覆盖面积的 2.5%，城区内人均增加绿地面积 3m²，景区水体平面面积约 600 万 m²，汛期平均水体保有量体积可超 1000 万 m²。景区沿岸夏季最高气温比其他区域降低 3℃左右，相对湿度提高 10%—20%。[①]

汾河景区地面植被覆盖面积超过 225 万 m²，水生植物面积超过 33 万 m²；种植树木花卉等各类品种超过 230 种，总数超 44 万株。在今后扩建与保持过程中，植株与绿化面积仍将不断增加。[②]汾河公园在东西两岸各建造了 100 多米宽的绿化带，使市区人均增加公共绿地 1.5m²。[③]风沙在经过两岸绿化带时，行进速度和沙尘含量有较明显的降低，在经过河面时，也能形成对底层空气中沙尘吸附与沉降的作用，在水体保有量较大时尤为明显。

（三）改善气候和生物多样性保护

气候的成因包括太阳辐射、地表特征、大气环流等。景区工程虽然在改善生态上具有点线带状局限特征、太原市以线（汾河景区）带面（太原六城区绿化）的城镇生态格局只是初步形成，但对改善局地气候因子仍效果明显：景区内平均最高气温比景区外降低 3℃左右，相对湿度则提高 10%—20%，相对形成一条低温湿润带，有利城市空气环流与净化；区内生态景观逐渐多样，草地、林地、湿地、河道比城区建筑和街道能更好地吸收、转化太阳辐射能；据相关部门观测，景区产生的新鲜氧气和吸收降解的废气均接近 1000 t/d，直接净化空气并减少了区域大气逆辐射；2007 年以来，景区中可被发现的鸟类已达百种，近几年新增的植物品种、鸟岛、绿洲、湿地、多级河坝，以及两岸不断改善的和谐生态环境，更为景区内生物多样性的发展创造了有利条件。[④]

六、汾河与太原市滨河空间人文景观营造

城市景观是动态的，具有强烈的时间性、地域性。汾河作为太原市的母亲河孕育了独特的城市文化，通过对滨河空间的改造可以延续城市文脉，

① 冯沛：《太原汾河景区生态价值与发展浅论》，《研究与探讨》2013 年第 10 期，第 26—29、33 页。
② 冯沛：《太原汾河景区生态价值与发展浅论》，《研究与探讨》2013 年第 10 期，第 26—29、33 页。
③ 李佩璘：《太原汾河公园景区再观再思》，《山西建筑》2009 年第 9 期，第 68—69 页。
④ 冯沛：《太原汾河景区生态价值与发展浅论》，《研究与探讨》2013 年第 10 期，第 26—29、33 页。

塑造多元的城市新文化。

一个有地域特色的景观可以为居民带来认同感和归属感，更可以展现出生态、社会经济、文化等多方面的价值。而这种地域性景观的创造必须立足于城市特有自然环境的保护利用、历史文脉的挖掘再现，以及两者的结合。汾河景区坚持"以人为本"的可达性、舒适性原则，重视居民需要场所的公共性及功能的多样性。对汾河景区的利用和使用衍生出了很多人文景观的附加值。例如，冬季举办公益性质的冰雪节，夏季举办龙舟大赛、摄影展，举办各类艺术节、文化节，这些活动都大大增加了市民的可参与性。

汾河景区两岸带状绿化平台分布着众多景观景点，如沿汾河西岸，"晋汾古韵""梨园余音""五环生辉"广场，分别反映了悠久的三晋历史文脉、博大精深的戏曲文化和活力四射的体育健身场景。沿汾河东岸，"汾河晚渡""雁丘""沙滩碧水""生命之源""日台""七亭""渡口""画舫""乐坛"等景点，依水造景、依绿设景，充分结合山水特色的景观设计，外加各色灯光布景，使得夜晚和白天呈现出不同的立体美景。①

第三节　滨河城市文化环境特色及营建

一、河流与城市文化环境

河流在城市中往往呈现出意象五要素之一的边界特征②，城市滨河带状空间，一般是河道与相邻城市道路或相邻其他城市用地地块之间的陆域范围。根据河流在城市中的级别、宽度，其开发开放程度存在差异，造成这个陆域范围的宽度也不尽相同。一般认为滨河带状空间是以滨河绿地为载体的带状景观空间，是城市滨河区域的一部分，以绿化植物、场地道路、建筑小品及驳岸栏杆及其他设施，如灯光照明、街道家具等为景观元素，是滨河的开放休闲场所。③随着城市经济水平的提高和社会的发展，人们已

① 赵玮：《"地域化"城市景观设计——以太原汾河公园为例看城市景观设计》，《山西高等学校社会科学学报》2005 年第 7 期，第 43—45 页。
② 〔美〕凯文·林奇著：《城市意象》，方益萍、何晓军译，北京：华夏出版社，2001 年，第 47 页。
③ 张丽：《城市滨河带状空间景观规划与设计——以上海三林老街滨河城市公园为例》，《中外建筑》2012 年第 7 期，第 112—114 页。

不满足于对城市单纯的功能性、物质性要求，进而对精神性的美观、气氛和空间等要求变得迫切。[1]汾河穿城而过，在漫长的城市发展过程中积淀了深厚的水文化，挖掘并在规划中体现水文化，对维护太原市生态环境、促进人与生态系统的健康发展、保护太原市历史文化资源都有重要意义。城市文化对城市发展的重要性越来越为人们关注和认同，并逐渐成为城市建设中的一个焦点。在城市形象及品味、特色的塑造中，城市的滨河带状空间起到越来越重要的作用，其基本的景观塑造在于结合点、线、面的要素，营造多维立体的沿岸风景，从而构建起人与自然和谐、独具特色的城市文化环境，提升城市竞争力。

（一）城市文化环境特色的概念界定

城市文化是人们在城市形成和建设过程中所创造的物质财富与精神财富的总和。城市文化环境则是这个总和的外在表现和形成本底。[2]城市特色是城市的一种文化资源，城市历史传统、地理位置、建筑形式、饮食文化、风土人情等都可以构成不同的城市特色，是能让一个人感知和回忆并与其他地方明显不同的区域，是城市文化的集中表现。[3]城市文化在城市现代化过程中的标志性功能，主要是通过城市文化的特色表现出来的。

城市文化环境特色分为三个层次：第一层次为物质文化层，主要作用于人们的视觉系统，也叫视觉识别体系，它包括城市的人工环境，如城市的公共设施、主要标志、基本建设项目等，是人们创造的物质财富的积累和体现。第二层次为行为文化层，它是人的行为在城市文化中的体现，承载着城市特有的文化信息，是文化通过一定的主体行为体现出来，也叫行为识别体系，它包括城市社会秩序、人际关系、治安状况、管理模式等。第三层次为观念文化层，它是城市文化的一种升华，是城市文化形象的最高境界，最能体现城市文化形象的特征，也叫观念识别体系，它包括城市经济文化发展战略、城市精神、城市人的价值观念、城市法律法规等。此外，作为城市文化环境的重要构成部分，还应包括城市的区位、自然条件，这是区域文化形成、发展的基础和本底。从城市文化层次上看，物质文化为基本层，是城市文化特色的基础；行为文化为中间层，是城市文化形象

---

[1] 武辉、张春祥：《太原山水城市规划构想与实践》，《城乡建设》2012 年第 4 期，第 37—39 页。
[2] 张锦秋：《浅谈城市文化环境的营建》，《建筑创作》2002 年第 4 期，第 30—33 页。
[3] 黄兴国、石来德：《竞争导向的城市特色内涵》，《同济大学学报（社会科学版）》2004 年第 5 期，第 59—65 页。

的中坚；观念文化层为最上层，是城市文化形象的灵魂。本书所研究的城市文化环境主要包括城市文化环境的物质文化层和本底环境。但是，城市文化环境的营造，不仅仅是物质环境的建设，还受到政治、经济、文化艺术、历史传统、民风民俗诸多方面直接或间接的作用和影响。

（二）城市文化环境营建取向

《城市文化北京宣言》提出，文化建设是城市发展的重要内涵，市民的道德倾向、价值观念、思想方式、社会心理、文化修养、科学素质、活动形式、传统习俗、情感信仰等因素是城市文化建设的综合反映，城市规划、建设必须特别重视城市文化建设。①根据宣言的倡导，城市文化建设应注重以下几个方面的取向：①新世纪的城市文化应该反映生态文明的特征，21世纪的城市应该是生态城市；②城市发展要充分反映普通市民的利益追求，塑造充满人文精神和人文关怀的城市空间，城市发展的本质应使市民生活得更美好；③城市规划和建设要强化城市的个性特色，特色赋予城市个性，个性提升城市竞争力，成功的城市应该具备深厚的文化积淀、浓郁的文化氛围、美好的城市形象；④城市文化建设担当着继承传统与开拓创新的重任，成功的城市是在保持自己文化特色的基础上进行再创新的城市。

二、太原市城市文化环境特征

太原市是汾河流域中规模最大的一座城市，汾河自北向南贯穿太原，形成了太原最突出的地域空间特征。但是太原处于内陆的黄土高原上，北方气候特征明显，作为能源重化工城市其污染又很严重，因此建造城市景观更应充分考虑作为内陆省份的地域特征。20世纪末，太原城市景观体系的特征表现如下：城市环境结构不健全，个性不协调，缺少开阔的城市公园、广场，缺少合理的、分布均匀的街头绿地，水体亦多为死水；被称为太原"母亲河"的汾河太原段污染十分严重，长期以来由于水土流失和工业污染，使汾河河道淤积，河水污染，严重影响城市的形象和发展。②在干旱的内陆省份，众多历史悠久的城市依河而居却无水可观，这一问题是当前类似滨河城市的景观建设的重要任务。从营造文化环境的角度考虑，太

---

① 《城市文化北京宣言》，《城市规划》2007年第7期，第43—45页。
② 赵玮：《"地域化"城市景观设计——以太原汾河公园为例看城市景观设计》，《山西高等学校社会科学学报》2005年第7期，第43—45页。

原市的城市文化环境主要表现为五个特征。①

（一）文化地理区位特征："襟四塞之要冲，控五原之都邑"

从历史地理区位分析，太原市处于中国黄河流域农耕文化和北方游牧文化接壤的过渡地带，由于汉族和游牧民族的对垒以及农牧文化的碰撞形成了具有特色的"晋阳文化"。这种优越的区位也使其在历史上先后成为我国著名的政治之都、军事之都和经济之都。

在经济全球化、一体化、信息化的今天，太原市虽地处内陆，却仍占有紧邻首都、近邻沿海以及"东引西联"的区位优势，特别是随着国家高速公路网和铁路网的建设，尤其是石太高速铁路和太（原）中（卫）银（川）铁路的投资建设，将会明显改善太原在我国北部东西联系中的区位条件，强化太原在中西部地区的交通地位。

太原市城市文化的地域过渡性特色所表现出来对异质文化的融合和兼容，在经济建设中将形成独特的产品过渡性优势，不仅在地理上更在文化上具有实现南北、东西大交流的良好基础，为自身城市定位与产业发展提供了多方位、多层次开放式的良好发展环境，奠定了发展成为全国区域性中心城市的地理基础和文化凝聚条件。

（二）自然本底特色："一水中分，三山抱城"、大山大水的山水城市格局

太原的地貌呈现两山夹一谷的特征，汾河贯穿南北，形成典型的河谷式江河城市特征。太原市三山环抱，一水中分，有北方城市不多见的良好山水格局。历史上，太原作为李唐王朝的北都，当时晋阳城后依龙山、天龙山，晋水、汾河穿城而过，龙山、汾水便成为当时城市文化体系中重要的自然景观文化，依托自然景观，太原也成为北方美丽的"锦绣龙城"。与其他城市相比，太原山水自然景观格局具有大尺度的特点。汾河由北而南纵贯全市，已成为位于太原市中心、兼具中国北方园林风格和太原地域文化特色的景观走廊；东西山大气雄宏，在市区东西向主要街道上均可远望；东西向的边山支沟将山水连为一体。将山景引入城市景观体系，与水景相互融合，奠定了大山大水的山水城市格局和生态城市建设的基础。以外围山脉、中部水体、

---

① 郭文炯：《太原文化环境特色及其营建》，《太原日报》2007 年 8 月 24 日。

东西向支流为载体，强化其周边的教育、史迹、民俗等人文元素，整合成自然山水、历史人文、科技、教育文化和经济轴线，共同奏响塑造城市个性与魅力的"人文山水交响曲"。城市位置的变迁没有摆脱滨河自然因素的引导。

（三）城市空间形态特色："滨河而展，带型组团"

城市空间形态是反映城市整体特色的最主要内容，滨河城市的生态规律和空间拓展的特性，成为城市空间布局重点考虑的问题。太原市山水资源，尤其是水资源是最重要的发展资源和都市特色，城市空间发展应该充分顺应山水资源均匀分布的态势，太原市的空间布局沿汾河南北延伸，对称式发展，采取多中心集聚的模式，以组团结构为基础，带状布局，创造出具有滨河特色的城市空间结构和形态。

（四）历史文化特色："兼容和谐，诚信卓越"

关于太原历史文化的内涵，学者们研究较多，将晋阳城市文化的内涵归结为民族融合的多样性、自强不息的独特性、历久不衰的传承性、悲壮激越的地域性[①]；有的学者提出太原文化既涵盖了晋阳文化，又传承了三晋文化，是三晋文化的重要组成部分。弘扬太原文化，就是弘扬三晋文化。悠久的历史传承、深厚的文化底蕴、丰富的古迹遗存、和谐的人文品格是三晋文化的特色优势。[②]自强不息、创新开拓、诚实守信、兼容和谐是三晋文化精神内涵，也是省城太原传承三晋文脉的精神所在。2005 年，经过专家反复论证、普通市民参与讨论，太原市委宣传部向各媒体通报太原城市精神及其内涵——作为中国北方各民族融合的边关城市，兼容并蓄、诚信卓越一直是太原历史文化传承的主流。依靠兼容实现和谐，依靠诚信实现超越是太原人自古以来奉行的行为准则。2012 年，太原市加快文化强市建设步伐，总结提炼出"包容、尚德、崇法、诚信、卓越"的城市核心价值观，展示了太原人民海纳百川、多元和谐的开放胸襟，突出了向善厚德、重礼守节的城市品格，表现了公平正义、敬仰法律的文明风范，体现了诚实重义、守信践诺的人文情怀，彰显了敢为人先、争创一流的奋斗精神，不断提升城市文化品位，丰富城市人文内涵，对内凝聚力量、对外树立形

---

① 孙安邦：《晋阳文化的历史渊源及其特点》，《晋阳学刊》2003 年第 6 期，第 72—75 页。
② 杨瑞武：《举起三晋文化的龙头传承三晋文脉的精髓——建设太原文化名城刍议》，《山西日报》2007 年 2 月 6 日。

象，提升城市精气神。

（五）城市景观特色："晋阳底蕴，现代新都"

就城市而言，古晋阳城、古大明城、唐晋阳城、唐明镇、宋平晋城、宋晋阳城、明清太原府，近代太原城，都是当时全国重要的城市，是三晋文化的中兴之地和辐辏之所。新中国成立以来，被确定为重点开发的新兴工业城市，而后成为山西能源基地中心城市、全国重要的能源重化工基地。"工业城市"一度成为太原城市景观的重要特征。随着山西省"一核一圈三群"城镇体系规划的实施，太原市作为山西省城镇化发展的中心城市，城市经济已走出单纯依赖工业发展的"工业城市"阶段，进入"综合性城市"发展阶段。城市功能实现了由"工业城市"向"综合性中心城市"的转型。面对 21 世纪城镇化发展的挑战，如城市发展个性化、城市生活人性化、城市管理信息化、城市区域一体化等新的趋势，太原市将由传统的生产性城市向都市化、综合性、多功能转变，强化省域中心功能，拓展跨省域职能。由全国性清洁能源基地和装备制造业基地向清洁能源和装备制造业生产性服务与创新中心、区域性综合服务中心和旅游服务中心发展。在全省新型工业化与特色城市化建设中，要求太原市承担起产业结构调整和升级转化的"领头羊"重任，承担起"中枢管理"和"总部经济"的职能，承担起新型工业规模化特别是高新技术产业规模化的重任，承担起传统产业新型化改造的技术创新与扩散中心的重任。

城市功能转型必然带来城市景观的转变，把以文物古迹、传统街区等为载体的传统型文化和以新都市核心为表征的新都市文化、高科技文化等提升型核心文化转化为具有鲜明地缘识别性的城市形象是太原新时期城市景观特色塑造的关键。在太原城市景观风貌特色的研究中，许多学者倾向定位于"历史名城""历史古城"等特色，实际上，太原已不具有历史古城的整体景观风貌和完整的历史遗存。历史文化的印记更多体现在零散的历史古迹、小片的历史街区和历史纪念建筑之中。现代与历史共存，建设具有历史记忆的现代化区域性中心城市景观是太原景观特色塑造的现实选择。

三、太原城市文化环境营建策略

（一）活水秀山，提升城市文化环境本底品质

太原市依山傍水，具有较好的自然生态景观，城市的传统格局也因山

就水呈现出大山大水的景观特色。适应新世纪生态文明的城市文化发展趋势,发挥山水资源优势,修复生态系统,开拓以水、绿为基础的风貌建设,形成具有北方特色的生态城市,是城市文化环境建设的重要一环。

运用绿色廊道理论,在更高层次上塑造沿河、滨水新形象。加强汾河两岸及城西、城东水系等滨水区的城市设计,强调河流的自然化及两岸的亲水性,改变河道整齐划一而使人们疏远的状况,恢复河道两岸绿树成荫、水草茂盛的自然状态,增强滨水空间的交通可达性,增加更多的滨水文化设施和公共活动空间,使人的活动与自然融合一起,在更高层次上塑造滨水空间新形象。

城郊一体化,综合治理山、水、林、城,构建以森林为主体的绿色屏障,建立点、线、面有机结合、城乡融合、功能良好的城市生态系统,实现生态系统的良性循环、人与自然协调发展。加强东西山生态绿化建设,恢复外围山体秀色,突出山的灵性;显山露水,控制对东西向景观走廊,引导山城融合。

构筑绿色网络为城市提供优美景观。城市公共绿地、附属绿地及生态绿地相互融合,构筑绿色网络,创建出开敞与封闭、大与小、高与低、收与放的不同绿色空间,为城市提供连续、优美的城市景观。以"小散匀"的原则,加强小型绿地建设,形成既均衡又有特色的分布格局,与全市的行道树绿带结合起来,形成绿地网络基础,便利城市居民游憩,加上对附属绿地的进一步"破墙透绿",创建延续性的绿色景观。

严格城市绿线管制制度,将城市绿地建设、绿色廊道建设(骨干廊道建设和辅助廊道建设)及水域景观建设有机结合,逐步形成以汾河为中轴,东西两边河沟为支线,外联东西两山及名胜古迹游览地,内接市区各公园及小游园,辐射城郊园林化小康村镇,整体烘托城乡环境的园林绿化体系。围绕城市道路框架建设生态廊道,形成绿色城市环境。北中环生态廊道由森林公园、动物园、北排洪渠—北涧河两侧公共绿地,以及北中环路两侧各 30m 防护绿地共同组成,宽度控制在 200—400m;南环高速公路生态廊道围绕南环高速公路,两侧建设约 1000m 宽的生态绿地;新城南部生态廊道,在太原中心城区与清徐县、晋中市之间打造生态绿地①。

1997 年以来,太原市政府决定从改善市区人民生活环境和实现城市可持续发展的目标出发,对汾河太原城区段进行治理美化。目前已建成的汾河公园位于太原市中心的大型城市生态景观公园,首期工程建于 1998 年

---

① 太原市城市规划设计研究院:《太原市城市空间发展战略规划研究》,研究报告,2015 年,第 163 页。

10 月至 2000 年 9 月，总投资 5.6 亿元，是具有中国北方园林风格和太原汾河地域文化的山水园，全长 6km，宽 500m，占地 300hm²，形成了 130 万 m² 水面和 130 万 m² 绿地，是太原市目前最大、最集中的公共绿地游乐场所，是集防洪、排污、园林绿化、运动休闲、商贸等功能为一体的开放型城市滨水空间，保持了城市滨河区良好的自然生态，实现了人与自然和谐共生、城市发展与环境建设的协调发展。

对城市内部空间的塑造方面，汾河公园的空间组织重视居民需要场所的公共性及功能内容的多样性，满足城市居民交往、儿童教育、照顾弱势群体、加强安全措施及城市活动功能等要求，巧妙地组合公共空间与私人空间。这种公共空间适居性的营造，使公园两侧逐渐聚集了大量的高端住宅用地，也成为城市经济的一个增长点，并引导城市继续延续带状形态。"一核三段、六个景区"也为太原市民构建了一个亲水休闲游憩空间，融入三晋历史文脉，增加了城市的活力，丰富了城市的形象。

生态驳岸除护堤防洪的基本功能外，还可治洪补枯，调节水位，增加水体的自净作用，同时生态驳岸对河流生物过程同样起到重大作用。但是，汾河公园驳岸的亲水性还需改善和深化。目前，汾河水体距游人的距离比较远，真正触摸水、亲近水的需求还难以满足，因此需要进一步丰富驳岸的形态。

（二）延续历史文脉，保持城市记忆

古晋阳城、古大明城、唐晋阳城、唐明镇、宋平晋城、宋晋阳城、明清太原府，近代太原城、新兴工业城市、能源基地中心城市、综合性中心城市。太原市的历史脉络应在城市空间景观中有所展现。文化遗产见证着城市的生命历程，承载和延续着城市文化，也赋予人们归属感与认同感。太原城市空间环境形象正经历着前所未有的历史性变迁，需要确立能够表明历史文明和反映今后时代特色的城市风貌空间，并明确其内涵特征，以便构筑新的城市景观和体现新的城市风貌。

要确立与完善城市空间形象整体框架，形成一条"时间通道式"的景观轴线。笔者认为应构筑以汾河为纵轴，迎泽大街、长风街和南中环为横轴的"丰"字形城市布局景观轴带框架结构体系。汾河景观轴，将山水和古晋阳城、古大明城、唐晋阳城、宋平晋城、宋晋阳城、明清太原府等数千年前已开发的历史古迹、文化底蕴深厚的地区相连，成为展示太原古代城市发展演变的时间通道；迎泽大街是 20 世纪中后期，太原"工业城市"

中心景观的代表；长风街将发展成为新世纪太原"管理中心、创新中心、服务中心、文化中心"新商务中心的新兴景观走廊；南中环将形成贯穿物流园区、高新技术产业园区、旅游文化经济区的新兴产业文化景观轴线。汾河纵轴时间通道通过迎泽大街、长风街和南中环引入中心市区，形成一条历史、现代、未来相映衬的"时间通道式"的景观体系，展示不同时代的文化景观风貌。

确立点状、线状和面状历史文化空间的范围，并制定具有超前意识与长远目光的保护与发展规划，使具有城市风貌特色的城市空间肌理关系得以延续。对新中国成立以前的特色建筑，在重视"点"保护的基础上加强"面"保护。文物保护单位和优秀建筑的自身保护属"点保护"；历史文化风貌区的保护是"面保护"。太原市对"点保护"已不断进展，而"面保护"则问题甚多。"面保护"工作需强调保护区内与建筑匹配环境的整体风貌，加强天际轮廓线等外围层次的保护。推进新中国成立后当代特色建筑的保护，包括对历史文化风貌保护区及优秀建筑保护。

（三）城市与居民需求并重，完善文化设施布局

城市文化环境建设要处理好文化产业与公共文化的关系，投资者、旅游者、市民不同需求主体之间的关系。在城市文化建设中，发展文化产业是一种必然趋势，而判断文化产业是否健康发展的根本标准就在于能否处理好经济效益与社会效益的关系。城市对内及对外两种需求是相互促进的，对外需求关系着城市文化品位的提高，对内需求则关系着城市文化空白的填补及社会的稳定，它们分别在两端推动着文化产业的发展。坚持面向普通市民，同时，回应不同人群的诉求，特别是贫困阶层、弱势群体、边缘人群的需求，是城市文化建设的基本价值观和行为准则。因此，太原城市文化建设需面向市民，提炼传统世俗文化精髓，完善居民文化设施，还原代表民主、要求进步和追求生活质量的"市民化"的形象；面向旅游者，挖掘优秀传统历史文化价值，设计建设文化博物馆群；面向投资者，打造现代化的"文化凝聚内核"，把握好以市民和旅游者为对象的传统型核心文化，以投资者为对象的提升型核心文化的结合。

建立标志性景观节点。城市节点有历史性节点、文化性节点、交通性节点等，它们是城市空间序列的高潮所在，每当提到一些国际知名的城市时，人们往往最先想起的也是这样一些令人激动、振奋的节点。作为历史文化名城，一方面要利用自身深厚的文化创造特色空间，另一方面还要塑

造新的标志性空间反映时代特色，形成新旧交融充满律动的城市形象。未来的太原要成为一个富有特色的城市，要善于抓住重点，找出关键性节点进行城市设计，建设好全市性文化中心、文化景观廊道和有代表性的建筑群，形成城市的亮点。太原城市文化的基本特征是兼容和谐，城市建筑风格也呈多样化、多层次、多方向发展的特点，在多样性中求和谐。

从汾河水库向南建设连续的带状公园，重点打造高君宇故居、汾河二库、窦大夫祠、长风商务区公园、奥体公园、晋祠外八景等节点公园。结合人群活动频繁河段，梳理岸线，增加亲水平台、阶梯等；配置岸线休闲空间，集中配套商业、商贸、餐饮、金融、购物和休闲等服务，形成生产生活休闲的活力带，体现太原滨河特色。把汾河滨水地区作为高等级交流、对接东部地区的经济、文化和技术交流的基地。

提升汾河公园沿岸山西省博物馆、长风文化商务区、奥体中心、晋源文化会务中心等天际线和建筑立面，结合市级决策中心、文化传媒中心、国家煤炭交易中心、国际性专业会展中心、国际能源论坛的会址等建设，打造为具有鲜明特色和较大影响力的文化会展产业集群。

第九章
汾河流域城乡生态空间格局的区域案例

　　生态环境，是指由生物群落及非生物自然因素组成的各种生态系统所构成的整体①，主要或完全由自然因素形成，并间接的、潜在的、长远地对人类的生存和发展产生影响。生态环境与自然环境是两个在含义上十分相近的概念，有时极易混淆。严格来说，自然环境的外延较广，各种天然因素的总体都可以说是自然环境，但只有具有一定生态关系构成的系统整体才能称为生态环境。②

　　流域生态环境本身的复杂性，决定了流域生态环境保护是一项综合性很强的工作。③流域是一个社会—经济—自然复合生态系统，其中包含人口、资源、环境、物资、资金、科技、政策和决策等基本要素。各要素在时间和空间上，以社会需求为动力，以流域可持续发展为目标，通过投入—产出渠道链，结合科学技术手段有机地组合到一起，构成了一个开放的系统。④

　　由于人居环境是一门新兴的学科，因此尚未形成统一的定义，不同的学科和专家对于人居环境的理解也具有差别。吴良镛院士认为"人居环境，顾名思义，是人类的聚居生活的地方，是与人类生存活动密切相关的地表空间，它是人类在大自然中赖以生存的基地，是人类利用自然、改造自然的主要场所"，他指出人居环境包括五大子系统，即自然、人、社会、建

① 沈清基：《城市生态与城市环境》，上海：同济大学出版社，1998年，第14—20页。
② 曹伟：《城市生态安全导论》，北京：中国建筑工业出版社，2004年，第58—63页。
③ 冯岩、杨晓玲：《珠江流域生态建设方略初探》，《林业资源管理》2002年第3期，第27—34页。
④ 陈亚宁、周金星等：《中国西部山区流域综合治理研究》，北京：科学出版社，2006年，第64—71页。

筑物和网络。[①]在 2003 年召开的中国首届人居环境高峰论坛上，吴良镛对我国的人居环境建设作了进一步的解释，他指出"中国人居环境建设需要五大条件：住区居民适当的住房保证；健康与安全的保障；人与城市住区环境的和谐发展；生态环境建设；住区资源的可持续开发与利用"；"同时，中国人居环境建设还应遵循五大原则：正视生态困境，提高生态意识；人居环境建设与经济发展良性互动；发展科学技术，推动经济发展和社会繁荣；关怀广大人民群众，重视社会发展整体利益；科学的追求与艺术的创造相结合"。

此外，也有学者认为所谓人居环境，即人居物质环境，它是一切有形环境的综合，是自然要素、人文要素和空间要素的统一体，由各种实体和空间构成，主要由三部分构成，即居住条件、生态环境质量及基础设施和公共服务设施水平。[②]

在不同学者对人居环境的理解中，均将生态环境作为人居环境建设的重要组成内容。生态环境与人居环境均以环境作为研究对象，其所研究的环境均包含自然环境、经济社会环境及人工环境。两者的区别在于，生态环境着重于自然环境和人工环境的研究，而人居环境侧重于人工环境与经济社会环境的研究。可以说生态环境是人居环境建设的基础，而人居环境是人类改造自然的结果，二者相互影响，密不可分。[③]

孝汾平介灵城镇组群包括吕梁市的孝义、汾阳两市和晋中市的平遥、介休、灵石三市（县），地处汾河中游，太原盆地南缘，所处自然地理单元相对完整，汾河一脉贯穿，文化基础相近，资源、产业、城市之间的互补性和关联性强，区域一体化发展趋势明显，是太原都市圈崛起支撑作用强的"活力地带"。本章以该区域为案例，从城镇人居环境的生态特征及其生态格局出发，对其生态环境质量进行描述，并结合人居环境建设的相关要求，提出城镇生态环境优化的地域模式。

第一节　城乡生态本底与建设现状特征

一、区域生态环境基础

（一）森林资源丰富，林种结构合理

孝汾平介灵城镇组群地处山西省中南部，森林资源较为丰富，截止到

---

① 吴良镛：《人居环境科学导论》，北京：中国建筑工业出版社，2001 年，第 62—70 页。
② 赵万民：《三峡工程与人居环境建设》，北京：中国建筑工业出版社，1999 年，第 38—41 页。
③ 吴良镛：《建筑·城市·人居环境》，石家庄：河北教育出版社，2003 年，第 459—470 页。

2011 年，全区森林覆盖率达到 28.95%，高于全省平均水平 9.95 个百分点。全区林业用地总面积为 263 610 hm²，按照地类划分，有林地面积 125 220 hm²，占林业用地总面积的 47.5%；疏林地面积 13 890 hm²，所占比例为 5.3%；灌木林地面积为 54 560 hm²，所占比例为 20.7%；未成林地面积 40 410 hm²，占林业用地总面积的 15.3%；宜林地 24 020 hm²，所占比例为 9.1%；无立木林地面积为 5270 hm²，占林地总面积的 2.0%；苗圃地总面积 240 hm²，占林地总面积的 0.1%。区域内各城市林业用地明细见表 9-1。

表 9-1　孝汾平介灵城镇组群各城市林业用地明细　（单位：万 hm²）

城市	有林地	疏林地	灌木林地	未成林地	宜林地	无立木林地	苗圃地	总计
孝义	1.333	0.333	0.733	1.600	1.200	0	0	5.20
占比%	25.64	6.41	14.10	30.77	23.08	0	0	100
汾阳	3.199	0.140	1.791	0.461	0.481	0.016	0.006	6.10
占比%	52.49	2.30	29.39	7.56	7.90	0.26	0.10	100
平遥	2.501	0.342	0.357	0.273	0.543	0.456	0.008	4.48
占比%	55.83	7.64	7.96	6.10	12.11	10.18	0.18	100
介休	1.512	0.111	0.553	0.379	0.078	0	0.009	2.64
占比%	57.23	4.20	20.93	14.50	2.95	0	0.34	100
灵石	3.977	0.463	2.022	1.328	0.100	0.055	0.001	7.95
占比%	50.05	5.82	25.44	16.71	1.26	0.70	0.02	100

　　孝汾平介灵城镇组群林业资源较为丰富，森林覆盖率高于全省平均水平近 10 个百分点。如图 9-1 所示，组群内部林业资源以有林地和灌木林地为

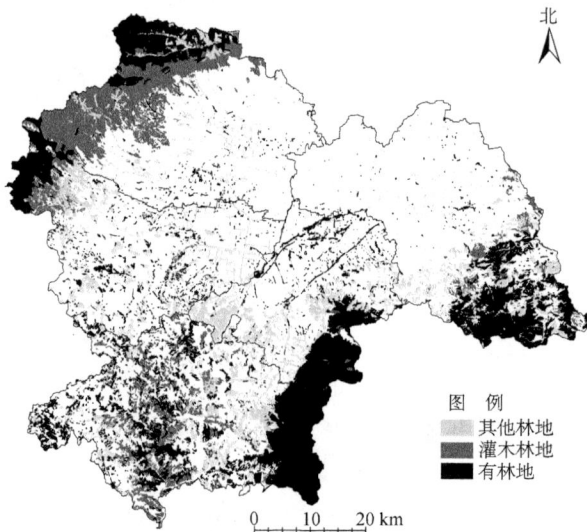

图 9-1　孝汾平介灵城镇组群森林分布图

主，且主要分布于组群两侧的山区，其他林地零散分布于组群内部，主要包括疏林地、未成林地等。加强对现有森林资源的监管保护，最大限度地保持森林生态系统（尤其是各自然保护区）完整的自然状态，对于维护区域生态安全具有重要意义。

（二）动植物种类繁多，生物多样性丰富

生物多样性包括物种多样性、生态系统多样性和遗传多样性。其中，物种多样性是生物多样性的关键，是衡量生物多样性的重要方式，而物种多样性又分为植物多样性和动物多样性，可以用区域内物种的类别、国家级、省级保护对象、常见物种类别及其数量来说明。孝汾平介灵城镇组群地区生物资源丰富，可分为以下两个方面。

（1）植物多样性。天然乔木主要有油松、侧柏、圆柏、白皮松、华北落叶松、云杉、槲树、白桦、红桦、籽椴、糠椴、山杨、青杨、小黑杨、旱柳、国槐、合欢、桑树、核桃楸、君迁子、山楂、山里红、杜梨、山桃、山杏、花红、山荆子、臭椿、辽东栎、蒙古栎。经济林木主要包括核桃树、苹果树、枣树、梨树、桃树、山楂树等。灌木主要包括沙棘、山桃、柠条林、虎榛子、绣线菊、黄刺玫、胡枝子、杜鹃、枸子、蔷薇、绣球、榛子、丁香等。草类主要有白羊草、蒿草、黄背草、山菊、地榆、羊胡子、飞燕草、野苜蓿、狗尾草等。药用植物主要包括黄芩、柴胡、赤芍、野党参、苍术、茜草、猪苓、甘草、地骨皮、远志、麻黄、蒲公英、车前子、贝母、元胡、羽叶、三七、大黄、苅仁、黄芪、苇菖蒲等。食用菌类有银盘、红丁土、杨蘑菇、野金针、野玫瑰等。

（2）动物多样性。全区野生动物资源主要分布于各森林公园、自然保护区及各大林区等。可分为兽类、禽类、爬行类、鼠类、昆虫类共 5 类。兽类主要分布于中高山及丘陵区，主要包括豹、狼、野猪、狐、狸、貉、麝、狍、山羊、野兔、青鼬、马鹿、猕猴等。禽类主要有褐马鸡、大鸨、山鸡、雉鸡、猫头鹰、金雕、松雀鹰、苍鹰、石鸡、乌鸦、喜鹊、啄木鸟、山雀、麻雀、红隼、红嘴鸦、斑鸠、鹞子、鸽子、布谷、嵩鸟、雁、燕子等。爬行类有菜花蛇、白条锦蛇、蜥蜴、壁虎、穿山甲、刺猬、蜈蚣、蜗牛、蝎子等。鼠类有松鼠、黄鼠、鼢鼠、复齿鼯鼠、黄鼠狼、田鼠等。昆虫类有蚱蝉、蛾类、蜂类、螳螂、蜻蜓、蚯蚓、蝼蛄、蝗虫、地黄蜂、土蜂、牛蜂、萤火虫、蚂蚁等。国家一级保护动物金钱豹、黑鹳、金雕、大鸨、褐马鸡、香獐，二级保护动物青鼬、马鹿、青羊、红隼、麝、狍、猕猴、松

雀鹰及其他珍稀动物 20 余种。

孝汾平介灵城镇组群森林生态系统主要分布于区域两侧的山区及边山林木区，成为野生动植物的天然栖息地，生物多样性丰富，拥有天然乔木30 余种，灌木 20 余种，草类 10 余种，且存在多种珍贵药用植物；野生动物资源种类繁多，拥有国家一级和二级保护动物近 30 余种。加大对组群内部野生珍稀动植物保护力度，维护组群内部生物多样性，对于保护生态环境，实现区域可持续发展具有重要意义。

（三）环境质量初步改善，环境污染恶化趋势基本得到遏制

近年来，组群内各县市通过调整产业结构，加大环保投入，严厉打击环境违法行为，严格落实环境保护目标责任制，在经济快速发展的同时，区域环境质量总体保持稳定并有所好转，部分地区环境质量得到明显改善。大气质量逐年好转，各种废弃物的排放量得到有效控制，主要污染物排放量不断削减，固体废弃物处理率明显提高，生活垃圾、工业固废及建筑垃圾得到合理处置。可以说，在政府的加强管理、企业的努力治理、公众的自觉参与下，区域环境总体状况得以好转，环境污染状况得到遏制，环境压力趋于减缓。

（四）土壤侵蚀问题严峻

受特有的土壤、植被、气候、地形等自然要素，以及矿产资源开发等人为因素的影响，区域内土壤侵蚀问题普遍存在，使土壤侵蚀成为困扰孝汾平介灵地区生态安全的一个重要影响因子。

以孝义市和灵石县为例。长期以来，孝义市的煤炭、铝土资源开采都处于较粗放的状态，造成了严重的水土流失问题。从土壤侵蚀的地域分布来看，重度侵蚀主要分布于该市中部偏西的大部分山地丘陵区，大致包括南阳、杜村两乡的东部地区，以及高阳、下堡、阳泉曲、兑镇、西辛庄、驿马、柱濮镇等低山丘陵区，地面切割严重，地表植被遭到破坏。灵石全县总面积 120 600 hm²，水土流失面积达 86 666.7 hm²，占到总面积的 71.86%。多年平均侵蚀模数高达 5800t/km²。其中土石山区土壤侵蚀主要分布在汾河、交口河、段纯河和仁义河沿岸及两侧的低山区，其中包括太岳林局石膏山林场、介庙林场、县办富家滩林场，主要有两渡镇、南关镇、交口乡、段纯镇、夏门镇和翠峰镇的部分村庄，面积约 761 km²；黄土丘陵阶地区土壤侵蚀主要分布于汾河东西两翼地形较高地区及静升河上游，包括静升镇、

马和乡、王禹乡、坛镇乡、梁家塌乡及夏门镇、翠峰镇、段纯镇的部分村庄，主要以寨头垣、文殊垣、王禹垣、坛镇垣、建新垣、高壁垣、靳村垣、腰西垣、圪针垣十大残垣为代表。面积约为 445 km²。

孝汾平介灵城镇组群土壤侵蚀问题严重，虽然近几年各级政府加大了生态环境建设力度，大力开展土壤侵蚀综合治理，退耕还林还草的步伐逐步加大，土壤侵蚀的状况得到一定程度的改善，但个别区域由于人为的继续破坏，土壤侵蚀面积扩展的速率仍在加大。受地形地貌的影响，土壤侵蚀问题在孝汾平介灵城镇组群内分布广泛，危害严重，加之受到矿业资源开采的影响，使其成为组群内部所面临的主要生态问题之一。

二、区域生态环境面临的问题

（一）汾河廊道生态问题

孝汾平介灵城镇组群位于汾河中游，境内汾河干流河道长 128km，占汾河全长的 17.9%。长期以来，由于汾河上游矿产过度开采、沿途污水超标排放、流域森林植被破坏，加上降水减少、人口增长与经济社会发展用水需求增加等因素，区内汾河河段生态环境受到较大破坏，主要表现如下：水位急剧下降，水量锐减，汾河干流河道断流天数逐年增长，年均断流天数达到 100 天；河道淤积，河流断面缩窄，行洪不畅，严重的水土流失导致生态失衡，同时由于植被稀少，地表水源涵养能力下降，又造成了水土流失的进一步加剧，形成恶性循环；污水、垃圾处理水平低下，达不到国家污水处理排放一级 A 标准，实际处理量也达不到设计能力和标准要求，大量生活垃圾均为简易填埋，只有表层的覆盖，没有任何防止污水下渗的工程措施，存在很大的安全隐患。

此外，因采煤造成的采空塌陷对含水层的破坏及矿井排（突）水引发的矿山地下水的破坏，影响了汾河及其支流的补给水源和水量；煤矿开采引发的地面塌陷、地面裂缝、崩塌及地形地貌景观破坏等地质灾害，破坏了汾河干流和支流河床，从而导致地表水的漏失；煤炭的开采造成水土流失和土地资源、植被资源的严重破坏，影响了流域水资源的涵养；煤矿矿山废水、废渣的排放也对汾河造成了较大的污染。

（二）农田系统生态问题

农田生态系统是一种在人类经营管理之下的人工生态系统，是一种开放的动态平衡系统。原始的自然系统经过开垦，转化为人工的农田生态系统后，就改变了原来气候—植被—土壤系统的养分循环和平衡过程。人类活动极大地影响着农田生态系统健康及可持续发展。过度利用而又不给予适量的投入作为补充，将会造成农田生态系统养分的过度消耗；同理，过量的养分投入也会造成农田生态系统的物质循环失去平衡或产生障碍。

农田污染是区域内农田生态系统所面临的首要问题，使其成为影响区域粮食产量的重要制约因素，造成农业综合生产能力的下降，严重威胁区域农业生产的可持续性、农产品质量安全及区域生态环境安全，成为区域社会经济可持续发展的重大障碍。在农田污染的众多因素中，化肥、农药、污水灌溉及废弃物是造成污染的主要原因。农田是最重要的面源污染之一，农田中的氮、磷素是水体的重要污染源。淋洗和径流损失的氮素将污染地下水和地表水，使湖泊、水库发生富营养化，使水中的硝态氮和亚硝态氮浓度过高而降低饮用水的质量。化肥使用量的不断增加，使农田生态系统养分投入增加，与此同时，经由各个通道的养分循环量也不断增加，来自农田径流及排水的营养元素对收纳水体的污染越来越严重。

（三）矿区生态问题

煤矿开采势必对生态环境造成影响，主要表现为由于地下的局部采空形成的地表塌陷和地面下沉，破坏地表植被，改变原有生态系统，使土地丧失使用功能；同时诱发滑坡、崩塌，破坏含水层，造成水资源破坏，土壤酸化，危害农作物，直接影响生态系统，破坏原有的生态平衡。由于不当的采矿行为造成的森林植被和景观破坏、良田毁坏、水土流失、侵占土地、环境污染等，严重影响重要技术设施及其他资源的保护，也直接危害和破坏人居环境、加速生态环境的恶化，影响矿区及周边地区居民生活环境质量的改善，特别是城镇周边、风景名胜区、交通干道两侧可视范围内的矿区，严重破坏旅游资源，影响视觉景观，制约了资源效益与环境、经济、社会效益的统一和协调发展。

（四）生态敏感区

重要生态敏感区主要是指具有相对重要的生态服务功能或生态系统较为脆弱，如遭到占用、损失后所造成的生态影响后果较严重，但可以通过一定措施加以预防、恢复和替代的区域。孝汾平介灵地区生态敏感区主要包括自然保护区、风景名胜区、森林公园、湿地公园、饮用水水源保护地等。

孝汾平介灵地区生态敏感区多开展生态旅游，一方面为区域增加了收入，但另一方面又成为该区最普遍的、最主要的干扰和破坏因素。与开展旅游活动相配套的公路、休闲、旅游设施，以及相关基础设施的建设将造成生态敏感区水环境污染、噪声污染及生物多样性的破坏。此外，区域开发过程中居民点及工业企业进入生态敏感区也将对其产生重要的影响。特别是工业企业的进入，不仅是对生态敏感区现有景观连续性的重要破坏，也是区域生态环境污染、生态破坏的主要来源。

第二节　城乡生态建设思路与空间格局

一、生态功能分区

孝汾平介灵城镇组群主要的生态系统类型有森林、城市、农田等生态系统，生态服务功能主要包括水源涵养、营养物质保持、土壤保持、生物多样性保护等。根据其生态服务功能的重要性、生态环境特征的相似性和差异性以及生态环境的敏感性，组群内部可以划分为 4 个生态功能区和 10 个生态功能亚区（图 9-2），具体如下。

二、各生态功能分区描述

（一）I 关帝山水源涵养与生物多样性保护生态功能区

该区是典型的山地丘陵水源涵养、生物多样性保护和自然景观保护类型，区内自然条件好，植被覆盖率高，生物多样性丰富。该类型区域要特别注意恢复与重建水源涵养区森林、灌丛、草地、湿地等生态系统，严格保护自然植被。以林、牧为主，兼顾农业，适度发展旅游业；合理开发林业资源、野生经济植物和药用植物资源，提高森林资源的多样性和多功能价值。

该区包括 1 个生态功能亚区，即 IA 关帝山喀斯特侵蚀中山水源涵养与生物多样性保护生态功能亚区。

该亚区包括汾阳市峪道河镇、杨家庄镇、石庄镇北部与栗家庄乡少部分地区以及孝义市杜村乡、南阳乡北部。

该区主要生态服务功能为水源涵养和生物多样性保护。

主要生态问题如下：该区生态环境整体状况较好，但一些坡度较大的山梁、山谷地区土壤侵蚀较为严重，如峪道河镇的马家庄、高新村沿线一带；区内畜牧业多采用传统散养方式，规模化、舍养化程度较低，导致牧草退化；基础设施不完善，垃圾乱堆乱放影响农村生态环境；高等级公路建设穿过该区，对该区生物生存环境造成了不良影响。

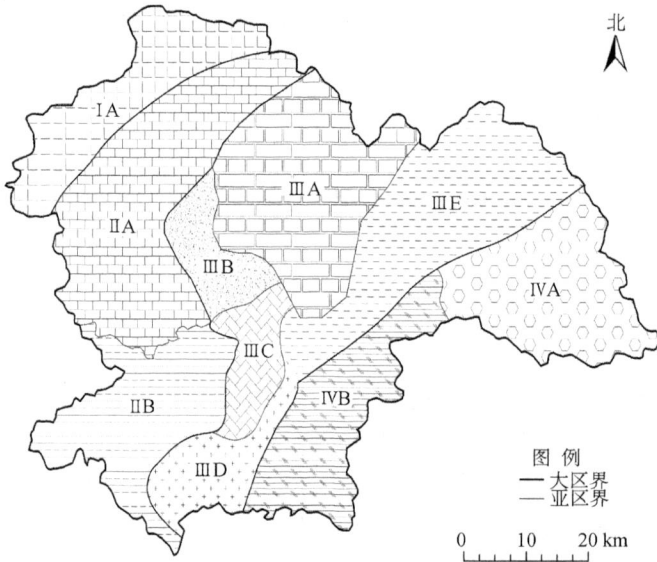

图 9-2　孝汾平介灵城镇组群生态功能分区

I 关帝山水源涵养与生物多样性保护生态功能区

IA 关帝山喀斯特侵蚀中山水源涵养与生物多样性保护生态功能亚区

II 灵石汾西低山丘陵旱作农业与生态环境保护生态功能区

IIA 吕梁东南中山台地农业发展与生态环境保护生态功能亚区

IIB 吕梁东南中山低山丘陵水土保持生态功能亚区

III 晋中盆地农业与人文景观保护生态功能区

IIIA 吕梁东部冲积平原农业功能亚区

IIIB 孝义黄土台塬煤产业发展与农业生态功能亚区

IIIC 矿山生态恢复与生态农业生态功能亚区

IIID 矿山生态保护与水土保持生态功能亚区

IIIE 人文景观保护与生态农业生态功能亚区

IV 太岳山水源涵养与生物多样性保护生态功能区

ⅣA 平遥、祁县东南部生物多样性保护与生态农业生态功能亚区

ⅣB 太岳山西部生物多样性保护与生态公益林建设生态功能亚区

保护措施与发展方向：①禁止乱砍滥伐，适当限制开发建设活动，有效避免人为破坏，保护植被和生态环境；②保护以褐马鸡、香獐、金钱豹等珍稀野生动物和丰富的野生植物资源，维护生物多样性和区域生态系统的稳定性；③区内人口较少，可考虑对该区居民实行生态移民，在改善和提高居民生活水平的同时，降低该区人为干扰，对区域内自然生态环境和野生动植物的生存和繁殖可起到十分积极的作用。结合当地的森林资源优势，在严格保护完整的自然地貌和良好的生态环境的前提下，利用地区资源优势适度发展生态旅游业和生物资源的综合开发利用；在不破坏现有森林资源的前提下，大力营造以核桃为主的干果经济林，提高植被覆盖度，保护生物多样性，提高水源涵养能力。

（二）Ⅱ 灵石汾西低山丘陵旱作农业与生态环境保护生态功能区

该区是种养结合区，该类型区要特别注意水资源的有效利用和保护，鼓励推广节水农业技术；要着力调整农业结构，优化资源配置，培育壮大主导产业和主导产品；加速推进农业产业化进程，培养壮大一批市场竞争力强、科技创新能力强、辐射带动能力强的农产业加工龙头企业；发挥旅游资源优势，合理利用、开发旅游资源，大力发展休闲观光农业。

该区包括2个生态亚区：

（1）ⅡA 孝义、汾阳台地农业发展与生态环境保护生态功能亚区。该区位于汾阳市中东部杏花村镇、贾家庄、三泉镇北部地区，峪道河镇、杨家庄镇、石庄镇南部地区以及栗家庄大部分地区；孝义市杜村乡、南阳乡南部、下堡镇、阳泉曲镇、西辛庄镇、柱濮镇、驿马乡，兑镇镇中西部以及高阳镇、梧桐镇、下栅乡西部。

该区主要服务功能为土壤保持与水源涵养。

主要生态问题：该区植被覆盖程度不高，且地势起伏较大，致使区内水土流失较为严重；禽畜采用传统散养方式，规模化、标准化程度较低，破坏草场生态环境，引起草地退化；水源地水质存在一定程度污染；高等级公路建设穿过该区，对该区生物生存环境造成了不良影响；煤矿开采造成的生态环境破坏。

保护措施与发展方向：①从加大农田、村庄和河流两侧的植树种草力度和做好退耕还林还草工作入手，加大水土流失治理力度。②逐步实现畜

禽养殖由传统散养向集约化舍饲转变，同时加强草地生态系统建设，实行季节性休牧，保护冬春脆弱期的草地资源。③加强水源地保护区保护工作，严格控制水源地保护区周边企业污染物排放。④过境道路在建设和运营过程中要充分考虑其对生态环境的影响，注重道路两侧的通道绿化，使其对生态环境的影响降到最小。⑤禁止砍伐树木、破坏草场，限制污染性企业的建设，保护既有植被和生态环境。⑥限制矿区开采，在矿区采矿前做好开发整体规划设计，注意采后回填复垦或作建设用地。⑦在加强该区现有植被保护的同时，适当发展核桃种植业，在提高该区域植被覆盖度、增强水源涵养能力的基础上促进农业的增产增收。⑧结合该地区牧草资源优势，提高畜牧业的经济效益，促进畜牧业向大规模商品生产转化。

（2）IIB 灵石西部低山丘陵水土保持生态功能亚区。该生态功能亚区位于汾河西部低山丘陵区，主要包括英武乡、两渡镇汾河西岸、厦门镇大部分地区、翠峰镇汾河西岸、交口镇、段纯镇、梁家墕、坛镇西部、王禹乡以及南关镇西部。

该区主要服务功能为水土保持。

主要生态问题：该区水土流失和土壤盐渍化问题比较严重；农业生产过程中农药、化肥的不合理利用造成了土壤面源污染；采矿造成的一系列生态环境问题。

保护措施与发展方向：①营造水土保持林、灌丛及草地，提高植被覆盖率，改变土壤侵蚀现状。②建设工业区，实现资源的集约化开采，减少对环境的破坏，调整产业结构，走循环经济之路，建设环保型绿色矿山和企业。③改善农业生产条件，充分利用土地资源。

（三）III 晋中盆地农业与人文景观保护生态功能区

该区为人类活动较为集中的区域，该类型区域要特别注意人类开发活动所带来的环境影响。建设工业园区，实现资源的可持续利用，减少对环境的污染。已对环境产生危害的煤矿企业要进行生态恢复，防止水土流失。改善农业生产条件，充分利用土地资源，增强农业后劲。开展生态旅游，建设生态城市。

（1）IIIA 吕梁东部冲积平原农业功能亚区。该区位于汾阳市东部杏花村镇、贾家庄镇南部地区，西河乡、三泉镇东部和冀村镇、肖家庄镇、阳城乡、演武镇；孝义市区及周边地区、大孝堡乡；平遥县香乐乡、杜家庄乡、宁固镇西部；介休市宋古乡、城关乡和义安镇、三佳乡西部。

该区主要服务功能为土壤保持。

主要生态问题：该区集中的焦化、冶炼企业产业的废气导致区域大气污染较为严重；农业生产过程中农药、化肥的不合理利用造成了土壤面源污染；工业企业在生产过程中排放的废水、废气也对土壤造成一定污染；工业用水需求不断增加导致水资源供需矛盾更加突出。

保护措施及发展方向：①大力发展生态农业，推广应用高效低残留、低毒农药和生物防治，减少有机磷农药、化学农药的使用，推广使用可降解农膜，减少对土壤的污染。②保护水资源，鼓励节约用水，工业方面限制高耗水项目，鼓励中水回用，减少水资源的消耗和污水的排放，农业方面推广节水灌溉，提高灌溉效率，城市用水方面加快供水管网改造，加大节水和中水回用设施建设，推进污水处理和再生利用。③加大村庄、道路周边区域及农田林网建设，提高植被覆盖率。④对区内焦化、酿造等排污企业严格污染控制与达标排放。⑤节能减排与清洁生产并举，发展循环经济，把周边区域环境的影响降到最低。

（2）ⅢB 孝义黄土台塬煤产业发展与农业生态功能亚区。该亚区位于汾阳市三泉镇东部；孝义市高阳镇、下栅乡、梧桐镇中东部，及兑镇镇东部。

该亚区主要服务功能为生态修复、水土保持。

主要生态问题：该区植被覆盖度较低，水土流失较为严重；在煤炭开采过程中，煤矸石等产品的不合理堆放不仅侵占了大量土地，同时也影响了地表植被；煤矸石中的粉尘及在煤炭运输过程中产生的扬尘，对区域大气环境质量造成影响；部分煤矿开采还造成地面塌陷、地表裂缝等地质灾害；农业生产过程中农药、化肥的不合理利用造成了土壤面源污染。

保护措施及发展方向：①加强区域水土流失治理工作，加强植树造林，提高植被覆盖率。②矿山企业必须履行环境保护、土地复垦等相关义务。③建立矿山环境、土地资源破坏检测、报告和监管制度，发现问题及时处理。④鼓励矿山企业在环境保护和污染防治方面加大研究开发、技术改造的投入，采用先进适用的工艺、技术和设备。⑤对因矿产开发而造成的塌陷、裂缝、采空等区域进行勘察与整治，落实矿山生态环境保护与综合治理方案。⑥大力发展生态农业，推广应用高效低残留、低毒农药和生物防治，减少有机磷农药、化学农药的使用，推广使用可降解农膜，减少对土壤的污染。

（3）ⅢC 矿山生态恢复与生态农业生态功能亚区。该亚区位于灵石县翠峰镇北部、两渡镇东部、静升镇西部部分地区；介休市义棠镇大部。其中义棠镇、两渡镇煤焦工业发达，静升镇商贸业发达，并有大量的旱作农业。

该亚区主要服务功能为生物多样性保护、水源涵养、水土保持。

主要生态问题：煤矿开采造成的生态环境破坏以及部分地区地面沉降；土壤盐渍化现象比较严重。

保护措施及发展方向：①建设和保护以水源涵养林、水土保持林为主的防护林体系，调节山区地表径流、涵养水源、保持水土。②限制矿区开采，对区内的矿区在采矿前做好开发整体规划设计，注意采后回填复垦或作建设用地。③淘汰落后设备、技术和工艺。④封山育林与人工造林并举，重点发展优质、高产、高效林业，优化林种结构，增加有林地面积和森林蓄积量，提高森林覆盖率。⑤优化林业生态系统，陡坡旱耕地限期退耕还林、还草。⑥深化改革，进一步制定和落实各种优惠政策，以小流域为单元，加大对水土保持治理资金的投入，推广先进适用的科技成果，加强治理进度，同时应强化监督管理和管护，巩固治理成果，促进小区环境的恢复和发展。⑦把该区作为重要生态功能区和生态良好区加以保护和建设，营造水土保持林，改善水土流失现状。⑧减少工业生产对周边自然环境的破坏和影响，改善农村环境质量。

（4）ⅢD 矿山生态保护与水土保持生态功能亚区。该亚区位于灵石县东南部，包括灵石县城及周边农村，坛镇乡、王禹乡东部，夏门镇南部，翠峰镇西部，南关镇中西部，静升镇东部。

该亚区主要服务功能为生物多样性保护、水土保持。

主要生态问题：区内植被覆盖率较低，水土流失比较严重；生境脆弱，易受人类活动影响；土壤盐渍化现象严重；煤矿开采造成的生态环境破坏、地面沉降等一系列环境问题；工业和生活污染物的大量排放，造成大气、水、固废等方面的严重环境问题，尤其是焦炭产业。

保护措施及发展方向：①保护好现有森林资源及重要物种资源，加强野生动、植物及其栖息地保护建设，恢复生态功能和生物多样性。②合理调整土地利用结构和布局，保证生态功能区用地需求，优先保护具有重要生态功能的林地、草地和湿地。③加快矿山环境治理和土地复垦，开展矿山限期治理试点和生态恢复治理示范工程。④大力推动以清洁生产为中心的技术改造，积极采用先进技术，全面推广余能、余压、余热和废气、废水、废渣的综合利用。⑤水土保持极重要地区限制矿区开采，营造水保林，发展林果业，提高其涵养水源的能力，发挥其重要的生态功能，同时实现社会效益和经济效益。⑥加强林地建设，构建森林生态系统，加强对自然保护区的保护，提升自然保护区的级别，推进生物多样性保护。⑦环境保护与经济发展并举，调整产业结构，加快矿区生态恢复，改善生存环境。⑧合理规划城镇用地布局，优化产业结构，严格控制工业污染和生活污染。⑨完善基础设施，加大环保投资的力度，改善生态环境，建设宜居环境。

（5）ⅢE 人文景观保护与生态农业生态功能亚区。该亚区位于介休市洪山镇及连福镇、张兰镇、绵山镇、龙凤镇中北部；平遥县中都乡、古陶镇、南政乡、洪善镇、襄垣乡和杜家庄乡、宁固镇东部以及朱坑乡、东泉乡、岳壁乡、卜宜乡、段村镇中北部。

该亚区主要服务功能为营养物质保持、人居环境、水源涵养、水土保持。

主要生态问题：农业生产过程中农药、化肥的不合理利用造成了土壤面源污染；旅游产业发展带来的环境污染问题；土壤侵蚀造成地表营养物质流失；人类活动造成的水资源破坏。

保护措施及发展方向：①合理使用农药、化肥、农膜，制定支持有机肥生产和使用的政策，确定农村面源污染敏感区，划分农药、化肥重点控制区，制定农药、化肥、农膜等农村面源污染防治指导性意见，科学使用农药、化肥，推广有机肥。②从加大农田、村庄和河流两侧的植树种草力度和做好退耕还林还草工作入手，加大水土流失治理力度，做好水土保持工作，加强防护林和水土保持林建设，营造良好的生态系统，保护土地资源。③加强水源地保护区保护工作，严格控制水源地保护区周边企业污染物排放。

（四）Ⅳ 太岳山水源涵养与生物多样性保护生态功能区

该区自然条件好，植被覆盖度高，生物多样性较为丰富，是山地丘陵水源涵养、生物多样性保护和自然景观类型保护的典型区域。该类型区域要注意地表自然植被资源的恢复与保护，严格保护森林、灌丛、草地、湿地等生态系统。适度发展旅游业，合理开发林业资源、野生经济植物和药用植物资源。加大力度保护动物资源，提高森林生态系统的全面价值性。

（1）ⅣA 平遥、祁县东南部生物多样性保护与生态农业生态功能亚区。该亚区位于平遥县段村镇、卜宜乡、岳壁乡南部，东泉镇中南部，朱坑乡中东部和孟山乡。

该亚区主要服务功能为水源涵养、生物多样性保护。

主要生态问题：该区生境脆弱，容易受人类活动的影响；在发展旅游业的同时，生态环境遭到了一定的破坏；农业生产过程中农药、化肥的不合理利用造成了土壤面源污染；区域水资源较为匮乏，主要河流均存在不同程度的污染。

保护措施及发展方向：①加强防护林和水土保持林建设，做好水土保持工作，保护土地资源，营造良好的生态系统。②调整农业产业结构，发展生态农业，提升农产品质量，促进农业增效。③用材林与经济林相结合，加速农田防护林网建设；组织开展生物物种及遗传资源调查，编制生物物种保护资源利用规划，加强生物资源就地保护和基因库建设。④建立健全生物多样性保护和生态安全监管网络，有效保护珍稀动植物资源和典型生态系统类型，严格监管外来物种引入和转基因物种扩散。⑤对外来物种进行全面调查，减轻外来入侵物种对本地生物多样性和生态环境的影响。⑥建立一批野生动植物抢救、驯养、繁殖中心和珍稀植物栽培基地，对国家重点保护动植物实施抢救性保护。⑦严禁猎杀和贩卖野生动物。

（2）ⅣB 太岳山西部生物多样性保护与生态公益林建设生态功能亚区。该亚区位于灵石县南关镇东部、翠峰镇东南部、马和乡大部分地区；介休市绵山镇和龙凤镇东南部、连福镇南部及张兰镇、洪山镇小部分地区。

该亚区主要服务功能为生物多样性保护、水源涵养、水土保持。

主要生态问题：该区生境脆弱，容易受人类活动的影响；保护区内仍有部分工矿企业；在发展旅游业的同时，生态环境遭到了一定的破坏；部分地区植被覆盖率较低，水土流失严重。

保护措施及发展方向：①封山育林，加强现有天然林资源保护，禁止乱砍滥伐。②积极发展混交林，采取天然与人工更新相结合的措施，通过"栽针、留灌、补阔"形成复层混交林，改造其林分结构。③在疏林地、有林地中的林中空地应进行补植、套种或更新。④对于次生林中有经济价值的乔木树种较多且分布比较均匀的林分，要进行全面疏伐，保留主要的树种并合理修枝，从总体上提高森林郁闭度，强化生态公益林的防护功能。⑤该区内的单位、居民和经批准进入自然保护区的人员，必须遵守保护区的各项管理制度，接受保护区管理机构的管理。⑥明确辖区内主要保护动植物的种类、数量和分布情况，加大巡护力度，通过各种方式加强宣传，使全社会提高认识，关注、支持野生动植物保护工作。⑦大力加强以保护为重点的基础设施建设，提高林区群众保护的自觉性，从而达到人与自然的和谐统一。⑧积极实施水土保持等生态治理工程，严禁过度放牧、开荒，合理利用水资源，保障生态用水，提高区域生态系统水源涵养的能力。

第三节　城乡生态建设的重点与机制保障

一、孝汾平介灵城镇组群人居环境生态格局优化

在孝汾平介灵城镇组群区域建设"一心、两屏、七廊、多节点"的生态网络结构。

（一）一个生态绿心

以区域内农田生态系统为主体，强化农业生态环境建设，打造区域生态绿心。应从系统的角度加强农田生态环境保护工程的布局，统筹兼顾，综合治理。要从整个区域的角度出发，全面的分析问题，从内到外，层层设防。做到丘陵山地、平原、城镇、乡村统一布局；路、沟、河、渠、堤及荒山、荒地全面规划。实现绿化与美化相结合，生态效益与经济效益、社会效益相统一。

加强防护林和水土保持林建设，做好水土保持工作，保护土地资源，涵养水源，防风固沙，改良土壤，营造良好的农田生态系统。调整农业产业机构，发展生态农业，提升农产品质量，促进农业增效。坚持用材林和经济林相结合，加速农田防护林的建设。

（二）两个生态屏障

以区域内西侧与东南侧山地为主，主要包含孝义市西北部国有林场、兑镇河—西泉河上游地区、汾阳市西北部土石山区、石膏山国家森林公园、韩信岭自然保护区、绵山自然保护区、超山自然保护区等，是区域内基础性生态源地和生态屏障区，为维护水资源平衡、保护生物多样性、降低自然灾害风险等提供缓冲空间。

该生态区域以保护为主，整体维护原生自然状态，减少建设干扰，完善旅游设施，遵循适度开发原则。

（三）七条滨水生态廊道

沿汾河、文峪河、磁窑河、孝河、惠济河、静升河、龙凤河建设滨河绿带，使河流及其沿岸成为野生动物迁徙廊道，在保留野生动物迁徙廊道的同时，丰富区域生态景观。

继续实施和完善区域河流综合治理工程，积极治理河流污染，结合流域建设发展生态经济，汾河在城镇以外流经地段两侧 100m 为绿化区域，其他河流两侧 50m 为绿化区域，不得进行任何人工建设，可适当保留部分农田；城镇内部河流两侧按绿线进行控制，并建设为城市公共绿地或防护绿地。

（四）多个生态节点

以区域内太岳山国家森林公园、灵石县县城"三山"森林公园、静升森林公园、介休市汾河湿地森林公园、惠济湿地公园、文湖湿地公园、胜溪湖湿地公园等森林公园、湿地公园，以及城市公园等为生态节点，提高区域生态系统整体的融合程度，促进生态功能的健康循环。

森林公园、湿地公园、城市公园的绿化建设要保持植物多样性，宜多种植大型乔木，增加碳汇功能。

二、生态建设重点

（一）加强水污染整治和水生态系统综合保护

加强区域河流和水源保护区的生态保护与生态修复，保护流域生态环境，构建流域水系生态系统网络体系，全面实现"水清、流畅、岸绿、景美、宜居"的目标。

推进汾河流域生态环境治理修复与保护工程。重点实施汾河干流坝、路、林一体化建设工程、汾河干流两侧支沟水土保持工程、干流堤坡整治及退水涵闸改造工程。对汾河、文峪河沿岸 1km 范围内已建成的排污企业实施治理、搬迁或转产改造。加强对磁窑河、孝河、惠济河、静升河、龙凤河等河流的水质保护，禁止此类水域内新建水污染项目，对现存的污染源进行深度治理，做到污水回用不外排。加强入河排污口监督，强化水功能区管理。

（二）强化林业建设、涵养水源、防治水土流失

林地是重要的自然资源和战略资源，是森林赖以生存和发展的根基，是野生动植物栖息繁衍和生物多样性保护的物质基础。加强林地保护管理，提升森林资源承载力，已经成为发展现代林业、保障生态安全、应对气候变化、推进生态文明建设的基础。

大力开展植树造林，加强森林保护，强化平原绿化和山地丘陵植被保育，增加林分、改善林相，提高森林覆盖率和林木蓄积量，增强保土蓄水和固碳能力。加强生态保护和防灾减灾体系建设。加强对古树名木和名贵树种的保护，促进生态多样化，打造生态林、产业林、景观林共建的森林体系和绿色屏障。推进荒漠化、石漠化综合治理，保护好湿地。加快建设生态补偿机制，加强重点生态功能区保护和管理，增强涵养水源、保持水土、防风固沙能力，保护生物多样性。

（三）加强农田防护林建设

建设农田防护林是实现农业现代化的重要组成部分，是防止风沙、干旱，调节气候，改善农业生产条件，保障农业高产、稳产的根本措施之一。农田防护林生态工程作为生态建设的重要措施，是农田生态系统的保护屏障，对生态安全与生存环境的改善具有重要的意义。农田防护林工程通过调整和改善多灾而脆弱的农田生态系统的结构域功能，建立或者恢复持续而稳定的高生产力水平、高生态环境效益的农业生态系统。

农田防护林是改善农田生态环境的主要途径。以现有农田防护林为基础建设农田林网生态网络。农田林网基本以 300—500 亩为一个林网，具体大小可视土地状况、经济投入而定。林网由宽 10—15m 的 3 排乔木树种组成，即每个林网定植的树木面积折合为 40—50 亩。在林网树种选择时，应根据适地适树的原则，结合农作物生长而定，水源条件好的地区可选择速生杨、水杉等，而土壤条件好、投入有保障的地区可适当选中绿化苗木，如樟树、广玉兰等。

（四）加强城市绿地系统建设

全国林业发展"十二五"规划中指出，应加强全国大中小城市和乡镇城市森林生态屏障建设。以推动身边增绿，加强森林公园建设，使广大城乡居民共享生态建设成果为目标，通过发展城市森林，构建远山、近郊和

城区相连接，水网、路网和林网相融合，以森林为主体，城市和乡村一体化的生态系统。

深入实施城市绿地系统规划，建设区域干线网络绿色通道，构筑城乡一体化的大绿地框架。充分利用城市现有的自然生态环境，以山、水、林为依托，建设良好的城市绿色环境。提高城市绿化建设水平，创造独具地方特色的绿化景观，建设城市绿地系统，提升城市品位，促进城市生态系统趋向良性循环，使城市的自然资源和人文资源得以永续利用。各县市努力实现国家森林城市和国家园林城市建设目标，倡导"城在林中、林在城中、人在绿中"的理念，加强城市公共绿地建设营造良好的城市绿化环境。

（五）加强农村环境综合整治

以高速公路、国省道为重点大力实施整村、整镇、整河、整路和区域性连片环境整治，加快推进农村道路硬化、污水治理、水沟治理、卫生改厕、路灯建设、绿化建设、改厨改房等工作，建立农村垃圾集中收集和无害化处理的户集、村收、镇运、县处理系统，对偏远、分散、管线暂不能到达的农村推广实施分散型生态治污模式，建设一批绿色城镇、美丽乡村和农村新社区。

（六）加强生态修复工程建设

坚持保护优先和自然恢复为主，从源头上扭转生态环境恶化趋势。实施重大生态修复工程，巩固天然林保护、退耕还林还草成果。加强重点生态敏感区的保护和管理，注重养护和提高土地的生态服务功能。加快采煤沉陷区、废旧矿坑的生态修复，美化矿区环境。加快建立地质灾害易发区评价监测预警体系，加大重点区域地质灾害治理力度，推行自然灾害风险评估，科学安排危险区域生产和生活设施的合理避让。

加强资源开发的生态环境监督，严格执行生态功能区划引导资源开发。建立健全矿产资源开发企业生态环境恢复治理的责任机制，加快推进矿山生态环境治理修复和绿色矿山创建工程，开展矿山生态破坏基础性调查，核实本底数据。进行矿山企业生态环境保护的年度审核，建立健全考核标准和考核办法。

三、生态建设保障机制

（一）管理保障机制

孝汾平介灵地区生态环境的建设与生态环境保护相关项目工程的实施要靠对实施过程的全面监督、检查、考核、协调及调整来进行，这些都离不开有效的管理和组织。建立完善的生态保护管理体系，是生态环境保护建设项目实施的基本保障。[①]

生态功能区的发展涉及各个不同的部门，包括计划部门、工业管理部门、城市建设部门、财政部门及环保部门等，具有很强的综合性。同样，生态功能区的相关保护措施涉及范围广、内容多、任务大，为保障其实施，就必须加强领导，协调部门，明确职责，依法管理。

（二）法制保障机制

各生态功能分区的建设必须有良好的外部条件作为保障，明确的法律地位是生态保护的最基本保证。孝汾平介灵地区资源和自然生态保护仍存在一定程度的不足，亟待完善生态环境保护法规和加强法制管理。生态功能区的建设具有一定的特殊性，针对某些具体化的特点所需要的法律支持有些还未确定，有待进一步细化，才能适应区域生态保护的需要。

加大生态环境保护监督执法力度，依法打击破坏生态环境的违法行为。对毁坏林地、填占和破坏湿地、污染浪费水和土地资源的行为加大查处力度。进一步完善各级政府内部的监察制度，加强对各级领导干部执行环境、资源等方面法律规章情况的监察，实施责任追究制度，以保证各项法律、法规、规章和计划与区划的落实。[②]

（三）政策保障机制

1. 实施有利于生态环境保护与经济协调发展的经济政策

制定并实施生态环境保护与经济协调发展的政策措施，引导社会生产力要素向有利于生态经济发展的方向流动。编制并发布鼓励生态产业发展

---

① 李敏：《城市绿地系统与人居环境规划》，北京：中国建筑工业出版社，1999 年，第 172—175 页。
② 张伟新、朱德明、姜彤，等：《开发与保护流域生态功能,加快沿江开发战略的顺利实施》，《环境导报》2003 年第 23 期，第 26—27 页。

和生态环境建设的优先项目目录，并对这类项目提供优惠政策。

良好的政策与完善的法律法规制度相结合，将有助于孝汾平介灵地区生态环境保护与经济协调发展目标的实现。严格执行国家和地方的产业政策，淘汰工业落后、科技含量低、能耗高、污染严重的企业。产业结构和布局的调整应在符合市场经济规律的前提下，遵循国家的相关产业政策，积极推行建立绿色经济标准体系。

2. 建立健全生态补偿机制

根据不同地区内资源、人口、经济、环境总量等方面的差别来制定不同的生态发展目标与考核标准，达到让生态脆弱地区更多地承担保护生态而非经济发展责任的目标。建立下游地区对上游地区、开发地区对保护地区、受益地区对受损地区、城市对乡村、富裕人群对贫困人群的生态补偿机制以平衡各方利益。[1]针对孝汾平介灵地区生态功能区的实际情况，积极探索相对应的生态补偿技术方法、政策体系，以及生态补偿的资金来源、补偿渠道、补偿方式和保障体系，为全面建立生态补偿机制提供方法和经验。

3. 实施有利于生态环境保护的激励政策

设立专项资金对企业的污染防治设备、技术研究及开发项目提供财政补贴、贴息贷款或优惠贷款；对从事经济效益、环境效益和社会效益大的产品回收公司进行补贴；对清洁生产者、改变传统工艺为循环经济工艺者进行补贴；利用差别税收，限制环境污染、生态破坏严重或资源消耗过大的粗放型、单产型产业的发展。

（四）资金保障机制

落实生态功能区建设项目的资金渠道是保证区域生态环境保护与经济协调发展的关键，因此要确保资金来源和投资力度。首先要把环保投入列入财政预算，建立公共财政，其投入将主要用于环境基础设施建设、生态保护和环境管理等几个方面。其次要严格执行污染物排放标准，促进企业技术改造和污染治理投入，使企业成为污染治理的主力军。同时随着市场经济的深化，应善于利用经济手段，培育和引导市场，促使各种渠道的资

---

[1] 孔凡斌：《中国生态补偿机制：理论、实践与政策设计》，北京：中国环境出版社，2010年，第8—15页。

金进入生态建设事业。

（五）科技保障机制

加强基础学科建设，提高技术储备能力，开展科技创新与能力建设。围绕孝汾平介灵地区生态功能区建设的重点领域，加快人才培养、科技基地建设、科技发展基础设施建设。加强清洁工艺技术、清洁能源开发、清洁产品开发、生态工业、生态工程与技术、循环经济等领域的科研基础设施建设，强化技术推广。

培养专业的人才队伍，大力发展高等教育，促使人口整体素质的提高。重视中、小学生和社会各层次的基础教育和专业教育，重视对广大农民的环境教育。组织企业干部职工进行环境保护、可持续发展战略等方面的培训教育。

（六）社会保障机制

加强宣传工作，各级政府和有关部门要将循环经济、生态经济的科学知识和法律常识纳入宣传教育计划，充分利用广播电视、报刊、网络等多种新闻媒体广泛开展多层次、多形式的舆论宣传和科普教育。①

建立健全工作参与机制，扩大公民对环境保护的知情权、参与权和监督权、促进环境保护和生态建设决策的科学化、民主化。

---

① 吴良镛：《京津冀地区城乡空间发展规划研究》，北京：清华大学出版社，2002 年，第 142—145 页。

第十章
汾河流域城镇化背景与协调发展策略

第一节　城镇化发展的宏观背景

一、经济社会发展的新趋势

"十三五"时期，国际国内经济形势将会发生重大变化。我国的区域发展中也不断出现一些新现象，区域经济发展呈现出新特点和新趋势。

（一）区域一体化趋势加快

随着经济全球化和社会信息化的发展，区域空间结构将呈现新的特征，主要表现在：第一，城镇仍然是空间结构的核心，大城市的集聚和辐射能力进一步增强，并主导区域空间结构发生变化。大城市发展将促进产业结构的重构，形成新的产业区，牵引原有城镇沿新的成长轴拓展，影响城市空间形态和地租的空间分布，导致城市内部空间结构的变化。第二，随着信息化的发展，流动空间内无形通道的作用在强化，信息节点的空间组织作用加强，而传统通道的作用在下降。在承转空间和地方空间内，传统物质通道仍然是主要的空间连接纽带，但公路尤其是高速公路的空间组织功能越来越重要。第三，随着区域分工深化，区域间互为供求的双边、多边关系将更紧密，跨区域的企业集团将众多区域紧密地连接成一个整体，各地区基于自身发展需要的区际联合与协作将不断展开，区域合作广度、深度得到拓展，形式、手段日益丰富，区域一体化进程的加快推进将在一定程度上促进区域协调发展和国土空间优化开发。适应新的发展趋势，汾河流域城镇化与城镇体系区域空间结构需相应转型。

（二）城市群成为区域竞争的主要载体

随着城镇化和区域一体化的不断推进，生产要素流动性越来越强，客观上要求在更大的区域范围配置生产要素，从而掀起地区空间组织的新浪潮。同时，城市与区域之间的竞争日趋激烈，城市间的竞争不再仅仅表现为单个城市间的竞争，以核心城市为中心的城市区域已经成为全球和区域竞争的空间单元，城市群成为全球与区域竞争的主要载体。

在山西省"十二五"规划中，明确了按照"一核一圈三群"的布局，加快构建具有山西特色的现代城镇体系的城镇化战略。"十二五"以来，围绕"一核一圈三群"构建，组织编制和实施了"一圈三群"协调发展规划，强化规划对城镇群建设和发展的统筹作用，在机制创新、人口集中、产业集聚、生态环境共建、基础设施共享等方面不断推进，太原晋中同城化步伐加快，晋北、晋南、晋东南三大城镇群发展加快，"一核一圈三群"的城镇化布局不断优化。2015 年和 2016 年山西省分别颁布实施了《山西省新型城镇化规划（2015—2020）》和《山西省人民政府关于深入推进新型城镇化建设的实施意见》，进一步明确了按照"一核一圈三群"城镇化总体布局，以城市群为主要形态，以人的城镇化为核心，以提高质量为关键的城镇化发展战略。

按照国家"十三五"规划纲要提出的"规划引导北部湾、山西中部、呼包鄂榆、黔中、滇中、兰州－西宁、宁夏沿黄、天山北坡城市群发展，形成更多支撑区域发展的增长极"精神，山西省将加快实施《太原都市圈协调发展规划（2013—2030）》，加快推进山西中部城市发展，努力形成城市间的集群效应，带动区域竞争力迅速提高。汾河流域，特别是汾河中下游地区涵盖了太原都市圈或山西中部城镇群、晋南城镇群的主体。在以城镇群为主体的山西城镇空间布局战略背景下，一方面汾河流域城镇发展面临着良好的发展机遇，太原盆地城镇密集区竞争能力和人口、产业集聚水平将会进一步提高，晋南城镇群一体化发展趋势将逐步凸显；另一方面，对流域城镇发展特别是空间组织提出了新的要求，协调发展、集群发展、城乡统筹发展将成为流域城镇空间组织的新的主导趋势。

（三）工业化和城镇化进入新的发展阶段

我国经济发展进入新常态，经济增速放缓，结构调整加速，经济增长动力转换，城乡经济结构发生了深刻变化，城镇化在保障经济平稳增长、促进经济结构转型中的引擎作用日益突出。从山西省看，工业化发展处于中期阶段，结构调整、资源型经济转型加快，城镇化将步入快速发展时期的后期阶段。工业化、城镇化进入新的发展阶段，将带来一系列趋势性变化，主要表现在如下几点：增长动力由"投资主导——工业推动"的组合向"消费主导——服务业推动"的组合转化；发展动力由以主要依靠投资驱动逐步转向主要依靠创新驱动；信息化与工业化的融合，将推进产业转型升级，逐步形成农业产业化，制造服务化、服务知识化，促进三次产业形成融合互动的发展局面。

适应这种转变，从汾河流域城镇格局演进的动力机制来看，推动城镇发展格局演变的主要动力在原有矿产资源开发推动的基础上，交通区位、集聚经济、人力资本等因素作用会进一步强化，各区域产业结构都将呈现出改善升级的趋势。煤炭资源丰富的东、西两山地区，依赖能源、矿产等不可再生资源开发推动的城镇化发展动力将进一步弱化，流域中部平川区域人口向城镇集中、产业向产业园区集中的趋势将进一步强化。区域中心城市的规模与实力将会有较快提高，区域发展增长极作用进一步得到发挥。产业发展集群化趋势加快，高新区、经济开发区、循环经济园区，产业集聚与发展能力将进一步提升，对区域经济和城镇化的贡献不断增大，扩散效应将逐步显现，对区域经济发展的拉动力不断上升。

在城镇化水平超过 55% 的城镇化发展新阶段，汾河流域城镇化发展要更加注重城镇化质量的提升，以增加城镇就业、改善市政公用设施、提供良好的公共服务为重点，加强城市棚户区改造，加强保障房建设，提升城市综合承载能力，在发展中提质，在提质中发展，实现"高质量的城镇化发展"，积极构建与区域发展阶段相适应，高效、集约、开放、可持续的城镇体系组织结构。

二、城镇化与区域政策的新走向

党的十八大、十八届三中全会和中央城镇化工作会议对城镇化发展提出新的要求，《国家新型城镇化规划（2014—2020 年）》已印发实施，提出要努力走出一条以人为本、四化同步、优化布局、生态文明、文化传承的中国特色新型城镇化道路。汾河流域城镇化发展面临着城镇化发展新的政策环境。

（一）"五大发展理念"成为新型城镇化的新理念

新型城镇化是现代化的必由之路，是最大的内需潜力所在，是经济发展的重要动力，也是一项重要的民生工程。党的十八届五中全会提出创新、协调、绿色、开放、共享五大发展理念，为区域城镇化和工业化发展指明了方向。2013 年 12 月，中央城镇化工作会议明确提出推进城镇化的六项主要任务："推进农业转移人口市民化、提高城镇建设用地利用效率、建立多元可持续的资金保障机制、优化城镇化布局和形态、提高城镇建设水平、加强对城镇化的管理。"《国务院关于深入推进新型城镇化建设的若干意见》提出"积极推进农业转移人口市民化、全面提升城市功能、加快培育中小城市和特色小城镇、辐射带动新农村建设、完善土地利用机制、创新投融资机制、完善城镇住房制度、加快推进新型城镇化综合试点、健全新型城镇化工作推进机制"共九项主要任务。

根据"五大发展理念"与新型城镇化战略要求，结合汾河流域城镇发展的内部条件，流域城镇发展需遵循以下要求：第一，坚持以人为本，量力而行，推动人口城镇化更稳更好发展。第二，坚持城乡统筹，把推进城镇化、改善农村人居环境和建设美丽乡村紧密结合，加快构建城乡互动发展的新格局。第三，坚持四化同步，把就业和生计作为推进新型城镇化的前提条件，整合矿城企关系，形成产业集聚、就业增加、人口转移、产城融合发展的新格局。第四，坚持集群推进，促进中小城市和小城镇协调发展，促进人口分布、经济布局与资源环境相协调。第五，坚持绿色转型，把绿色转型作为促进城镇化发展方式转变的主线，增强城镇可持续发展能力。第六，坚持文化传承，把文化建设摆在城乡建设更突出的位置，把城镇打造成为彰显三晋文明传承与创新的人文魅力空间。

（二）主体功能区规划将成为促进区域经济全面协调发展的主要手段

我国"十一五"规划纲要提出，要根据不同区域的资源环境承载能力、现有开发密度和发展潜力，统筹考虑未来我国人口分布、经济布局、国土利用和城镇化格局，将国土空间划分为优化开发、重点开发、限制开发和禁止开发四类主体功能区，按照主体功能定位调整完善区域政策和绩效评价，规范空间开发秩序，形成合理的空间开发结构。党的十八大报告在"大力推进生态文明建设"部分中提出"加快实施主体功能区战略，推进各地区严格按照主体功能定位发展，构建科学合理的城市化格局、农业发展格局、生态安全格局。"国家"十三五"规划纲要进一步提出，要强化主体功能区作为国土空间开发保护基础制度的作用，加快完善主体功能区政策体系，推动各地区依据主体功能定位发展。实施主体功能区制度，推进主体功能区建设，将是山西省未来社会经济发展中重大的指导原则和战略任务。2014年3月，山西省颁布了《山西省主体功能区规划》，将全省国土空间明确划定重点开发区域、限制开发的农产品主产区、限制开发的重点生态功能区、禁止开发区域四类区域，力争到2020年，全省国土空间的主体功能更加突出，基本形成四类主体功能区格局。

依据《山西省主体功能区规划》，汾河流域包括的主体功能类型如下：①国家级重点开发区域，集中于汾河中游地区的太原市区、古交市、清徐县、阳曲县；晋中市区、介休市、平遥县、忻府区；孝义市、汾阳市、文水县、交城县等市县。②省级重点开发区域，集中于汾河流域下游的尧都区、侯马市、襄汾县、河津市。③国家级限制开发的农产品主产区，集中于汾河中下游平川地区，主要包括太谷县、寿阳县、祁县、万荣县、稷山县、新绛县、绛县、霍州市、曲沃县、翼城县、洪洞县、浮山县等。④国家级限制开发的重点生态功能区，包括汾西县和乡宁县，均位于下游。⑤省级限制开发的重点生态功能区，主要集中于汾河上游地区，包括宁武县、静乐县、岚县、交口县、娄烦县、灵石县、古县。在未来发展中将继续按照主体功能区规划，制定符合主体功能区理念的区域政策体系，促进人口和生产要素向优势地区集中，促进经济社会发展与人口资源环境在空间上的协调，促进区域社会经济的全面协调发展。汾河流域的县（市、区）的主体功能区划分类型见表10-1。

表 10-1 汾河流域主体功能区划分类型

主体功能区类型	级别	行政区名称
重点开发区域	国家级	杏花岭区、小店区、迎泽区、尖草坪区、万柏林区、晋源区、古交市、清徐县、阳曲县、榆次区、介休市、平遥县、孝义市、汾阳市、文水县、交城县
	省级	河津市、尧都区、侯马市、襄汾县
限制开发的农产品主产区	国家级	太谷县、寿阳县、祁县、万荣县、新绛县、稷山县、绛县、霍州市、曲沃县、翼城县、洪洞县、浮山县
	省级	无
限制开发的重点生态功能区	国家级	汾西县、乡宁县
禁止开发区域	省级	宁武县、古县、静乐县、岚县、交口县、娄烦县、灵石县各级自然保护区、文化自然遗产、风景名胜区、森林公园、地质公园、水产种质资源保护区、重要湿地（湿地公园）、重要水源地等

流域重点开发区是带动山西发展的增长极，工业化主战场，应进一步完善基础设施建设，优化发展环境，引导各类要素向重点行业、重点领域集聚，增强产业配套能力，促进产业和人口集聚，提升综合实力。

流域农产品主产区的主要功能是保持并提高农产品生产能力，发展现代农业，保障农产品供给和国家粮食安全。应进一步加强耕地保护和基础设施建设，增强农业综合生产能力。实行最严格的耕地保护制度和节约用地制度，划定耕地红线，切实加强对基本农田的保护，稳定粮食播种面积。按照"重视粮食、做强畜牧、提高果菜、发展加工"的总体思路，构建优势突出和特色鲜明的产业带，形成跨区域、大规模、集群式、板块化推进的格局，推进形成粮、畜、果、菜协调发展，产加销一体化经营的特色农业产业体系，增强农业综合素质和效应，提高优势农产品竞争力。

流域上游重点生态功能区，以提供生态产品为主，发展方向是积极探索生态经济发展模式，因地制宜地发展绿色经济、适宜产业、特色产品，提高生态产品供应能力；切实保护生态环境，落实生态红线的制约功能，增强生态服务功能，引导超载人口有序转移，保障国家生态安全。

按照主体功能定位和建设要求，汾河流域需合理布局城镇、农业、工业、生态等各类功能区，统筹规划建设区域性基础设施和社会服务设施，努力协调城镇发展与水资源、土地资源和生态环境的关系，实现城镇和资源环境的可持续发展。

（三）区域协调发展的体制与机制将继续完善

随着市场经济体制的完善，区际联合与协作将不断展开，区域合作广度、深度得到拓展，形式、手段日益丰富。政策层面，进一步加快建立全国统一市场体系，促进生产要素流向区位条件好、价值创造能力强的区域，积极探索中西部承接东部产业转移的成功模式，支持中西部有条件地区加大承接国际产业转移力度，加快推动东部产业向中西部转移，加快建设由政府、企业、社会团体等共同参与、协作互动的区域合作立体网络，健全区域合作机制。随着主体功能区的推进，将会研究、制定符合主体功能区理念的区域政策体系，特别是限制开发区和禁止开发区的公共服务和生态环境补偿政策、生态环境补偿机制等。

三、交通和基础设施建设新格局

（一）交通通道建设为优化城镇布局奠定了基础

交通运输网络是区域经济发展的重要支撑和经济布局的骨架。在城镇发展的过程中，区域城市功能的发挥、城市和城市间的联系，都要依靠完善的基础设施体系来完成。"十二五"以来，山西省按照"强化内联、对接京津、沟通南北、携手东西、扩大辐射"的总体思路，依托全省"三纵十二横十二环"高速公路网和"大"字铁路骨架，结合"一核一圈三群"城镇体系布局框架，加快构建包括公路、铁路、轨道交通、民航组成的现代综合交通体系。铁路方面，铁路大通道建设加快推进，中南部铁路通道、大西客运专线、吕临支线铁路、太原铁路枢纽西南环线等相继建设运营，以客运专线和运煤大通道为重点的高标准铁路网络建设，使省内和对外交通联系能力进一步提高，全省铁路营运总里程达到 3750km。公路方面，临汾至祁县、平定至阳曲、太原至古交、河津至运城、霍州至隰县等高速公路相继建成。全省"三纵十二横十二环"高速公路网基本形成，通车总里程超过 4000 km，91%的县（市、区）实现了高速公路直接或半小时通达。航空运输方面，太原、运城、临汾机场陆续扩建和投入使用，初步形成以太原机场为中心、支线机场为辅助的航运机场格局，民用机场的密度是全国平均水平的 1.37 倍。

交通网络格局的新变化，特别是网络状的高速公路建设，不仅强化了流域对外联系，也对城乡空间结构具有重要影响，将改变单一经济轴带发展格局，形成节点型、通道式、网络化的开发格局。汾河流域作为山西省资源富集区、人口稠密区、城市密集区、产业集中区和经济结构调整的重点地区，以铁路、高速公路、主干公路、机场建设等一大批交通通道与设施项目的建设为标志，促进了资金、技术、劳动力等生产要素的合理流动和生产力布局，加强了各城市经济区内部、各城市经济区之间的联系，进一步强化了点轴、廊带发展空间格局，大大提高了中部主轴主要节点城市的对外联系和辐射能力。以中部汾河流域密集地带为节点的东西向公路骨干网，以及石太高铁、太中银铁路、中南部运煤大通道等东西向铁路干线建设，使一向比较闭塞的东西向交通状况得到显著改善，出现了"东西贯通、通疆达海"新的交通运输格局，东西向交通干线沿线地带城镇和产业区发展步伐加快，开发轴带将得到强化。

（二）山西大水网建设为城乡发展提供了良好的供水保障

为提高山西省经济社会发展和呈现居民生活用水保障能力，"十二五"时期，启动实施了以黄河、汾河、沁河、桑干河、滹沱河、漳河六大主要河流和区域性供水体系为主骨架，"两纵十横，六河连通；纵贯南北，横跨东西；多源互补，丰枯调剂；保障应急，促进发展"的山西大水网工程。[①]以建设地表水源为主，多种水源统一调配、互相补济的区域性供水体系为重点，加快构建包括太原市及朔同地区、晋城沁丹河、忻定盆地、吕梁山区、临汾盆地、汾河下游河谷区、晋中、长治盆地、涑水河、阳泉十大区域供水体系，覆盖面积占全省总面积的49%，受益人口占全省总人口的72%。大水网工程建成后，总供水能力将由 63 亿 m³ 提高到 91 亿 m³，不仅可以有效改变水资源时空分布不均的状况，还能够充分保障山西省转型跨越发展对水资源的需求，长期困扰汾河流域城镇化与工业化重点区域发展的水资源短缺问题将得到根本解决。

基于汾河流域涉及山西省生态环境安全问题，"十二五"时期，山西省实施汾河流域生态修复重大战略工程，以兴水增绿为重点，加强生态环境治理保护、系统推进水土保持、水污染防治、水生态保护等工作。通过综合性、系统性、针对性的治理措施，坚持节水优先，保护优先，以自然修复为主，与人工措施相结合，用工程措施促进自然修复，用人工修复促进大自然进入良性循环，使汾河流域脆弱的生态环境得到根本性好转。

2016 年 9 月，《山西省汾河流域生态修复与保护条例（草案）》提交省十二届人大常委会第二十九次会议审议。该条例规定了汾河流域内县以上人民政府的责任，规定流域生态修复与保护规划及产业政策。条例草案还规定了水资源的优化配置政策，遵循上蓄、中滞、下排的原则，确定了河流源头和泉源修复保护制度；对禁止采矿区域进行了限制性规定；细化了河湖岸线管理规定，制止非法侵占河流管理保护区域进行生产建设的行为。这一草案对协调流域上中下游，特别是关于水资源的权利和义务的关系提出了比较可行的建议，使汾河流域生态有法可依。

（三）气化山西战略促进流域城乡能源供给保障和结构优化

围绕"气化山西"战略，大力支持国家天然气主干管道建设，积极推

[①] 李茂盛、李劲民：《山西省情报告（2014）》，北京：社会科学文献出版社，2014 年，第 54—55 页。

进煤层气产业基地和煤制天然气、焦炉煤气制天然气等气源项目建设，加快省级主干管道建设，"三纵十一横"的总体布局粗具雏形，相关配套支线也在抓紧建设，城市燃气、加气站、煤层气发电等项目也在抓紧推进。2012 年年底，全省管线总里程为 5719km，其中，途经山西省的国家级干线（陕京一、二、三线、西气东输和榆济线）总里程为 1620km，省内支线 4099km，省内支线年输气能力可达 150 亿 m^3，覆盖 11 个设区市、98 个县（市、区），受益人口达 1000 万，为实现城市、县城和重点镇气化全覆盖奠定了基础，为构建开放性城镇体系和区域一体化发展奠定了能源保障基础。

第二节　城镇化的战略取向

一、基于流域整体观的流域开发模式

立足于流域自然、人文、经济复合整体，坚持生态、经济、社会的一体化运作，山、水、田、林、人口、聚落、产业、技术等要素综合调控，水源保护、林地建设、污染治理、地质环境恢复、水土保持、产业调整、扶贫富民、生态移民等工程整体运作，推进自然生态系统、人工生态系统与经济系统、社会系统的有机结合，形成一个安全、稳定、高效的经济、社会和生态复合系统，具有较高的资源更新能力、环境承载能力、产业发展能力、效益创造能力和人文支持能力。

（一）综合解决流域水资源危机

流域是一个以水资源为中心、各种要素相互作用，融自然、人文、经济于一体的多维度的自然经济复合型整体。流域生态安全的首要目标应是对流域内水资源的合理调配和流域社会经济产业结构调整等合理的手段，使流域水资源供给与需求达到动态平衡，维持水文生态系统的完整性和稳定性，维持水文生态系统的健康与服务功能的可持续性，促进流域水资源、社会经济和生态环境的协调发展。具体到汾河上游区域，水资源作为基础性的自然资源和战略性的经济资源，是生态环境的控制性要素，水资源的安全、水资源的可持续利用是实现流域生态安全的基本途径，也是生态安全的最佳体现。因此，要以构建节水型社会、加强水源管理、做好地表水调蓄利用、严格控制水污染为重点，综合解决流域水危机。具体措施主要有以下几点：一是制订完善的用水计划和水价格管理体系，在流域构建节水型社会，重点抓好农业节水、工业节水，提高水资源利用效率；二是按照汾河流域生态功能区划、水功能区划要求和流域水资源及环境承载能力，重点保护好水源地和主要水域功能区，合理调配、疏解重构流域生产力格局，逐步实现流域生态恢复和水源涵养；三是通过政府的管制作用，做到上、中、下游之间，生产、生活、生态用水的合理配置；四是处理好污水的综合整治及处理回用，推行清洁生产，加快污水处理厂和污水排放、回用系统建设，保护城市引水源，提高城镇污水处理率，实施矿井水处理回用工程，提高水资源综合利用率。

（二）高度重视流域生态综合修复与水源涵养

水源涵养区、河湖湿地、森林草原区、野生动植物栖息及生长地等特殊生态系统构成了流域生态安全网络的关键点，对流域生态安全起着重要作用。河流源头的草原草甸区、流域水土流失区、矿山矿区采空区等是生态安全事件易发区和流域重点生态脆弱区。进一步扩大汾河干流沿岸植被的绿化范围，营造水源涵养林和水土保持林，加强湿地建设、草地治理，推进水土保持和矿业废弃地生态恢复等生态保护、恢复和重建，建立高效稳定的生态系统是流域生态安全的基石。汾河上游流域生态综合修复重点包括：第一，加强源头地区的天然林保护。汾河上游水源涵养林是维持汾河流域生态平衡的主体，要对现有森林资源加大保护力度，增加森林资源总量，提高森林资源质量，优化森林资源结构，增强森林生态功能，建立高效稳定的森林生态系统；第二，在天然外缘林木交错地带，全面实行封山育林育草，自然恢复与人工恢复相结合，人工适度干预加速自然恢复，选择耐旱、耐寒、抗逆性强的乡土树种，采用一切先进的造林技术，大力开展人工造林，迅速恢复和扩大林草植被；第三，在低山丘陵区加大退耕还林还草力度，采取工程措施、生物措施和农业耕作措施相结合的方式，继续推进以小流域为单元的水土流失综合治理；第四，在汾河源头、上游积极推进湿地保护区建设，加强退化草地的修复治理；第五，在矿区加强矿业废弃地的生态恢复。第六，在河谷平川区，以改善环境和提高经济效益为目标，构建带、片、网相结合的多层次、多方位的生态经济型防护林体系。

（三）按照区域主体功能积极构建区域工业化和城镇化格局

产业结构的合理配置、该地区资源的合理利用与经济的协调发展和生态系统的高效良性循环密切相关。生态安全需要生态经济，需要构建符合生态安全要求的产业格局。要根据流域特点与不同地区的经济发展水平，因地制宜地采用不同的经济发展模式，加大流域现代农业和林业产业开发力度，大力发展生态农业、观光农业、绿色产业和文化生态旅游产业，推进工业企业清洁生产与循环经济建设，严格控制采矿业，形成生态环保型效益经济体系，提高土地产出效益，增加农民经济收入，从根本上改变流域生态环境恶化、经济发展落后、人民生活水平较低的状况。汾河上游流域产业结构调整的基本方向如下：第一，发展生态林地经济和生态草业经济，充分利用丘陵山地资源，大规模退耕还林、还草，发展种植业与养殖业结合发展的生态农业模式；在加强森林保护和提高森林覆盖率的前提下，发展林地经济及其他生态产业，积极建设绿化生态林体系。第二，立足本地优势，与扶贫开发项目结合，调整优化农业产业结构。积极推广无公害安全农产品、绿色食品生产技术，大力发展绿色食品工业，加强农产品开发和深加工，突出地方特色，建设名特优产品生产基地。第三，坚持以"环保优先"引导产业筛选，改造传统工业，加快结构调整；着力推进工业企业节能减排，推进清洁生产，发展循环经济；依托科技进步，合理开发矿产资源，切实抓好汾河源头、干流沿线和其他生态保护功能区的采矿业的关停工作，加大矿区恢复力度。对破坏生态环境的矿产开发和资源加工项目坚决禁止。第四，利用流域自然、人文景观，发展生态、假日等旅游业，并以此拉动相关产业，建立具有区域特色的生态旅游产业。

（四）减轻流域上游人口压力

在汾河上游流域生态安全的诸多驱动力因子中，人类活动的驱动力日益突出，特别是人口密度的变化与土地利用的变化有着较大的相关性。人口的增多，增加了对土地的压力，而且人口的生活质量提高必然导致土地输出压力加大。因此，对于汾河上游而言，控制人口数量，实施生态移民，促进劳务输出，减轻流域人口压力是区域生态安全建设的一个重要方面。制定优惠政策，鼓励扶持汾河上游流域向外流域移民，大力推进流域内的生态移民工程，在加大生态移民的同时，加大劳务输出力度，想方设法减轻人口压力，使人口与经济、社会发展相适应，与环境保护、资源利用相协调。

（五）建立一体化的流域生态安全组织管理体系

流域建设是一项涉及水资源保护、环境治理、生态建设、资源开发、产业布局等诸多领域的系统工程，具有长期性、系统性和复杂性，需要一个强有力的机构来对流域生态安全进行统一监管、预警及建设的具体组织实施。同时，需建立起一套部门分工、上下协调、运转得力的工作机制，一体化的规划、建设、管理运行机制，确保生态安全建设的整体规划、统一组织、综合管理和系统监管。

二、汾河流域城镇化和城镇体系建设的基本取向

（一）按照主体功能区构建流域人口与产业空间新格局

推进形成主体功能区的思想，打破传统的区域经济发展与调控模式，应注重引导形成主体功能定位清晰，人口、经济、资源、环境相互协调，公共服务和人民生活水平差距不断缩小的区域协调发展格局。因此，应打破按行政区组织经济的传统做法，依据主体功能区区划，对汾河流域空间进行功能分区和发展方向定位，实行分类管理的区域政策，规范开发秩序，促进资源和要素在空间上的优化配置，逐步走向理想的流域空间功能分工格局。

（二）强化以城市为中心的流域城镇空间组织模式

在资源型经济快速转型发展背景下，经济发展的要素、新产业的企业区位因子与区位指向、产业的空间组织等均会发生新的变化。城镇作为社会经济要素及产业的核心空间载体，须适应经济转型发展的要求，引导生产要素的合理流动与集聚，为产业结构调整提供空间导向与空间控制，最大限度地规避空间格局不经济的制约作用，创造一个开放、高效、集约的空间环境，以形成经济结构调整与空间结构调整的互促互动态势。因此，需要把提高流域空间利用效率作为流域空间开发的重要任务，发挥中心城市的辐射和带动作用，积极导入城镇群发展模式，引导人口相对集中分布、经济相对集中布局，进一步强化节点型、通道式的开发格局，打造具有活力和强大竞争力的都市圈和城镇群。

（三）促进流域一体化和城乡一体化发展

推进区域、城乡一体化发展重要的是统筹城乡产业发展，通过城乡产业相互融合，促进经济结构调整与优化，这是在经济成长新阶段提出的新要求。随着工业化和城镇化的推进，区域发展已进入以工促农、以城带乡的发展阶段，进入加快改造传统农业、走中国特色农业现代化道路的关键时刻，进入着力破除城乡二元结构、形成城乡经济社会发展一体化新格局的重要时期，城乡区域间经济协调发展被赋予了更加突出的时代使命与责任。汾河流域需把推进城镇化、改善农村人居环境、建设美丽乡村紧密结合，促进城乡要素平等交换和公共资源均等配置，形成以工促农、以城带乡、工农互惠、城乡一体的新型工农、城乡关系，着力构建城乡互动发展的新格局。需要突出以人为本，强化资源开发、生态建设、人力资本开发，强化流域上中下游分工与合作，强化流域周边山区欠发达区域中部相对发达地区的联动发展，建立合理的资源补偿机制，加快经济社会协调发展步伐。

（四）推进城镇化的绿色转型和文化传承

基于汾河流域的自然、环境特点，破解土地、水资源约束，建设城镇良好的生态环境是提升城市魅力和竞争力的重要途径。在流域城镇化进程中，要把绿色转型作为促进城镇化发展方式转变的主线，树立绿色低碳发展理念，集约利用土地、水等资源，切实保护好生态环境，深入开展节能减排和污染治理，增强城镇可持续发展能力，按照生态文明建设要求，打造流域美丽城乡。突出汾河流域文化资源优势，加强对历史文化名城、名镇、名村的保护，延续城镇历史文脉，强化文化传承创新，促进自然与人文、现代与传统交融，把城镇打造成为彰显三晋文明传承与创新的人文魅力空间。

（五）健全流域协调与整合发展机制

加快流域合作的制度创新步伐，推进流域城镇协调发展机制改革，积极探索行政协调、社会协商、市场协调"三位一体"的协调管理机制，健全互助机制、扶持机制、生态补偿机制等。按照功能定位调整和完善区域政策和绩效评价，保证流域主体功能定位的实现。

三、流域城镇化与城镇体系建设的主导战略

（一）基于主体功能区的差异城镇化战略

汾河流域呈东北—西南走向，跨越不同的功能区，从上游的生态功能区到中下游的重点开发区、现代农业集中区，分别承担不同功能。流域城镇化应依据主体功能区区划，合理确定区域定位与发展方向定位，采取不同的城镇化地域模式。

汾河上游的生态功能区。主要承担生态保育功能，总体上要围绕区域生态功能，把生态环境建设作为区域发展重大战略，树立尊重自然、顺应自然、保护自然的生态文明理念，加快实施重大生态修复工程，全面推进采煤沉陷区、采空区、水土流失区、煤矸石山、工业污染土地、荒山等生态脆弱区和退化区的保护和治理，在重要水源涵养区建立保护区，设立禁挖区、禁采区、禁伐区，停止一切导致生态功能继续退化的开发活动和污染环境的建设项目，限制或禁止各种不利于保护生态系统水源涵养功能的经济社会活动和生产方式，加强对水源涵养区的保护和管理。经济社会发展应根据交通时间距离半径，以基本公共服务均等化为目标，因地制宜地构建多层级的公共服务体系，重点培育县城和服务丘陵山区农村的节点小城镇，推进就地城镇化进程；大力推进"两不具备"村庄的移民搬迁，加强道路、供水、供电、通信等设施建设，改善农村生产生活条件。边山丘陵地区要大力发展特色农业、乡村休闲旅游，培育特色经济。

汾河中下游工业化与城镇化重点开发区。这一地区是山西省城镇化水平最高的区域，也是人口与产业集聚的重心地区。城镇空间组织宜采取以城市群为主体形态的城镇化发展模式，以开发区为重点的新型工业化发展模式。通过实施区域经济一体化战略，建立以共同发展为目标的经济互动机制，促进城镇发展的集中、紧凑。通过大型基础设施的一体化配置和区域协调机制，整合中心城市与周边城镇发展关系，引导独立、分散的城镇走向整合协调，以城镇群来推动大中小城市和小城镇的协调发展，实现区域空间的集约发展。通过构建高效、集约的城镇空间结构，引导与促进新型产业的集中布局，实现工业化与城镇化的互动协调发展。积极引导企业向园区集聚，推进产业集聚发展、集约发展，培育发展专业分工明确、协作配套紧密、规模效应显著的产业集群，成为山西省招商开发和新型产业集聚的主要平台，形成新的高速增长的经济板块。

汾河中游晋中现代农业区和下游晋南现代农业区。该区域包括晋中盆

地和临汾盆地区，分布于汾河两岸，地表水和地下水资源较为丰富，土壤较肥沃，耕地集中，水、热、土等条件较好，垦殖历史长，是山西省主要灌区和重要商品粮生产基地之一。区域发展应严格控制城乡建设用地规模，严格保护耕地，严格划定永久基本农田；着力优化农业生产结构，积极转变农业发展方式，加快农业现代化建设，不断提高农业竞争力。突出县城综合服务功能全、落户成本低、进城农民归属感强等优势，把县城作为推进城镇化的重要着力点，坚持功能提升和产业发展并重，扩容提质和凸显特色并举，扩大规模、增强实力、完善功能、塑造景观特色，努力使县城成为县域经济发展核心、吸纳农业人口转移的主阵地。以中心村为重点，大力推进村庄环境整治和基础设施建设，着力改善农村人居环境，建设生态宜居城乡居民点；合理安排农业生产用水和生活用水的分配比例，提高水资源的利用率。减少各类污染物排放量，提升农业可持续发展能力。

（二）基于城镇联系的集群化战略

根据流域经济社会联系和节点、通道型城镇空间格局特征，把城镇群崛起作为提升区域核心竞争力的重要途径。遵循经济可达性、社会可达性和人口、经济与生态环境可持续发展原则，利用市场经济的动力机制，结合政府政策引导，积极促进人口与生产要素向太原盆地城镇密集区、临汾汾河百里新型经济带等城镇密集区集中。以建立联席协商、规划协调、设施对接、用地统筹、政策同享五个机制为重点，着力推进建设，整合中心城市与周边城镇发展关系，提高城市群新型产业集聚、人口集中、创新资源集聚的能力。通过集聚发展、协调发展，把山西中部城镇群建设成山西省对外开放的主要平台，具有浓郁地方文化特色和较强辐射带动作用的现代化城市群，成为推动中部地区经济社会加快发展的重要增长极。

以功能一体化为核心，以太原晋中同城化、基础设施一体化为抓手，加快以太原盆地城镇密集区为主体的山西中部城镇群建设。太原市与晋中市要以山西科技创新城建设和重大基础设施与公共服务设施对接为突破口，创新行政管理体制，完善合作机制，构建"规划统筹、制度同构、市场同体、产业同链、科教同兴、交通同网、设施同布、信息同享、生态同建、环境同治"的同城化发展新格局，全面提升太原都市区整体竞争力。加快推进孝汾平介灵城镇组群一体化进程，积极推进晋中108廊带区域一体化发展示范区建设，促进太原盆地城镇密集区形成有机融合的交通圈、物流圈、商贸圈、旅游圈和生态圈，全力构建辐射带动能力强大的省城都市化地区，提升其在全国地位，使之成为中部崛起的重要战略支点。

中下游的晋南经济区，包括临汾、侯马、运城三个二级经济区。经济区空间组织，呈多中心结构，以侯马—临汾—运城为复合中心，大运为一级发展轴，侯月—侯西为次级发展轴的带状布局结构，依托交通枢纽和区位优势，拓展商贸辐射能力，做好中心城市综合职能建设。在发展经济的同时，还要注意加强区内汾河流域的综合开发与整治，合理布局取水、排污、防洪设施，做好汾河沿岸的整体绿化工作。

（三）基于支撑体系的一体化战略

基础设施是城镇化和城镇体系构建的支撑体系，也是流域"节点型、通道式、网络化"空间发展结构发展的有效载体。汾河流域干流沿线，铁路、公路交通网络密集，成为山西省最为重要的基础设施轴带和全省发展的主脉，并由沿各级支流辐射的基础设施牵引，构成了城镇体系"叶脉型"的布局结构。未来流域基础设施建设的方向如下：以流域空间结构发展战略与区域协调发展为导向，从区域一体化的高度，探索跨区域基础设施共建共享机制，重点推进交通、水、能源、信息等基础设施体系的衔接。从一体化的角度，重视水利、能源、信息、社会、环保等基础设施项目在"点、线、面"上的有机结合，发挥基础设施体系的综合效益和网络效益。通过强化城际之间的快速通道、城市基础设施及信息平台建设，高效组织区域的人流、物流、信息流和能量流，以提高城市群、产业群之间的聚合功能和运行效能。

构建流域一体化综合交通网络。以高速公路建设为重点，铁路、国省道建设全面推进，进一步促进流域内部相关城市间的交通联系。通过优化运输网络结构，加快形成多种运输方式相互协调、有机衔接、互为配套的综合大交通体系。加强对交通枢纽、物资集散和大型物流设施的统筹规划，充分考虑物资集散通道、各种运输方式衔接及物流功能设施的综合配套，充分依托综合交通网络，全力构建社会化、专业化、规模化、集约化的现代物流体系。

建设流域一体化大水网工程。加快区域调水工程和"山西大水网"建设，包括万家寨引黄续建工程、松塔供水工程、晋中东山供水工程二期、黄河碛口供水工程、柏叶口水库龙门渠引水工程、龙华口调水工程、万家寨引黄南干线滹沱河连通工程等，提高汾河流域中部重点开发区域的水资源保障能力。继续开展汾河水域生态修复工作，包括严格控制污水排放、关停影响严重的采矿点、保障水源供给、从黄河和沁水调入一定的水量、疏浚整治河道河床、对两岸坡地实行荒山荒坡造林和退耕还林等措施，加强汾河上游自然保护区建设和管理，切实保护好汾河上游水源涵养林，促进沿岸农业发展，重塑湿地景观，恢复沿河生态环境。

实施汾河流域信息高速公路工程。构建信息、资源环境监测信息库，构建与经济发达地区对接的信息平台。加强信息基础设施建设，积极推动电信网、互联网、广电网三网融合，加强政府网站建设，建设企业信息共享平台，建立一批专业化信息平台，发展网上商务、网上图书馆、气象遥感、卫星定位、远程教育、远程医疗等网络服务，支持建设"数字化社区"，扶持农业信息化发展。

大力实施以农村基础设施和公共服务为重点的完善提质工程，以采煤沉陷区治理、易地搬迁、危房改造为重点的农民安居工程，以垃圾污水治理为重点的环境整治工程，以美丽乡村建设为重点的宜居示范工程、保护历史文化名村工程，增强农村发展活力，提高农村居民生活水平，夯实城镇化的根基。到 2020 年，农民普遍住安全房、喝干净水、走平坦路，1 万个村庄人居环境实现整洁、便捷、舒适，3000 个中心村和城郊农村社区建成美丽宜居示范村，100 个省级（及以上）历史文化名村（镇）得到有效保护，基本建成 100 个美丽乡村示范区。

促进基础设施和公共服务向农村延伸覆盖。以中心村、城郊村、道路沿线村等村庄人口规模大、密度大地区为重点，把"气化乡村"和城镇基础设施向农村延伸覆盖作为提升农村基础设施建设的新抓手，着力解决农村能源问题，积极推进城镇供水、燃气、供热、污水处理向乡村延伸，实现农村基础设施的新提升。以教育、医疗卫生设施为重点，加强农村公共服务设施建设。鼓励电子商务企业加强与万村千乡、邮政便民服务网点、供销合作社、超市等流通主体合作，提高电子商务应用水平。

（四）基于健康城镇化的绿色人文战略

按照新型城镇化要求，走集约、绿色、智能、人文城镇化道路，加快建设绿色城市、人文城市等新型城市，全面提升流域城镇内在品质。

加快推进流域绿色发展。严格控制各城市盲目扩张，促进城市环境与自然环境有机融合，避免城市过度集中连片发展，保证各城市间留有必要的绿色空间。加强对娄烦、古交、交城、芦芽山、管涔山、关帝山及汾河上游水库等地区的生态涵养，有效提升其生态水源涵养功能。强化绿色开发，努力保护土地、水、矿产等资源并提高利用效率，提高资源对经济社会发展的保障能力。全面推进煤炭、冶金、电力、建材、化工行业的清洁生产，坚决淘汰落后产能，促进循环经济发展。充分利用新技术、新工艺，形成若干符合循环经济发展模式的生态农业园、生态工业区。建立以生态环境为基础的生态绿色产品、技术支撑体系，形成布局合理、结构优化、标准完善、管理规范的绿色产品产业体系。

建设绿色城市。在汾河流域主要城市新区、各类园区、成片开发区推进海绵城市建设。加强海绵型建筑与小区、海绵型道路与广场、海绵型公园与绿地、绿色蓄排与净化利用设施等建设。加强自然水系保护与生态修复，切实保护良好水体。划定城市开发边界，实施城市生态廊道建设和生态系统修复工程。推广节水新技术和新工艺，积极推进中水回用，全面建设节水型城市。推进既有建筑节能改造，加强垃圾处理设施建设，建设循环型城市。以低碳经济为发展模式及方向，积极探索城镇化快速发展阶段应对气候变化、降低碳强度、推进绿色发展的做法和经验，提升城市可持续发展能力。

建设人文城市。全面推进历史文化名城、名镇、名村和传统村落的保护和开发利用，探索传统村落保护与文化资源开发互动的长效机制。以传统文化遗存为基础，努力建设有历史记忆的城镇。注重在旧区改造中保护历史文化遗产、民族文化风格和传统风貌，促进功能提升与文化文物相结合。注重在新区建设中融入特色文化内涵，做到城市更新和文化传承有机衔接。

第三节　城镇协调发展机制和对策

一、流域城镇化协调发展机制

基于流域的整体性和区域功能的差异性，保障流域城镇化和城镇体系建设协调发展，必须遵循和按照区域内各要素系统运作机理和运行规律。发挥市场的基础作用机制、政府的空间管制机制和区域系统的综合调节机制，保障流域空间系统之间，人口、资源、环境与经济发展之间的人地关系和谐与可持续发展。

（一）流域统筹的规划管理机制

区域规划作为对未来时空范围内经济、社会、空间、资源环境等方面发展协调的总体战略，它不仅是一项技术过程，还是一项政治过程、一种政府行为和社会行为。要以系统观和整体观为指导，加快建设汾河流域规划、决策与建设管理系统。在全省性规划基础上，制定与实施流域综合规划和城镇发展专门规划，明确城乡建设、产业发展、生态保护布局，构建流域整体、系统、科学的生活、生产、生态空间格局。

流域规划建设是一项涉及水资源保护、环境治理、生态建设、资源开发、产业布局、城镇体系等诸多领域的系统工程，具有长期性、系统性和复杂性，需要一个强有力的机构对流域生态安全进行统一监管、预警和建设的具体组织实施。同时，须建立起一套部门分工、上下协调、运转得力的工作机制，一体化的规划、建设、管理的运行机制，确保生态安全建设的整体规划、统一组织、综合管理和系统监管。目前，汾河流域行政分属性与流域管理的统一性之间的矛盾，给流域生态环境管理带来困难。为了解决这方面的矛盾，亟须建立一个统一的管理和协调机构，负责组织流域规划的编制和审查，监督规划的实施。

在现有法规体系与政策框架基础上，根据流域的生态环境特征和社会经济背景，于 2017 年 1 月 11 日由山西省第十二届人民代表大会常务委员会第三十四次会议通过了《汾河流域生态修复与保护条例》，这一条例的施行为流域一体化管理与建设提供了法律保障。

（二）基于主体功能区的空间管制机制

根据流域空间管制区划，在各市场原则的指导下，综合运用财政、税收、信贷、贸易、价格、社会保障等多种政策，采用诱导、鼓励、限制等方式，切实加强对空间资源开发利用的宏观调控、合理配置和利用各种资源，合理安排产业、城镇、乡村及生态保护区域的空间开发强度和开发次序，引导人口与生产要素的合理集聚，切实保护自然、人文资源和生态环境，实现城市与人口、资源、环境协调发展。

改革目前以 GDP 为导向的政绩考核指标体系，引入资源、能源节约和生态环境保护的指标。深化税收和公共财政体制改革，统筹考虑各级政府之间的财权和事权划分，实现财权和事权相互匹配。

（三）流域内城镇密集区域的互动合作机制

鼓励企业间多种形式的联合与合作，建立市场化的跨地区企业合作机制。建立人才、科研机构、大中院校等多元化创新主体的合作机制，努力培育区域创新体系，提高区域自我发展能力。鼓励民营资本参与地区经济建设，在基础设施建设、资源开发、能源发展、公共服务建设方面加强区域协作，改善投资环境。

构建流域发展合作的信息交流平台，促进区域之间的沟通与协作。完善各市、区政府之间的联系制度和交流机制，形成政策或信息的交流互动，定期举行合作论坛、经贸洽谈会等。

在城镇群、城镇组群中组建跨行政区的区域协调发展管理机构，负责实施跨行政区的大型区域合作项目，监督和约束地方政府在区域经济发展中的短期行为等。对区域合作项目的投资给予政策倾斜，对跨区域的产业给予政策扶植，以鼓励区域合作互动，推动区域协调发展。

（四）重要资源的一体化配置机制

加强土地整理和标准农田建设，加大村庄整治、宅基地整理、复垦造地的力度、盘活存量土地及鼓励建设用地指标的区域统筹，确保重点园区、重大基础设施和重要工业项目的土地供应，提高土地利用效率。

建立优质水供应源，实施区域性供（引）水工程，鼓励缺水区域与水资源充裕区域进行水权交易，实现水源建设、库区移民、工业异地开发的有机结合。

积极推动区域排污权交易，提高区域环境容量的总体配置效率。推进跨行政区交通与物流设施、环保设施、电信设施等服务，推进跨行政区旅游资源联合开发，以形成区域性黄金旅游景线。

（五）生态利益补偿机制

汾河流域作为相对独立的流域系统，其上游区域是中下游城镇密集区的供水之源，在森林保护、水土保持、排污、矿产资源开采方面都受到不同程度的限制，生态环境建设也需要投入大量的人力、物力，建立生态补偿制度是保障该区域生态安全的重要一环。

加大财政转移支付中生态补偿的力度。资金的安排使用，应向重要生态功能区、水系源头地区、自然保护区、限制开发区和禁止开发区倾斜，优先支持生态环境保护作用明显的区域性、流域性重点环保项目，加大对区域性、流域性污染防治及污染防治新技术、新工艺开发和应用的资金支持力度。

发挥政府的政策导向和组织协调作用，利用政策打通环保投融资的"瓶颈"，为重点生态补偿区域提供大额政策性贷款支持。政府要发挥财政、信贷和证券三种融资方式的合力，调动更多的资金进入生态补偿领域。按照"谁投资、谁受益"的原则，鼓励社会资金参与生态建设、环境污染整治。

积极探索多种生态补偿模式，从中找出最适合本地区、本项目的生态补偿模式。完善生态保护和生态补偿立法，从法律上明确生态补偿责任和各生态主体的义务，为生态补偿机制的规范化运作提供法律依据。完善有关生态补偿机制的法律法规，使生态补偿机制逐步迈入法制化。

二、流域城镇化协调发展的政策保障

（一）分区域差别化的投资政策

针对汾河流域上中下游不同的区域特点，根据区域主体功能区划，逐步实行按主体功能区与流域相结合的投资政策，政府投资重点支持限制开发、禁止开发区域公共服务设施建设、生态建设和环境保护，支持重点开发区域基础设施建设。以流域问题地区为重点目标，制定区域投资优惠政策，构建针对问题地区的专项区域投资倾斜政策体系。目前，汾河流域问题区域包括贫困地区和生态脆弱地区，对于这些地区要制定相应的对策，促进地区经济健康快速成长。

（二）具有导向性的区域财税政策

以实现基本公共服务均等化为目标，完善中央和省以下财政转移支付制度，重点增加对限制开发和禁止开发区域用于公共服务和生态环境补偿的财政转移支付。调整资源收益在生产者、消费者、居民之间的合理分配，提高居民的实际收入水平与消费水平，增强消费对经济增长的拉动作用。统筹城乡基础设施建设、教育、医疗等公共服务，全面推进基本公共服务设施均等化，缩小城乡差距。面对经济转型带来的就业压力，大力营造鼓励创业的环境，发展民营经济，启动社会救助，加强劳动力就业培训与就业引导。

对于资源型地区，应建立鼓励资源型地区可持续发展的税收政策。包括以税收优惠政策鼓励资源型地区从资源和资本驱动的工业化发展转为技术和知识驱动的工业化，鼓励延长资源产品加工链，最大限度地提高资源的附加价值。鼓励非资源产业，特别是战略性新型产业、现代服务业发展，培育新的经济增长点。扶持中小城市旧城改造、塌陷区移民、市政基础设施和服务体系建设，从多个角度促进流域的可持续发展。

（三）分类指导的流域产业政策

按照流域地域差异性特征和推进形成主体功能区的要求，本书提出不同主体功能区的产业指导目录及措施，引导优化开发区域增强自主创新能力，提升产业结构层次和竞争力。引导重点开发区域加强产业配套能力建设，增强吸纳产业转移和自主创新能力。引导限制开发区域发展特色产业，限制不符合主体功能定位的产业扩张。

（四）区别对待的土地政策

依据土地利用总体规划，实行差别化的土地利用政策，确保耕地数量不减少、质量不下降。适当扩大流域重点开发区域建设用地供给，严格对限制开发区域和禁止开发区域的土地用途管制，严禁改变生态用地用途。

（五）有序流动的人口管理政策

按照主体功能定位，调控人口总量，引导人口有序流动，逐步形成人口与资本等生产要素同向流动的机制。鼓励流域重点开发区域吸纳外来人口定居落户；引导限制开发区和禁止开发区域的人口逐步自愿平稳有序地转移，缓解人与自然关系紧张的状况。

（六）基础设施和公共服务设施共建共享政策

统一规划和建设区域内大型基础设施，合理安排城镇间机场、高等级公路、铁路、信息网络、清洁能源供应系统和污染治理设施，制定政策促进基础设施共建共享，提高利用率。完善现代城市功能。统筹电力、通信、排水、供热、燃气等地下管网建设，推行城市综合管廊。统筹布局建设学校、医疗卫生机构、文化设施、体育场所等公共服务设施。优化学校布局和建设规模,合理配置中小学和幼儿园资源。加强社区卫生服务机构建设,健全与医院分工协作、双向转诊的城市医疗服务体系。完善重大疾病防控、妇幼保健等专业公共卫生和计划生育服务网络。

后　记

　　本书是太原师范学院汾河流域科学发展研究中心组织的"流域环境变迁与科学发展研究丛书"中的一本，是山西省高等学校人文社科重点研究基地项目"汾河流域城镇化空间格局演变及优化对策研究"的阶段性研究成果之一。本书以流域的整体观和历史观为视角，在对流域城镇变迁与城镇化的理论以及已有研究进行整理的基础上，分别从历史时期和新中国成立以来两个时段对汾河流域城镇化进行研究，侧重从汾河流域城镇化进程、城镇体系结构、空间布局、水土资源保障程度，以及流域城镇的空间形态和生态环境进行研究，并对未来汾河流域城镇化发展趋势进行分析，提出城镇化发展战略及对策。本书最终以《汾河流域城镇变迁与城镇化》为书名，力图从城镇发展的区域基础、过程、结构、空间格局和形成机制等角度，揭示流域人—地—水之间的相互作用和空间特征，为国内外同行的研究提供参考，并促进相关问题研究的进一步深化。

　　书中引用文献资料除所附参考文献外，还涉及一些国家和山西省颁布的相关规划与文件；书中数据除特殊注明之外，均根据相关年份的《山西统计年鉴》《中国城市统计年鉴》《中国城市建设统计年鉴》《第五次全国人口普查数据》《第六次全国人口普查数据》等统计数据计算得出。由于研究视角的不同以及时间和认识水平上的局限性，研究结果存在不足，我们衷心希望得到读者和同行的指正。

　　在课题研究和本书编写过程中，得到了太原师范学院汾河流域科学发展研究中心王尚义主任和各位老师的大力支持，同时还得到冯卫红教授、杨伟博士、吕敏娟、温鹏飞、郜丹阳三位硕士的帮助。值此书付梓之际，笔者对为本书顺利完成提供支持和帮助的单位和个人表示诚挚的感谢！感谢科学出版社的领导和历史分社编辑，在他们的关心和支持下使本书得以成书付梓，为我们广泛地同有关专家、同仁、读者，就流域城镇化发展的若干问题进行交流提供了机会。

本书由郭文炯、王尚义拟定结构框架和研究提纲，由各执笔作者承担相应章节的写作。具体分工如下：第一章由郭文炯、张侃侃、姜晓丽完成，第二章、第五—七章、第九章由姜晓丽完成，第三章由田毅完成，第四章、第八章前两节由张侃侃完成，第八章第三节、第十章由郭文炯、张侃侃共同完成，最后全书由郭文炯、姜晓丽统稿。